Sang-Yi O-Rauch | Soyeon Moon

Grammatikübungsbuch KOREANISCH

BUSKE

Dr. Sang-Yi O-Rauch studierte Allgemeine und angewandte Sprachwissenschaft, Kommunikationsforschung und Japanologie in Bonn. Sie promovierte mit einer kontrastiven Arbeit zum Thema *Bereiche verbaler und nonverbaler Kommunikation im Koreanischen und Deutschen*. An der Universität Bonn lehrte und forschte sie von 2006 bis 2015 in den Bereichen Sprachwissenschaft und Sprachpraxis des Koreanischen sowie Koreanistik. Zurzeit arbeitet sie am Germanistischen Seminar der Universität Siegen.

Soyeon Moon ist Diplomübersetzerin für Koreanisch und verfügt über umfangreiche Erfahrung auf dem Gebiet der koreanischen Sprachvermittlung. Sie arbeitete als Lehrbeauftragte für die Universität Bonn und gibt Koreanischkurse am Landesspracheninstitut in der Ruhr-Universität Bochum. Derzeit arbeitet sie an der Goethe-Universität Frankfurt als Lektorin für Koreanisch.

Bibliografische Information der Deutschen Nationalbibliothek
Die Deutsche Nationalbibliothek verzeichnet diese Publikation in der Deutschen Nationalbibliografie; detaillierte bibliografische Daten sind im Internet über ‹http://dnb.dnb.de› abrufbar.

ISBN 978-3-87548-891-3

3., durchgesehene Auflage

 Umschlaggestaltung: QART Büro für Gestaltung, Hamburg. Druck und Bindung: Printing Solutions, Viborg. Printed in Denmark.

Inhaltsverzeichnis

Pronomen

Numeralia

Passiv und Kausativ

Quotativ

Konjunktionale Satzstrukturen

Vorwort

Das „Grammatikübungsbuch Koreanisch" richtet sich an Anfänger und fortgeschrittene Lernende. Als Grundkenntnisse werden eine sichere Beherrschung des koreanischen Alphabetes sowie Lese- und Schreibfähigkeit vorausgesetzt. Bei der Erklärung der grammatischen Strukturen werden vorrangig die informell-höfliche und formell-höfliche Sprechstufe behandelt, da diese für Lernende am wichtigsten sind und sich in der Regel auch die Lehrwerke des Koreanischen auf diese beiden Sprechstufen konzentrieren.

Getreu dem Sprichwort 연습은 대가를 만든다 (*Übung macht den Meister*) lassen sich mit diesem Buch alle wesentlichen Aspekte der koreanischen Grammatik schnell und gezielt nachschlagen und üben. Dabei können Sie selber entscheiden, in welcher Reihenfolge und in welchem Lerntempo Sie den Stoff behandeln möchten. Das Buch eignet sich als Übungsgrammatik ebenso wie zum selbstständigen Lernen.

In 32 überschaubaren Kapiteln werden die grundlegenden Themen der koreanischen Grammatik prägnant und verständlich erklärt. Zur Veranschaulichung dienen zahlreiche Tabellen, Übersichten und Beispielsätze mit Übersetzungen. Jedes Kapitel schließt mit einer Vielzahl abwechslungsreicher Übungen zur unmittelbaren Anwendung des gelernten Stoffes. Mit Hilfe des Lösungsschlüssels können Sie die Ergebnisse der Übungen überprüfen und einzelne Punkte, wenn nötig, gezielt wiederholen.

Das „Grammatikübungsbuch Koreanisch" enthält ein 1.000 Wörter umfassendes koreanisch-deutsches Vokabelverzeichnis, in dem die in diesem Buch verwendeten koreanischen Vokabeln angegeben sind. Anhand des Stichwortregisters kann gezielt nach bestimmten Grammatikaspekten gesucht werden.

Wir freuen uns, dass unser Grammatikübungsbuch so positiv aufgenommen wurde und vielen Koreanischlernenden eine Hilfe ist. Für die inzwischen dritte Auflage wurden einige kleinere Fehler und Unstimmigkeiten behoben. Die Konzeption des Bandes wurde jedoch unverändert beibehalten.

Bei Herrn Matthias Fox, Frau Julia Buchholz und Frau Julia Jeung-Mi Sattler bedanken wir uns herzlich für die wertvollen Hinweise zu den Übungen und den grammatischen Erklärungen. Frau Maureen Grönke vom Helmut Buske Verlag danken wir für das Lektorat sowie für die fachkundige und geduldige Betreuung des vorliegenden Übungsbuches.

Anregungen und Kritik zum Buch sind willkommen (o-rauch@germanistik.uni-siegen.de / moon@em.uni-frankfurt.de).

Viel Freude und Erfolg beim Lernen und Üben!

Sang-Yi O-Rauch und Soyeon Moon

Abkürzungsverzeichnis

AV	Aktionsverb
EV	Existenzverb
HON	Honorativ
KOP	Kopula
N	Nomen
N_{KONS}	konsonantisch auslautendes Nomen
N_{VOK}	vokalisch auslautendes Nomen
NKK	Numeralklassifikator
NP	Nominalphrase
Pl.	Plural
QV	qualitatives Verb
RKG	rein-koreanische Grundzahl
Sg.	Singular
SKG	sino-koreanische Grundzahl
SPS	Sprechstufe
VS	Verbstamm
VS_{KONS}	konsonantisch auslautender Verbstamm
VS_{VOK}	vokalisch auslautender Verbstamm
[...]	wörtliche Übersetzung
(...)	ergänzende Erklärung / optionales Element
🕮	Anmerkung

1 Grundstruktur des Koreanischen

Die grammatische Struktur des Koreanischen unterscheidet sich in vielen Bereichen sehr stark von der des Deutschen. Um den Zugang zur koreanischen Grammatik zu erleichtern, soll hier ein kurzer Überblick über die wichtigsten strukturellen Merkmale der koreanischen Grammatik gegeben werden.

1. SOV-Wortstellung und Satzstruktur

Der koreanische Satz hat die Grundstruktur Subjekt + Objekt + Verb. Diese Stellung gilt für alle Satzarten: Aussage, Frage, Imperativ und Aufforderung. Das Verb ist das zentrale grammatische Element, es steht immer am Ende des Satzes. Alle anderen Satzelemente – wie Subjekt, Objekt oder adverbiale Bestimmungen – können je nach Betonung an unterschiedlichen Positionen im Satz auftreten.

Subjekt	Objekt	Verb		
수미가	책을	읽어요.		
Zeitadverb	**Subjekt**	**Objekt**	**Verb**	
지금	수미가	책을	읽어요.	
Lokaladverb	**Subjekt**	**Zeitadverb**	**Objekt**	**Verb**
도서관에서	수미가	지금	책을	읽어요.
Sumi liest jetzt ein Buch in der Bibliothek.				

2. Komplexe Satzstruktur: Nebensätze

Die Konjunktion existiert als Wortklasse im Koreanischen nicht, stattdessen werden die logischen und temporalen Relationen der Nebensatzprädikate zum Hauptsatz durch Verbalsuffixe bzw. Konjunktionalformen (z.B. VS + –아/어서 'weil', VS + –(으)면 'wenn') ausgedrückt (▶ 26–32 | Konjunktionale Satzstrukturen). Im Koreanischen stehen Nebensätze immer vor den Hauptsätzen. Deutsche Relativsätze werden durch attributive Partizipialformen wiedergegeben (▶ 5 | Partizipialformen).

3. Charakteristika der Verben

Alle grammatischen Kategorien der koreanischen Verben (Tempus, Modus und Satzart/Höflichkeitsstufe) werden durch Suffixe ausgedrückt, die an den Verbstamm angefügt werden. Anders als das Deutsche unterscheidet das koreanische Verb weder Person noch Numerus. Im Koreanischen unterscheidet man zwischen Aktionsverben, die Handlungen bezeichnen, und qualitativen Verben, die Eigenschaften beschreiben (▶ 3.3 | Aktionsverben und qualitative Verben). Funktional entsprechen die qualitativen Verben im Koreanischen den Adjektiven im Deutschen. Im Gegensatz zu deutschen Adjektiven tragen diese Tempus-Markierungen und benötigen keine Kopula *sein*. In attributiver Funktion bilden sie Partizipien (▶ 5 | Partizipialformen).

qualitatives Verb als Prädikat		qualitatives Verb als Attribut	
산이 높다	*Der Berg ist hoch.*	높은 산	*ein hoher Berg* *[ein hoch-seiender Berg]*

4. Charakteristika der Nomen

Das koreanische Nomen unterscheidet kein Genus, die Numerusbezeichnung ist fakultativ. Außerdem gibt es keinen bestimmten oder unbestimmten Artikel. Die Funktionen deutscher Kasusendungen und Präpositionen werden im Koreanischen durch Partikeln (nominale Suffixe) übernommen, die die grammatischen Beziehungen aller nominalen Satzteile kennzeichnen (▶ 13–14 | Partikeln). In der gesprochenen Sprache werden Kasuspartikeln und Pluralbezeichnungen häufig weggelassen.

Es gibt im Koreanischen eine Topikpartikel 은/는, durch die ein Nomen als Satzthema markiert werden kann. Die Topikpartikel kann auch zur Kennzeichnung einer bereits bekannten Information oder zur Betonung eines Kontrastes verwendet werden.

Topikpartikel 은/는		
Satzthema	한국은 가을이 아름다워요.	*In Korea ist der Herbst schön.* *[Was Korea betrifft, ist der Herbst schön.]*
Kontrast	유미는 키가 커요. 수미는 키가 작아요.	*Yumi ist groß. Sumi ist klein.*

5. Modifizierende Elemente stehen vor den Einheiten, die sie modifizieren

Im Koreanischen stehen Attribute (Modifizierer), durch die Pronomen und Nomen näher bestimmt werden, immer vor dem zu modifizierenden Nomen.

Modifizierer + Nomen	Beispiele	
Demonstrativpronomen + Nomen	이 바지가 작아요.	*Diese Hose ist klein.*
Interrogativpronomen + Nomen	무슨 꽃을 사요?	*Was für Blumen kaufen Sie?*
Aktionsverb (Partizip) + Nomen	빵을 먹는 아이	*das Brot essende Kind*
Qualitativverb (Partizip) + Nomen	예쁜 집이에요.	*Das ist ein schönes Haus.*
Genitivattribut + Nomen	한국의 역사	*die Geschichte Koreas*

6. Das Honorativsystem des Koreanischen

Entsprechend der traditionellen Sozialstruktur verfügt das Koreanische über ein ausgeprägtes Höflichkeitssystem (▶ 2 | Höflichkeitsformen). Der Grad der Höflichkeit wird ausgedrückt durch:

a) das fünfstufige System der interpersonalen Sprechstufen, die abhängig von Alter, Status und Vertrautheitsgrad zwischen den Gesprächspartnern verwendet werden.
b) die Honorativsuffixe –(으)시 bei Verben und –님 bei Nomen, honorative Verben und Nomen sowie honorative Kasusendungen.

2 Höflichkeitsformen

Eine der im Vergleich zum Deutschen am stärksten auffallenden Eigenarten des Koreanischen ist die obligatorische Verwendung von abgestuften Höflichkeitsformen, die durch grammatische und lexikalische Mittel zum Ausdruck kommen. Die Verwendung der angemessenen Höflichkeitsformen setzt voraus, dass sich die Gesprächspartner gegenseitig im Hinblick auf Alter, Sozialstatus und Vertrautheit bzw. Distanz adäquat einschätzen können. Eine nicht angemessene Auswahl der Höflichkeitsformen führt zwar nicht zur Bildung einer ungrammatischen Form, sie kann jedoch für den koreanischen Muttersprachler in der Interaktion höchst störend wirken und unter Umständen die kommunikativen Ziele gefährden.

Der Grad der Höflichkeit kommt auf vier Arten zum Ausdruck:

a) durch die obligatorische Verwendung von Verbalendungen, durch die eine bestimmte interpersonale Sprechstufe markiert wird.
b) durch die Verwendung des Honorativsuffixes −(으)시, um Respekt gegenüber der Person, die durch das Subjekt des Satzes ausgedrückt wird, anzuzeigen.
c) durch die Verwendung bestimmter höflicher Verben und Nomen sowie durch honorative Kasusendungen.
d) durch die Verwendung 'bescheidener' Personalpronomen für die 1. Person Sg. und Pl. und höflicher Anredeformen.

2.1 Interpersonale Sprechstufen

Die finit-prädikativen Formen des Verbs sind nach verschiedenen Satzarten (Aussage, Frage, Imperativ, Aufforderung) und interpersonalen Sprechstufen differenziert. Diese werden als Honorativsystem bezeichnet. Im Koreanischen gibt es ein fünfstufiges Honorativsystem, das abhängig vom Alter, Status und Vertrautheitsgrad zwischen den Gesprächspartnern verwendet wird.

Diese Sprechstufen unterteilen sich in zwei Gruppen: informelle (1. 2. und 3. SPS) und höfliche Sprechstufen (4. und 5. SPS). In diesem Buch werden die höflichen Sprechstufen behandelt, da sie für die Lernenden zunächst am wichtigsten sind, dennoch soll hier ein kurzer Überblick über das gesamte System gegeben werden.

informelle SPS	Aussage	Frage	Imperativ	Aufforderung
1. SPS	−아/어	−아/어	−아/어	−아/어
2. SPS	−다,−는/ㄴ다	−니, −으/느냐	−아/어라	−자
3. SPS	−네	−나	−게	−세

höfliche SPS	Aussage	Frage	Imperativ	Aufforderung
4. SPS	-아요/어요	-아요/어요	-아요/어요	-아요/어요
5. SPS	-습/ㅂ니다	-습/ㅂ니까	-(으)십시오	-읍/ㅂ시다

In der ersten und vierten Sprechstufe unterscheiden sich die Satzarten nicht durch die Form, sondern durch Satzzeichen, Intonation und Kontext.

☐ Die erste Sprechstufe wird von Eltern zu ihren Kindern und von Älteren zu Jüngeren sowie von statusmäßig Höherstehenden zu Niedrigerstehenden verwendet. Sie wird ebenfalls unter Kindern, Jugendlichen und guten Freunden verwendet. Die erste Sprechstufe kann je nach Kontext und Intonation sowohl Vertrautheit als auch Herablassung ausdrücken.

☐ Die zweite Sprechstufe lässt sich nicht klar von der ersten abgrenzen, sie wirkt jedoch höflicher, da ihre Formen länger und grammatisch komplexer sind. Die Wahl zwischen der ersten und der zweiten Sprechstufe hängt stark vom individuellen Sprachstil ab. Die zweite Sprechstufe wird als Berichtsform in der direkten und indirekten Rede (▶ 24–25 | Quotativ), in Sprichwörtern, allgemeingültigen Aussagen und mit dem Präteritum in historischen Berichten und Zeitungsartikeln verwendet (▶ 4 | Tempus und Aspekt).

☐ Die dritte Sprechstufe wird hauptsächlich zwischen älteren Männern verwendet, um eine honorative Haltung gegenüber einem erwachsenen Adressaten, der jünger als der Sprecher ist, auszudrücken. Sie wird z.B. von Professoren zu Studenten, aber auch von Schwiegereltern zu ihrem Schwiegersohn verwendet.

Die Sprechstufen vier und fünf werden zusammengefasst als 존댓말 (Höflichkeitssprache) bezeichnet.

☐ Die vierte Sprechstufe (informell-höflich) ist die geläufigste Höflichkeitsform zwischen gleichaltrigen Unbekannten und jüngeren gegenüber älteren Personen. Sie ist weniger distanziert und weniger formal als die fünfte Sprechstufe und wird auch unter Familienangehörigen oder Freunden sowie Arbeitskollegen verwendet. Die vierte Sprechstufe wird im Alltag am häufigsten verwendet und drückt sowohl Vertrautheit als auch Respekt gegenüber dem Gesprächspartner aus.

☐ Die fünfte Sprechstufe (formell-höflich) unterscheidet sich von der vierten, indem sie vor allem in formellen Kontexten verwendet wird, in denen der Ausdruck von Respekt und Hierarchie besonders wichtig ist, z.B. in Firmenmeetings, bei Präsentationen oder Vorstellungsgesprächen. Tendenziell wird sie häufig von Männern untereinander und im Schriftverkehr verwendet.

2.2 Honorativsuffix -(으)시

Das Honorativsuffix -(으)시 dient zum Ausdruck des Respekts des Sprechers gegenüber dem Angesprochenen und dem Satzsubjekt (einer dritten Person). Das Suffix -(으)시 wird unmittelbar an den Verbstamm angehängt, wobei -으시 nach konsonantischem Auslaut des Verbstamms (VS_{KONS}) steht und nach vokalischem Auslaut (VS_{VOK}) -시.

VS_{KONS}-으시	VS_{VOK}-시
웃다 + -으시 → 웃으시다 *lachen*	가다 + -시 → 가시다 *gehen*

Bedeutung	neutral	honorativ	Bedeutung	neutral	honorativ
lesen	읽다	읽으시다	*sein*	이다	이시다
sich anziehen	입다	입으시다	*sehen*	보다	보시다

Der Gebrauch des Honorativsuffixes -(으)시 ist obligatorisch,

a) wenn der Gesprächspartner älter ist als der Sprecher oder sich in einer höheren sozialen Position als dieser befindet.
b) wenn das Subjekt des Satzes eine dritte Person ist, die älter ist als der Sprecher oder sich in einer höheren sozialen Position als dieser befindet.

a) subjekt-/hörerbezogen	b) subjektbezogen
선생님, 지금 집에 가세요? *Herr Lehrer, gehen Sie jetzt nach Hause?*	수미의 할아버지께서 오세요. *Der Großvater von Sumi kommt.*
(Lehrer = Subjekt/Hörer mit höherer sozialer Position oder älter als Sprecher)	(Großvater = Subjekt mit höherer sozialer Position oder älter als Sprecher)

🕮 Das Honorativsuffix -(으)시 kann jedoch nicht verwendet werden, wenn der Sprecher über sich selbst spricht.

Das Honorativsuffix -(으)시 wird mit der informell-höflichen und formell-höflichen Sprechstufe sowie mit bestimmten als höflich markierten Wörtern gebraucht.

Sprechstufe	읽으시다 *lesen (honorativ)*	
formell-höflich	아버지께서 신문을 읽으십니다.	*Mein Vater liest Zeitung.*
informell-höflich	아버지께서 신문을 읽으세요.	
Sprechstufe	**주무시다 *schlafen (honorativ)***	
formell-höflich	할머니께서 주무십니다.	*Meine Großmutter schläft.*
informell-höflich	할머니께서 주무세요.	

🕮 주무시다 ist die honorative Entsprechung von 자다 'schlafen'.

Das Honorativsuffix -(으)시 wird auch verwendet, wenn Eigenschaften, Fähigkeiten oder ein persönlicher Besitz sowie Körperteile einer respektierten Person thematisiert werden.

Honorativsuffix -(으)시	
할머니는 몸이 건강하십니다.	*Was die Großmutter angeht, ist sie gesund.*
할아버지는 돈이 많으십니다.	*Was den Großvater angeht, hat er viel Geld.*
김 선생님은 요리 솜씨가 좋으세요.	*Was Frau Kim angeht, kocht sie gut.*

Das Honorativsuffix -(으)시 kann ausgelassen werden,

a) wenn der Hörer alters- und statusmäßig höher steht als das Subjekt des Satzes und beide höher stehen als der Sprecher.

오다 *kommen*	Beispiele	Übersetzung
ohne -(으)시	할아버지, 아버지가 와요.	*(Der Enkel sagt:) „Großvater, mein Vater kommt!"*
mit -(으)시	할아버지, 아버지께서 오세요.	

b) wenn es sich um einen rein informationsbezogenen Kontext wie Fernsehnachrichten, Zeitungsberichte oder wissenschaftliche Texte handelt.

Verb ohne Honorativsuffix -(으)시	
박 대통령이 중국을 방문한다.	*Die Präsidentin Park besucht China.*
세종대왕이 한글을 만들었다.	*König Sejong entwickelte die Hangeul-Schrift.*

2.3 Honorativvokabular, honorative Kasuspartikeln, Honorativsuffix -님

Honorativvokabular

Für bestimmte Wörter gibt es im Koreanischen höfliche Entsprechungen, die das sogenannte Honorativvokabular bilden. Dieses wird verwendet, um Respekt gegenüber dem Gesprächspartner oder der Person, über die gesprochen wird, auszudrücken. Die folgenden Tabellen zeigen einige häufig gebrauchte honorative Nomen und Verben sowie deren neutrale Entsprechungen.

Bedeutung	neutral	honorativ	Bedeutung	neutral	honorativ
Alter	나이	연세	*Haus*	집	댁
Name	이름	성함	*Essen*	밥	진지
Geburtstag	생일	생신	*Sprache*	말	말씀
Person	사람	분	*Krankheit*	병	병환

Bedeutung	neutral	honorativ	Bedeutung	neutral	honorativ
trinken	마시다	드시다	*sagen*	말하다	말씀하시다
schlafen	자다	주무시다	*sterben*	죽다	돌아가시다
essen	먹다	잡수시다/드시다	*sich befinden*	있다	계시다

Die höflichen Sprechstufen erfordern die Verwendung des Honorativsuffixes –(으)시 und des Honorativvokabulars, z.B. das honorative Nomen 진지 'Essen' und das entsprechende honorative Verb 잡수시다 'essen' / 'speisen'. Hierbei haben auch bestimmte Kasuspartikeln eine höfliche Entsprechung, so wird im folgenden Beispiel die Nominativpartikel 가 durch 께서 ersetzt.

Sprechstufe	잡수시다 *essen/speisen (honorativ)*	
formell-höflich	할아버지께서 진지를 잡수십니다.	*Mein Großvater isst. [Der Großvater isst das Essen.]*
informell-höflich	할아버지께서 진지를 잡수세요.	

Honorative Kasuspartikeln

Bei Verwendung des Honorativvokabulars werden statt der neutralen Kasuspartikeln 이/가 (Nominativ), 에게/한테 (Dativ) oder der Topikpartikel 은/는 deren honorative Entsprechungen 께서, 께, 께서는 verwendet.

Nominativpartikel	Dativpartikel	Topikpartikel
이/가 → 께서	에게/한테 → 께	은/는 → 께서는

Nominativ	Beispiele	
neutral	수미가 책을 읽어요.	*Sumi liest ein Buch.*
honorativ	아버지께서 책을 읽으세요.	*Mein Vater liest ein Buch.*
Topik	**Beispiele**	
neutral	수미는 사과를 좋아해요.	*Sumi mag Äpfel.*
honorativ	할머니께서는 사과를 좋아하세요.	*Meine Großmutter mag Äpfel.*
Dativ	**Beispiele**	
neutral	친구에게 편지를 써요.	*Ich schreibe meiner Freundin einen Brief.*
honorativ	부모님께 편지를 써요.	*Ich schreibe meinen Eltern einen Brief.*

Honorativsuffix –님

In den höflichen Sprechstufen wird das Nominalsuffix –님 entweder asymmetrisch in Bezug auf Alter oder Status von unten nach oben oder symmetrisch unter Gleichrangigen verwendet. Funktional entspricht das Honorativsuffix –님 ungefähr dem deutschen 'sehr geehrter Herr' oder 'sehr geehrte Frau'. Es wird entweder mit dem vollständigen Namen oder mit einem berufs- bzw. verwandtschaftsbezeichnenden Titel kombiniert.

Bedeutung	neutral	honorativ	Bedeutung	neutral	honorativ
Vater	아버지	아버님	*Chef*	사장	사장님
Mutter	어머니	어머님	*Professor*	교수	교수님
Eltern	부모	부모님	*Lehrer*	선생	선생님

🕮 Die Bezeichnungen 아버님 und 어머님 werden nicht zur Anrede der eigenen Eltern gebraucht, sondern meist zur Anrede der Schwiegereltern verwendet.

Honorativsuffix –님	
교수님께서 말씀하십니다.	*Der (geehrte Herr) Professor spricht.*
부모님께서 내일 여행을 가세요.	*Meine Eltern machen morgen eine Reise.*
안녕하세요, 김민수님.	*Guten Tag, sehr geehrter Herr Kim Minsu.*

2.4 Pronomen 저 und 저희 (1. Person Sg. und Pl.)

Neben den honorativen Formen, mit denen der Sprecher Respekt gegenüber der angesprochenen Person ausdrücken kann, gibt es auf Seiten des Sprechers auch eine Bescheidenheitsform. Durch die Bescheidenheitsform des Personalpronomens der 1. Person Sg. und Pl. erniedrigt der Sprecher seine Position gegenüber dem Gesprächspartner und bringt somit Respekt und Bescheidenheit zum Ausdruck (▶ 15 | Personalpronomen).

1. Person Sg.	*ich*	1. Person Pl.	*wir*
neutral	나	neutral	우리
bescheiden	저	bescheiden	저희

bescheiden	Beispiele	
1. Pers. Sg.	저는 한국어를 공부해요.	*Ich lerne Koreanisch.*
1. Pers. Pl.	저희는 한국어를 공부해요.	*Wir lernen Koreanisch.*

Die Auswahl der Personalpronomen zur Selbstbezeichnung muss mit der Sprechstufe übereinstimmen. Die neutrale Variante 나 für 'ich' wird demnach mit den informellen Sprechstufen (1., 2. und 3. SPS) verwendet, die bescheidene Variante 저 'ich' dagegen mit den höflichen Sprechstufen (4. und 5. SPS).

Sprechstufe	Beispiele	
informelle SPS (1–3)	나는 지금 학교에 가/간다.	
formell-höfliche SPS	저는 지금 학교에 갑니다.	*Ich gehe jetzt zur Schule.*
informell-höfliche SPS	저는 지금 학교에 가요.	

🕮 Die Personalpronomen können ausgelassen werden, wenn der Kontext eindeutig ist. Sie werden häufig zur Betonung oder zum Ausdruck eines Kontrastes gebraucht.

Übungen

1 Formen Sie die Sätze mit dem Honorativsuffix –(으)시 und den entsprechenden honorativen Kasus- bzw. Topikpartikeln um. Achten Sie auf die Sprechstufen.

Beispiel: 할머니가 웃습니다. → 할머니께서 웃으십니다.

1. 아버지는 회사에서 일합니다.
2. 부모님이 독일에 옵니다.
3. 선생님이 한국어를 가르칩니다.
4. 교수님은 책을 씁니다.

Beispiel: 할머니가 웃어요. → 할머니께서 웃으세요.

5. 어머니는 텔레비전을 봐요.
6. 사장님이 독일에 가요.
7. 할아버지가 신문을 읽어요.
8. 할머니는 꽃을 좋아해요.

2 Formen Sie die Sätze mit dem neu gegebenen Subjekt um. Verwenden Sie dabei die entsprechenden honorativen Verben.

Beispiel: 민수가 잡니다. → 할머니께서 주무십니다.

1. 오빠가 회사에 있습니다. → 사장님께서 ____________________ .
2. 친구가 말합니다. → 교수님께서 ____________________ .
3. 수미가 차를 마십니다. → 수미의 할머니께서 ____________________ .
4. 언니가 과일을 먹습니다. → 아버지께서 ____________________ .
5. 동생이 잡니다. → 할아버지께서 ____________________ .

3 Setzen Sie die passenden honorativen Nomen ein.

1. 오늘은 우리 할아버지의 ______________ (생일)이에요.
2. 김 선생님은 지금 ______________ (집)에 계세요.
3. 할머니, 할아버지, ______________ (밥) 드세요.
4. 실례합니다, ______________ (이름)이 어떻게 되세요?
5. 이 교수님, ______________ (나이)가 어떻게 되세요?
6. 막스 씨, 이 ______________ (사람)은 누구세요?

4 Setzen Sie die passenden honorativen Partikeln ein.

1. 저기 수미 씨의 어머님_____(이) 오십니다.
2. 일주일에 한 번 부모님_____(에게) 전화를 드립니다.
3. 김 교수님_____(은) 지금 사무실에 계십니다.
4. 할아버지_____(에게) 옷을 선물했습니다.
5. 아버지_____(가) 비빔밥을 좋아하십니다.

5 Übersetzen Sie ins Koreanische. Verwenden Sie die formell-höfliche Sprechstufe und die bescheidenen Formen von 나 und 우리.

1. Ich bin Koreaner.
2. Wir sind Deutsche.
3. Ich bin Student.
4. Wir sind Austauschstudenten.
5. Ich studiere jetzt in Korea.
6. Wir lernen jetzt Koreanisch.

3 Verbarten und Negation

Im Koreanischen bezeichnen Verben Handlungen, Bewegungen, Ereignisse, aber auch Zustände. Es werden vier Arten von Verben unterschieden: Aktionsverben, qualitative Verben, das Existenzverb 있다 und die Kopula 이다. Die Infinitivform –다 wird direkt an den Verbstamm angehängt. Sie fungiert ausschließlich als Nenn- und Lexikonform.

Verbart	Infinitivform	Bedeutung
Aktionsverb	가다	*gehen*
Qualitatives Verb	좋다	*gut sein*
Existenzverb	있다	*sich befinden / vorhanden sein / haben*
Kopula	이다	*sein*

Anders als im Deutschen trägt das Verb im Koreanischen keine Personen- oder Numerusmarkierung, so dass die Person oft aus dem Kontext erschlossen werden muss. Je nach Satzart (Aussage, Frage, Imperativ oder Aufforderung) und Sprechstufe wird die Infinitivendung –다 durch eine andere Satzschlussendung ersetzt. Zwischen dem Verbstamm und der obligatorischen Satzschlussendung können in einer festen Reihenfolge ein oder mehrere Verbalsuffixe hinzutreten:

(Kausativ- oder Passivsuffixe) + Honorativsuffix +
Tempussuffixe + Modussuffixe + Satzart / Sprechstufe

먹	이	시	었	겠	습니다
Verbstamm	Kausativ	Honorativ	Tempus	Modus	Satzart / SPS
어머니가 아이에게 밥을 먹이셨겠습니다. *Die Mutter hat das Baby wohl gefüttert.*					

Kausativ und Passiv sind Wortbildungssuffixe, d.h. sie bilden neue Verben, oft mit spezieller Bedeutung, wie 먹이다 'füttern' von 먹다 'essen' und 죽이다 'töten' von 죽다 'sterben'.

3.1 Kopula 이다 und 아니다

Die Kopula 이다 wird dazu verwendet, zwei Nomen miteinander gleichzusetzen [$N_1 = N_2$]. Dabei bezeichnet das erste Nomen (N_1) das Topik oder das Subjekt des Satzes und wird dementsprechend mit der Topikpartikel 은/는 oder der Nominativpartikel 이/가 markiert (▶ 14.1 | Topikpartikel). Das zweite Nomen (N_2, Prädikatsnomen) bildet zusammen mit der Kopula 이다 das Prädikat, das als Einheit ohne Leerzeichen geschrieben wird. Ist der Kontext eindeutig, kann N_1 weggelassen werden.

N_1 = Topik bzw. Subjekt	N_2 + Kopula = Prädikat
N_1 + 은/는 (Topik-Markierung) N_1 + 이/가 (Subjekt-Markierung)	N_2 + 이다

In der Aussageform der formell-höflichen Sprechstufe hat die Kopula die Form 입니다, die entsprechende Frageform ist 입니까. In der informell-höflichen Aussageform hat sie die Varianten 이에요 und 예요, die mit unterschiedlicher Intonation sowohl als Aussage- als auch Frageform verwendet werden. Nach konsonantisch auslautenden Nomen (N_{KONS}) steht 이에요, nach vokalisch auslautenden Nomen (N_{VOK}) 예요.

Sprechstufe / Satzart	Kopula 이다 *sein (neutral)*		
	formell-höflich	informell-höflich	
Aussage	N 입니다	N_{KONS} 이에요	N_{VOK} 예요
Frage	N 입니까?	N_{KONS} 이에요?	N_{VOK} 예요?

Sprechstufe	Satzart	Beispiele	
formell-höflich	Aussage	저는 대학생입니다.	*Ich bin Student.*
	Frage	의사입니까?	*Sind Sie Arzt?*
informell-höflich	Aussage	저는 대학생이에요.	*Ich bin Student.*
	Frage	의사예요?	*Sind Sie Arzt?*

Die Kopula 이다 kann durch das Einfügen des Honorativsuffixes –시 zwischen dem Verbstamm und der Endung zu 이시다 erweitert werden. In der gesprochenen Sprache wird die Form 이세요 in der informell-höflichen Sprechstufe nach vokalisch auslautendem Nomen häufig zu 세요 verkürzt: 어머니(이)세요, 아버지(이)세요.

Sprechstufe / Satzart	이시다 *sein (honorativ)*		
	formell-höflich	informell-höflich	
Aussage	N 이십니다	N_{KONS} 이세요	N_{VOK}(이)세요
Frage	N 이십니까?	N_{KONS} 이세요?	N_{VOK}(이)세요?

Das Honorativsuffix –(으)시 dient zum Ausdruck des Respekts des Sprechers gegenüber dem Subjekt des Satzes, also der Person, über die gesprochen wird. (▶ 2.2 | Honorativsuffix –(으)시).

Sprechstufe	subjekt-/hörerbezogen 이시다 *sein (honorativ)*	
formell-höflich	김 교수님이십니까?	*Sind Sie Professor Kim?*
informell-höflich	김 교수님이세요?	
Erklärung: Der Hörer hat einen höheren Status und/oder ist älter als der Sprecher.		

Sprechstufe	subjektbezogen 이시다 *sein (honorativ)*	
formell-höflich	수미의 아버지는 의사이십니다.	*Der Vater von Sumi ist Arzt.*
informell-höflich	수미의 아버지는 의사(이)세요.	
Erklärung: Das Subjekt hat einen höheren Status und/oder ist älter als der Sprecher.		

Negation der Kopula 이다

Die Verneinung der Kopula 이다 'sein' ist 아니다 'nicht sein'. In der folgenden Tabelle werden die negierten Aussage- und Frageformen der Kopula aufgeführt.

Sprechstufe / Satzart	formell-höflich		informell-höflich	
	neutral	honorativ	neutral	honorativ
Aussage	아닙니다	아니십니다	아니에요	아니세요
Frage	아닙니까?	아니십니까?	아니에요?	아니세요?

In Sätzen mit der Struktur [N_1 ist nicht/kein N_2] kann das erste Nomen (N_1) eine Topik- und/oder Subjekt-Markierung tragen. Ist der Kontext eindeutig, kann N_1 weggelassen werden. Im verneinten Kopulasatz wird das zweite Nomen (N_2) meist mit der Nominativpartikel 이/가 markiert, so dass zwei Subjekte auftreten. Anders als bei der Kopula 이다 wird die verneinte Kopula 아니다 nicht direkt an das zweite Subjekt (N_2 + 이/가) angehängt.

[N_1 ist nicht / kein N_2]	
N_1 + 은/는 (Topik-Markierung) N_1 + 이/가 (Subjekt-Markierung)	N_2 + 이/가 아니다

(N_1 은/는) N_2 이/가 아니다	(N_1 이/가) N_2 이/가 아니다
(그는) 의사가 아닙니다. *Was ihn betrifft: Er ist kein Arzt.*	(그가) 의사가 아닙니다. *Er ist kein Arzt.*

Zum Ausdruck eines Kontrastes oder zur Betonung kann auch N_2 als Topik markiert werden z.B. 그가 의사는 아닙니다.

Die Kopula 이다 und die entsprechende Verneinung 아니다 werden bei der Bejahung bzw. der Verneinung von Fragen in unterschiedlichen Satzstrukturen gebraucht: 아니다 kann als Verneinung einer Frage alleine stehen, während 이다 als Bejahung einer Frage nicht alleine stehen kann.

Fragesatz	Bejahung	Verneinung
한국 사람입니까? *Sind Sie Koreaner?*	네, 한국 사람입니다. *Ja, ich bin Koreaner.*	아니요, 아닙니다. *Nein (, ich bin kein Koreaner).*
독일 사람이세요? *Sind Sie Deutscher?*	네, 독일 사람이에요. *Ja, ich bin Deutscher.*	아니요, 아니에요. *Nein (, ich bin kein Deutscher).*

Übungen

❶ Bilden Sie Fragesätze mit der Kopula 이다 und beantworten Sie die Fragen mit *Ja* (formell-höfliche SPS).

Beispiel: 수미 (Südkorea / 한국) → 수미는 한국 사람입니까? - 네, 한국 사람입니다.

1. 제니퍼 (England / 영국)
2. 와타나베 (Japan / 일본)
3. 요한나 (Deutschland / 독일)
4. 다니엘(Australien / 호주)
5. 왕링 (China / 중국)
6. 헬렌 (USA / 미국)

❷ Bilden Sie Aussagesätze mit der Kopula 이다 (informell-höfliche SPS).

Beispiel: 안나 (의사) → 안나는 의사예요. 안나 (회사원) → 안나는 회사원이에요.

1. 마이클 (가수)
2. 민수 (경찰관)
3. 마틴 (대학생)
4. 다니엘 (요리사)
5. 수미 (간호사)
6. 나오코 (일본어 선생님)

❸ Beantworten Sie die Fragen je nach gegebener Sprechstufe mit *Nein*.

Beispiel: 우유입니까? (커피) → 아니요, 우유가 아닙니다. 커피입니다.
우유예요? (커피) → 아니요, 우유가 아니에요. 커피예요.

1. 독일어 사전입니까? (한국어 사전)
2. 커피입니까? (차)
3. 라디오입니까? (텔레비전)
4. 책입니까? (신문)
5. 소파예요? (침대)
6. 책상이에요? (의자)
7. 바나나예요? (사과)
8. 연필이에요? (볼펜)

❹ Geben Sie verneinende Antworten auf die jeweiligen Fragen.

Beispiel: 제니퍼 씨는 <u>의사예요</u>? → 아니요, <u>의사가 아니에요</u>. 간호사예요.

1. <u>미국 사람이에요?</u> → 아니요, ________________. 독일 사람이에요.
2. <u>친구예요?</u> → 아니요, ________________. 제 동생이에요.
3. 시험이 <u>수요일이에요</u>? → 아니요, ________________. 목요일이에요.
4. 지금이 <u>열한 시예요</u>? → 아니요, ________________. 열두 시예요.

❺ Setzen Sie die richtigen Formen von 이시다 und 아니시다 ein.

<u>formell-höfliche Sprechstufe</u>

1. 김민수 선생님____________? *Sind Sie Herr Kim Minsu?*
2. 민수 씨의 어머님은 의사가 ____________. *Die Mutter von Minsu ist keine Ärztin.*
3. 이분이 수미 씨의 아버님____________. *Das ist der Vater von Sumi.*

<u>informell-höfliche Sprechstufe</u>

4. 독일 분____________? *Sind Sie Deutsche?*
5. 여기는 저희 부모님____________. *Das hier sind meine Eltern.*
6. 대학생이 ____________? *Sind Sie kein Student?*

3.2 Existenzverb 있다 und 없다

Das Existenzverb 있다 kann zur Bezeichnung verschiedener Arten von Existenz gebraucht werden. Im Deutschen kann es je nach Kontext etwa mit 'sich befinden', 'vorhanden sein' oder 'haben' übersetzt werden.

a) 'sich befinden'

Das Existenzverb 있다 drückt aus, dass sich eine Person oder ein Gegenstand (N_1) an einem Ort ($N_{2(Ort)}$) befindet. Dieser wird durch die Lokativpartikel 에 'in' / 'auf' markiert. Die honorative Entsprechung des Existenzverbs 있다 'sich befinden' lautet 계시다 (▶ 2.3 | Honorativvokabular).

Struktur	Beispiele	
N_1 이/가 $N_{2(Ort)}$에 있다	수미가 방에 있어요.	*Sumi ist im Zimmer.*
N_1 께서 $N_{2(Ort)}$에 계시다	아버지께서 방에 계세요.	*Mein Vater ist im Zimmer.*

Die folgende Tabelle fasst die Formen des Existenzverbs 있다 und dessen honorativer Entsprechung 계시다 im Aussage- und Fragesatz für die formelle und informelle Höflichkeitsstufe zusammen.

Satzart	formell-höfliche Sprechstufe		informell-höfliche Sprechstufe	
	neutral	honorativ	neutral	honorativ
Aussage	있습니다	계십니다	있어요	계세요
Frage	있습니까?	계십니까?	있어요?	계세요?

formell-höflich	informell-höflich	Übersetzung
민수가 한국에 있습니까?	민수가 한국에 있어요?	*Ist Minsu in Korea?*
수미가 독일에 있습니다.	수미가 독일에 있어요.	*Sumi ist in Deutschland.*
아버님께서 집에 계십니까?	아버님께서 집에 계세요?	*Ist Ihr Vater zu Hause?*
아버지께서 집에 계십니다.	아버지께서 집에 계세요.	*Mein Vater ist zu Hause.*

Die Struktur [N_1 이/가 $N_{2(Ort)}$에 있다] kann zusammen mit adverbialen Bestimmungen des Ortes wie 앞에 'vor/vorne', 뒤에 'hinter/hinten', 위에 'auf/über', 밑에 'unter/unten' usw. verwendet werden.

N_1 이/가 + $N_{2(Ort)}$에 + 있다	Übersetzung
컵이 책상 위에 있어요.	*Das Glas steht auf dem Tisch.*
연필이 책상 밑에 있어요.	*Der Bleistift liegt unter dem Tisch.*
은행이 우체국 옆에 있어요.	*Die Bank befindet sich neben der Post.*

b) 'vorhanden sein' / 'haben'

Das Existenzverb 있다 kann auch 'vorhanden sein' / 'haben' im Sinne von 'etwas besitzen' oder 'über etwas verfügen' bedeuten. In dieser Bedeutung sind anders als bei a) Ortsangaben nicht unbedingt erforderlich. Die honorative Entsprechung lautet in dieser Bedeutung 있으시다.

Satzart	formell-höfliche Sprechstufe		informell-höfliche Sprechstufe	
	neutral	honorativ	neutral	honorativ
Aussage	있습니다	있으십니다	있어요	있으세요
Frage	있습니까?	있으십니까?	있어요?	있으세요?

Satzart	formell-höflich	informell-höflich	Übersetzung
Aussage	시간이 있습니다.	시간이 있어요.	*Ich habe Zeit.*
Frage	시간이 있습니까?	시간이 있어요?	*Haben Sie Zeit?*

Sprechstufe	hörerbezogen mit 있으시다 *haben (honorativ)*	
formell-höflich	김 선생님, 차가 있으십니까?	*Herr Kim, haben Sie ein Auto?*
informell-höflich	김 선생님, 차가 있으세요?	
Der Hörer (= Herr Kim) hat einen höheren Status und/oder ist älter als der Sprecher.		

Sprechstufe	subjektbezogen mit 있으시다 *haben (honorativ)*	
formell-höflich	김 선생님은 오늘 회의가 있으십니다.	*Herr Kim hat heute eine Besprechung.*
informell-höflich	김 선생님은 오늘 회의가 있으세요.	
Das Subjekt (= Herr Kim) hat einen höheren Status und/oder ist älter als der Sprecher.		

Negation des Existenzverbs: 없다

Die Verneinung des Existenzverbs 있다 lautet 없다. Bei der Verneinung der honorativen Entsprechung zeigt sich jedoch ein Unterschied: In der Bedeutung 'sich befinden' wird die honorative Entsprechung 계시다 mit dem Negationsadverb 안 'nicht' vor dem Verb verneint: 안 계시다. In der Bedeutung 'vorhanden sein' / 'haben' dagegen wird die honorative Entsprechung 있으시다 durch 없으시다 verneint.

Existenzverb	*sich befinden*		*vorhanden sein / haben*	
	neutral	honorativ	neutral	honorativ
positiv	있다	계시다	있다	있으시다
negativ	없다	안 계시다	없다	없으시다

없다 und 안 계시다	*sich nicht befinden*
민수 씨는 지금 회사에 없어요.	*Minsu ist jetzt nicht in der Firma.*
부모님은 지금 집에 안 계세요.	*Meine Eltern sind jetzt nicht zu Hause.*
없다 und 없으시다	***nicht vorhanden sein / nicht haben***
저는 오늘 약속이 없어요.	*Ich habe heute keine Verabredung.*
김 선생님은 오늘 시간이 없으세요.	*Herr Kim hat heute keine Zeit.*

Übungen

❶ Bilden Sie Sätze mit den Existenzverben 있다 und 계시다 (formell- höfliche SPS).

Beispiel: 수미 – 한국 → 수미는 한국에 있습니다.
김 선생님 – 한국 → 김 선생님께서는 한국에 계십니다.

1. 수미 – 도서관
2. 교수님 – 독일
3. 사장님 – 부산
4. 누나 – 사무실
5. 다니엘 – 극장
6. 부모님 – 집

❷ Formulieren Sie die Sätze aus Übung 1 in die informell-höfliche Sprechstufe um.

❸ Beschreiben Sie, wo sich die Gegenstände befinden (informell-höfliche SPS).

Beispiel: 지갑 – auf dem Sofa (소파) → 지갑이 소파 위에 있어요.

1. 여권 – auf dem Schreibtisch (책상)
2. 연필 – unter der Zeitung (신문)
3. 전화기 – vor der Blumenvase (꽃병)
4. 사전 – in der Tasche (가방)
5. 가방 – hinter dem Stuhl (의자)
6. 책상 – neben dem Bücherregal (책장)

❹ Setzen Sie die informell-höflichen Formen des Existenzverbs 있다 bzw. 없다 ein.

1. 수미 씨는 동생이 몇 명 ______________(있다 *neutral*)?
2. 오늘 저녁에 약속이 ______________(있다 *honorativ*)?
3. 어머니는 지금 어디에 ______________(있다 *honorativ*)?
4. 사장님은 지금 시간이 ______________(없다 *honorativ*).
5. 거실에 신문이 ______________(없다 *neutral*).
6. 김 선생님은 지금 사무실에 ______________(있다 *honorativ*).

❺ Beantworten Sie folgende Fragen verneinend.

Beispiel: 열쇠가 가방에 있어요? → 아니요, 열쇠가 가방에 없어요.

1. 주말에 시간이 있어요? → ______________________________.
2. 김 선생님께서 학교에 계세요? → ______________________________.
3. 내일 한국어 수업이 있어요? → ______________________________.
4. 우유가 냉장고에 있어요? → ______________________________.
5. 오늘 저녁에 약속이 있으세요? → ______________________________.
6. 할머니께서 집에 계세요? → ______________________________.

3.3 Aktionsverben und qualitative Verben

Aktionsverben (AV) bezeichnen Handlungen, Bewegungen, Vorgänge oder Ereignisse. Dazu gehören Bewegungsverben wie 가다 'gehen', 오다 'kommen' oder Handlungsverben wie 먹다 'essen', 마시다 'trinken', aber auch solche Verben, die mentale Prozesse oder Emotionen bezeichnen, wie 생각하다 'denken' oder 사랑하다 'lieben'.

Qualitative Verben (QV) drücken dagegen Zustände und Eigenschaften aus, z.B. 예쁘다 'hübsch sein', 춥다 'kalt sein' oder 무섭다 'ängstlich sein'. Hinsichtlich ihrer Funktion werden qualitative Verben oft als adjektivische Verben oder Adjektive bezeichnet. Die koreanischen qualitativen Verben unterscheiden sich jedoch von deutschen Adjektiven darin, dass sie Tempus-Markierungen tragen und ohne Kopula prädikativ gebraucht werden.

Die Zeitformen Präsens, Präteritum und Futur werden bei Aktionsverben und qualitativen Verben mit denselben Tempus-Markierungen gebildet.

Verbart / Tempus	Aktionsverb 먹다 *essen*		Qualitatives Verb 좋다 *gut sein*	
	formell-höflich	informell-höflich	formell-höflich	informell-höflich
Präsens	먹습니다.	먹어요.	좋습니다.	좋아요.
Präteritum	먹었습니다.	먹었어요.	좋았습니다.	좋았어요.
Futur	먹겠습니다.	먹겠어요.	좋겠습니다.	좋겠어요.

Für die Bildung der Paritzipialformen und konjunktionaler Nebensätze werden für beide Verbarten dieselben Markierungen gebraucht (▶ 26–32 | Konjunktionale Satzstrukturen). Im Gegensatz zu Aktionsverben bilden qualitative Verben jedoch kein Partizip Futur, Partizip Präteritum und keine Verlaufsform (▶ 5 | Partizipialformen). Außerdem können sie nicht mit finalen Konjunktionalformen verwendet werden.

Verbart / Partizip	Aktionsverb 먹다 *essen*	Qualitatives Verb 좋다 *gut sein*
Partizip Präsens	빵을 먹는 사람 *ein Mensch, der Brot isst* *[ein Brot essender Mensch]*	좋은 날씨 *ein schönes Wetter* *[ein schön seiendes Wetter]*
Partizip Präteritum	빵을 먹은 사람 *ein Mensch, der Brot gegessen hat*	–
Partizip Retrospektiv	빵을 먹던 사람 *ein Mensch, der Brot gegessen hat*	좋던 날씨 *das Wetter, das schön war*
Partizip Futur	빵을 먹을 사람 *ein Mensch, der Brot essen wird*	–

Konj. Form \ Verbart	Aktionsverb 먹다 *essen*	Qualitatives Verb 좋다 *gut sein*
konditional	빵을 먹으면 [...] *wenn (er, sie, man) Brot isst [...]*	날씨가 좋으면 [...] *wenn das Wetter schön ist, [...]*
final	빵을 먹으려고 [...] *um Brot zu essen [...]*	–

Aktionsverben und qualitative Verben werden nach Satzart (Aussage, Frage, Imperativ, oder Aufforderung) und interpersonaler Sprechstufe differenziert. Die Aussage- und Frageform der formell-höflichen Sprechstufe werden bei beiden Verbarten mit denselben Satzschlussendungen −습니다/−ㅂ니다 für Aussagen und −습니까/−ㅂ니까 für Fragen gebildet. Im Gegensatz zu Aktionsverben bilden qualitative Verben keine Imperativ- und Aufforderungssätze (▶ 4.1 | Präsens).

Satzart \ Verbart	Aktionsverben		Qualitative Verben	
	VS_{KONS}	VS_{VOK}	VS_{KONS}	VS_{VOK}
Aussage	읽습니다.	갑니다.	좋습니다.	나쁩니다.
Frage	읽습니까?	갑니까?	좋습니까?	나쁩니까?
Imperativ	읽으십시오.	가십시오.	–	–
Aufforderung	읽읍시다.	갑시다.	–	–

In der informell-höflichen Sprechstufe werden bei Aktionsverben und qualitativen Verben alle Satzarten mit derselben Satzschlussendung −아요 bzw. −어요 gebildet. Die Verwendung von −아요 oder −어요 hängt von der lautlichen Umgebung des Verbstammes ab:

> VS−아요 steht, wenn der letzte Vokal des Verbstammes ein ㅏ und ㅗ enthält.
> VS−어요 steht in allen anderen Fällen, wie ㅓ, ㅜ, ㅣ, ㅡ usw. (▶ 4.1 | Präsens).

Satzart \ Verbart	Aktionsverben		Qualitative Verben	
	VS ㅏ/ㅗ−아요	VS_{ohne} ㅏ/ㅗ−어요	VS ㅏ/ㅗ−아요	VS_{ohne} ㅏ/ㅗ−어요
Aussage	가요.	읽어요.	많아요.	적어요.
Frage	가요?	읽어요?	많아요?	적어요?
Imperativ	가요.	읽어요.	–	–
Aufforderung	가요.	읽어요.	–	–

Die Formen der Aktions- und Qualitativverben sind in allen Satzarten gleich. Die verschiedenen Satzarten werden durch Intonation, Satzzeichen und Kontext unterschieden. Imperativsätze werden sowohl in der formell-höflichen als auch in der informell-höflichen Sprechstufe gegenüber Fremden, Älteren und sozial Höherstehenden verwendet. Sie werden vorzugsweise zusammen mit dem Honorativsuffix −(으)시 gebraucht.

Satzart	formell-höflich	informell-höflich	Übersetzung
Imperativ	가십시오.	가세요.	*Gehen Sie bitte!*
	앉으십시오.	앉으세요.	*Setzen Sie sich bitte!*

Aktionsverben und qualitative Verben mit 하다

Im Koreanischen gibt es eine Vielzahl von Aktionsverben und qualitativen Verben, die durch die Kombination eines Nomens mit dem Verb 하다 'machen' gebildet werden. Je nachdem, ob dieses Nomen eine Handlung oder eine Eigenschaft bezeichnet, ergibt die Verbindung mit dem Verb 하다 die Bedeutung eines Aktionsverbs bzw. eines qualitativen Verbs. Die so gebildeten Verben werden als Einheit ohne Leerstelle geschrieben.

Aktionsverben und qualitative Verben mit 하다	Bedeutung
Aktionsnomen N + 하다 → Aktionsverb	*N machen*
Eigenschaftsnomen N + 하다 → Qualitatives Verb	*N sein*

Aktionsnomen + 하다 → AV		Eigenschaftsnomen + 하다 → QV	
식사 *Essen*	식사하다 *essen*	행복 *Glück*	행복하다 *glücklich sein*
공부 *Lernen*	공부하다 *lernen*	정직 *Ehrlichkeit*	정직하다 *ehrlich sein*
요리 *Kochen*	요리하다 *kochen*	피곤 *Müdigkeit*	피곤하다 *müde sein*
노래 *Lied*	노래하다 *singen*	조용 *Ruhe*	조용하다 *ruhig sein*
일 *Arbeit*	일하다 *arbeiten*	건강 *Gesundheit*	건강하다 *gesund sein*

📖 Viele Aktions- bzw. Eigenschaftsnomen sind aus dem Chinesischen entlehnt.

Das Verb 하다 kann auch als Suffix zur Bildung intransitiver Aktionsverben verwendet werden. In diesem Fall verliert das Aktionsnomen die Akkusativpartikel 을/를 und 하다 wird ohne Leerstelle zusammengeschrieben.

Aktionsnomen + 을/를 + 하다		intransitive Aktionsverben	
일을 하다	*eine Arbeit tun*	일하다	*arbeiten*
산책을 하다	*Spaziergang machen*	산책하다	*spazieren*
운동을 하다	*Sport treiben*	운동하다	*Sport treiben*
숙제를 하다	*Hausaufgaben machen*	숙제하다	*Hausaufgaben machen*
전화를 하다	*ein Telefonat führen*	전화하다	*telefonieren*

Wie andere qualitative Verben können auch die mit 하다 gebildeten qualitativen Verben keine Imperativ- oder Aufforderungssätze bilden. Eine Ausnahme stellen qualitative Verben wie 행복하다 'glücklich sein' oder 건강하다 'gesund sein' dar. Bei diesen Verben drückt die Imperativform –(으)십시오 bzw. –(으)세요 jedoch keine imperativische Bedeutung, sondern einen Wunsch des Sprechers aus.

QV mit 하다	Imperativ	Aufforderung
행복하다 *glücklich sein*	행복하십시오. / 행복하세요. *Seien Sie bitte glücklich!*	행복합시다. *Lasst uns glücklich sein!*
건강하다 *gesund sein*	건강하십시오. / 건강하세요. *Bleiben Sie bitte gesund!*	건강합시다. *Lasst uns gesund bleiben!*

Qualitative Verben mit dem Existenzverb 있다

Es gibt im Koreanischen qualitative Verben, die durch die Kombination aus Nomen und dem Existenzverb 있다 gebildet werden. Genau wie 하다 wird auch das Existenzverb 있다 als verbalisierendes Suffix verwendet. In diesem Fall verliert das Eigenschaftsnomen die Nominativpartikel 이/가 und 있다 wird ohne Leerstelle zusammengeschrieben.

Nomen	Nomen + 이/가 + 있다		QV mit 있다
맛 *Geschmack*	맛이 있다	*Es schmeckt.* *[Der Geschmack ist da.]*	맛있다 *lecker sein*
멋 *Schick*	멋이 있다	*Es ist schick.* *[Der Schick ist da.]*	멋있다 *schick sein*
관심 *Interesse*	관심이 있다	*Interesse haben* *[Das Interesse ist da.]*	관심있다 *interessiert sein*
재미 *Spaß*	재미가 있다	*Spaß haben* *[Der Spaß ist da.]*	재미있다 *unterhaltsam sein*

Diese qualitativen Verben mit 있다 werden mit 없다 verneint.

Nomen + 이/가 + 없다		QV mit 없다
맛이 없다	*Es schmeckt nicht.* *[Der Geschmack ist nicht da.]*	맛없다 *nicht lecker sein*
멋이 없다	*Es ist nicht schick.* *[Der Schick ist nicht da.]*	멋없다 *nicht schick sein*
관심이 없다	*kein Interesse haben* *[Das Interesse ist nicht da.]*	관심없다 *uninteressiert sein*
재미가 없다	*keinen Spaß haben* *[Der Spaß ist nicht da.]*	재미없다 *nicht unterhaltsam sein*

Übungen

❶ Aktionsverb oder qualitatives Verb? Ordnen Sie zu und geben Sie die jeweiligen Bedeutungen an.

기다리다 · 맛있다 · 오다 · 하다 · 많다 · 좋아하다 · 읽다 · 만나다 · 재미없다 · 싸다 · 예쁘다 · 크다 · 사다 · 듣다 · 바쁘다 · 살다 · 어렵다 · 마시다 · 아프다

Aktionsverben	Qualitative Verben

❷ Geben Sie die Satzart an.

1. 빵을 먹습니까?
2. 집에 갑시다.
3. 날씨가 좋아요.
4. 책을 읽습니다.
5. 여기에 앉으십시오.
6. 행복하십시오.
7. 손님이 많아요?
8. 조금 피곤합니다.

❸ Formen Sie die Aktionsverben in Aktionsnomen + Akkusativpartikel + 하다 um.

1. 주말에 조깅해요.
2. 레스토랑에서 식사해요.
3. 학교에서 공부해요.
4. 노래방에서 노래해요.
5. 집에서 숙제해요.
6. 공원에서 산책해요.

❹ Übersetzen Sie ins Koreanische. Verwenden Sie die gegebenen qualitativen Verben in der formell-höflichen Sprechstufe (VS_{KONS}–습니다 / VS_{VOK}–ㅂ니다).

맛있다 따뜻하다 작다 좋다 비싸다 깨끗하다 재미없다 건강하다

1. Obst ist teuer. → 과일이 ____________________.
2. Das Buch ist gut. → 책이 ____________________.
3. Der Film ist nicht interessant. → 영화가 ____________________.
4. Die Tasche ist klein. → 가방이 ____________________.
5. Das Zimmer ist sauber. → 방이 ____________________.
6. Es (das Wetter) ist warm. → 날씨가 ____________________.
7. Bulgogi ist lecker. → 불고기가 ____________________.
8. Sumi ist gesund. → 수미가 ____________________.

❺ Bilden Sie Imperativsätze mit dem Honorativsuffix –(으)시 in der informell-höflichen SPS (VS_{KONS}–으세요 / VS_{VOK}–세요). Übersetzen Sie die Sätze anschließend.

1. 잠깐만 기다리다 → ________________. → ________________.
2. 조용히 하다 → ________________. → ________________.
3. 항상 건강하다 → ________________. → ________________.
4. 빨리 오다 → ________________. → ________________.
5. 늘 행복하다 → ________________. → ________________.

3.4 Negation von Aktionsverben und qualitativen Verben

Je nach Satzart und Verbart wird die Negation im Koreanischen unterschiedlich gebildet. Im Aussage- und Fragesatz gibt es bei der Bildung der Negation zwei Möglichkeiten:

1) die Kurzform mit Negationsadverbien 안 und 못
2) die Langform mit Negationshilfsverben –지 않다 und –지 못하다

Die Kurzform der Negation wird gebildet, indem das Negationsadverb 안 (← 아니) oder 못 vor das Prädikat gesetzt wird. Die Langform der Negation wird durch das Anfügen von –지 않다 (← 아니하다) oder –지 못하다 an den Verbstamm gebildet. In vielen Kontexten können beide Negationsformen gebraucht werden, allerdings wird die Kurzform in der gesprochenen und die Langform in der geschriebenen Sprache bevorzugt.

Aktionsverb	Kurzform der Negation		Langform der Negation	
	안 + Verb	못 + Verb	VS–지 않다	VS–지 못하다
가다 *gehen*	안 가요.	못 가요.	가지 않아요.	가지 못해요.
먹다 *essen*	안 먹어요.	못 먹어요.	먹지 않아요.	먹지 못해요.

In Imperativ- und Aufforderungssätzen werden die Aktionsverben nicht mit der Kurz- und Langform der Negation verneint, sondern mit der Konstruktion –지 말다, die ein Verbot im Sinne von 'nicht dürfen' oder ein Abraten ausdrückt: z.B. 술을 마시지 마세요. *'Trinken Sie bitte keinen Alkohol!'* (▶ 7.6 | Modalität).

Die Negationsformen mit 안 bzw. –지 않다 unterscheiden sich in ihrer Bedeutung von denen mit 못 bzw. –지 못하다. Die Kurzform mit 안 oder die Langform mit –지 않다 drückt das Ablehnen oder das Nicht-Ausführen einer Handlung aus. Dagegen bezeichnet die Kurzform 못 oder die Langform –지 못하다 eine Handlung, die aus mangelnder Fähigkeit oder Möglichkeit nicht ausführbar ist. Die Negationsform 안 bzw. –지 않다 kann im Deutschen mit 'nicht' wiedergegeben werden und 못 bzw. –지 못하다 mit 'nicht fähig sein', 'nicht können' oder 'unmöglich sein'.

Negationsform	Beispiele	
안 + Verb	오늘은 학교에 안 가요.	*Heute gehe ich nicht zur Schule.*
VS–지 않다	오늘은 학교에 가지 않아요.	

Negationsform	Beispiele	
못 + Verb	아파서 학교에 못 가요.	*Ich kann nicht zur Schule gehen, weil ich krank bin.*
VS–지 못하다	아파서 학교에 가지 못해요.	

Bei vielen qualitativen Verben kann die Negation mit 못 bzw. –지 못하다 nicht gebildet werden, weil sie inhaltlich keinen Sinn ergibt.

Qualitives Verb	Kurzform der Negation		Langform der Negation	
	안 + Verb	못 + Verb	VS-지 않다	VS-지 못하다
싸다 *billig sein*	안 싸요.	–	싸지 않아요.	–
비싸다 *teuer sein*	안 비싸요.	–	비싸지 않아요.	–
아프다 *krank sein*	안 아파요.	–	아프지 않아요.	–

Negationsform	Beispiele	
안 + Verb	과일이 안 비싸요.	*Das Obst ist nicht teuer.*
VS-지 않다	과일이 비싸지 않아요.	

Negationsform von Aktionsverben und qualitativen Verben mit 하다

Die mit 하다 gebildeten Aktionsverben und qualitativen Verben können auch durch die Kurz- und Langform der Negation verneint werden, wobei deren Gebrauch einigen Einschränkungen unterliegt. Bei der Kurzform der Negation werden die Aktionsverben mit 하다 durch das Negationsadverb 안 bzw. 못 negiert, das zwischen Aktionsnomen und Verb 하다 eingeschoben wird. Bei mit 하다 gebildeten qualitativen Verben steht das Negationsadverb 안 dagegen vor dem Verb.

Aktionsnomen + 안 하다		Aktionsnomen + 못 하다	
일 안 해요.	*Ich arbeite nicht.*	일 못 해요.	*Ich kann nicht arbeiten.*
말 안 해요.	*Ich spreche nicht.*	말 못 해요.	*Ich kann nicht sprechen.*
운동 안 해요.	*Ich mache keinen Sport.*	운동 못 해요.	*Ich kann keinen Sport machen.*

Qualitative Verben	안 + qualitative Verben mit 하다	
피곤하다 *müde sein*	오늘은 안 피곤해요.	*Heute bin ich nicht müde.*
깨끗하다 *sauber sein*	방이 안 깨끗해요.	*Das Zimmer ist nicht sauber.*
똑똑하다 *klug sein*	유미는 안 똑똑해요.	*Yumi ist nicht klug.*

Für die Verneinungsformen der mit 하다 gebildeten qualitativen Verben gibt es keine feste Regel. Gewöhnlich werden solche Verben mit der Langform der Negation verneint, die Bildung der Kurzform der Negation mit 못 ist bei diesen Verben nicht möglich.

Qualitative Verben mit 하다	Kurzform	Langform der Negation	
	안 + QV	VS-지 않다	VS-지 못하다
행복하다 *glücklich sein*	안 행복해요.	행복하지 않아요.	행복하지 못해요.
피곤하다 *müde sein*	안 피곤해요.	피곤하지 않아요.	피곤하지 못해요.
친절하다 *freundlich sein*	안 친절해요.	친절하지 않아요.	친절하지 못해요.
똑똑하다 *klug sein*	안 똑똑해요.	똑똑하지 않아요.	똑똑하지 못해요.

Übungen

❶ Bilden Sie die Kurz- und Langform der Negation der folgenden Ausdrücke mit 안 und –지 않다 in der informell-höflichen Sprechstufe.

Ausdrücke	Kurzform mit 안	Langform mit –지 않다
Beispiel: 친구를 만나다	친구를 안 만나요.	친구를 만나지 않아요.
1. 신문을 읽다		
2. 뉴스를 보다		
3. 술을 마시다		
4. 김치를 먹다		
5. 날씨가 좋다		

❷ Beantworten Sie die Fragen mit der Negationsform der in Klammern stehenden Verben. Verwenden Sie das Negationsadverb 안.

1. A: 운동을 좋아해요? B: 아니요, 저는 운동을 ________(좋아하다).
2. A: 집에서 자주 요리해요? B: 아니요, 자주 ________(요리하다).
3. A: 주말에도 일해요? B: 아니요, 주말에는 ________(일하다).
4. A: 피곤해요? B: 아니요, ________(피곤하다).
5. A: 요즘 운동해요? B: 아니요, ________(운동하다).

❸ Verneinen Sie die Sätze mit den beiden Negationsformen 못 und –지 못하다. Achten Sie auf die gegebene Zeit.

Beispiel: 학교에 가요. → 학교에 못 가요. 학교에 가지 못해요.

1. 매운 음식을 잘 먹어요. → ________. ________.
2. 피아노를 쳐요. → ________. ________.
3. 술을 잘 마셔요. → ________. ________.
4. 잠을 잤어요. → ________. ________.
5. 아침을 먹었어요. → ________. ________.

❹ Übersetzen Sie die Sätze aus der Übung 3 ins Deutsche.

❺ Vervollständigen Sie die Dialoge mit den vorgegebenen Negationsformen.

1. A: 은영 씨, 요즘 바빠요?. B: 아니요, 많이 ________(바쁘다: 안).
2. A: 민수 씨, 술을 잘 마셔요? B: 아니요, 잘 ________(마시다: 못).
3. A: 내일 수미를 만나요? B: 아니요, 바빠서 ________(만나다: 못).
4. A: 막스 씨, 수영을 잘해요? B: 아니요, ________(잘하다: –지 못하다).
5. A: 올 여름 방학에 한국에 가요? B: 아니요, 이번에는 ________(가다: 못).
6. A: 서울도 지금 비가 와요? B: 아니요, ________(오다: –지 않다).
7. A: 오늘도 수업이 많아요? B: 아니요, 오늘은________(많다: –지 않다).

4 Tempus und Aspekt

Im Koreanischen werden vier Zeitformen unterschieden: Präsens, Präteritum, Plusquamperfekt und Futur. Sie werden mit unterschiedlichen Markierungen für die verschiedenen Sprechstufen gebildet. Die Tempora können zusätzlich mit den Aspekten Progressiv (Verlaufsform) und Resultativ (Abgeschlossenheit einer Handlung) markiert werden.

4.1 Präsens

Das Präsens drückt Handlungen, Ereignisse oder Zustände in der Gegenwart aus. Die folgende Tabelle zeigt eine Übersicht über die Präsensformen der verschiedenen Satzarten für die beiden höflichen Sprechstufen. In der formell-höflichen Sprechstufe werden Aussage- und Fragesatz durch verschiedene Verbalendungen unterschieden, in der informell-höflichen Sprechstufe werden sie durch Intonation und Satzzeichen differenziert.

Satzart	formell-höfliche Sprechstufe im Präsens			
	AV	QV	KOP 이다	EV 있다
Aussage	갑니다.	비쌉니다.	입니다.	있습니다.
Frage	갑니까?	비쌉니까?	입니까?	있습니까?
Imperativ	가십시오.	–	–	있으십시오.
Aufforderung	갑시다.	–	–	있읍시다.

Satzart	informell-höfliche Sprechstufe im Präsens			
	AV	QV	KOP 이다	EV 있다
Aussage	가요.	비싸요.	이에요./예요.	있어요.
Frage	가요?	비싸요?	이에요?/예요?	있어요?
Imperativ	가요.	–	–	있어요.
Aufforderung	가요.	–	–	있어요.

In der formell-höflichen Sprechstufe bilden Aktionsverben und Existenzverben in allen vier Satzarten unterschiedliche Präsensformen. Die Aussageform der beiden Verbarten wird mit der Satzschlussendung –습니다 nach konsonantischem Auslaut (VS_{KONS}) und –ㅂ니다 nach vokalischem Auslaut (VS_{VOK}) des Verbstammes gebildet. Die Frageform wird durch die Satzschlussendung –습니까 (VS_{KONS}) und –ㅂ니까 (VS_{VOK}) gebildet.

Bei Aktionsverben werden Imperativ- und Aufforderungsformen mit –으십시오 (VS_{KONS}) / –십시오 (VS_{VOK}) bzw. –읍시다 (VS_{KONS}) / –ㅂ시다 (VS_{VOK}) gebildet. Qualitative Verben dagegen bilden weder Imperativ- noch Aufforderungsformen.

Satzart \ Verbart	Aktionsverben		Qualitative Verben	
	VS_{KONS}	VS_{VOK}	VS_{KONS}	VS_{VOK}
Aussage	읽습니다.	씁니다.	작습니다.	큽니다.
Frage	읽습니까?	씁니까?	작습니까?	큽니까?
Imperativ	읽으십시오.	쓰십시오.	–	–
Aufforderung	읽읍시다.	씁시다.	–	–

In der informell-höflichen Sprechstufe werden dagegen nur die Endungen –아요/–어요 gebraucht (▶ 3.3 | Aktionsverben und qualitative Verben). Die Verwendung von –아요 bzw. –어요 hängt von der lautlichen Umgebung ab:

–아요 wird verwendet, wenn der letzte Vokal im Verbstamm ㅏ oder ㅗ ist,
–어요 wird verwendet, wenn der letzte Vokal ein anderer Vokal als ㅏ oder ㅗ ist.

Infinitiv	VS ㅏ/ㅗ–아요	Infinitiv	VS_{ohne} ㅏ/ㅗ–어요
살다 *leben*	살 + –아요 → 살아요	읽다 *lesen*	읽 + –어요 → 읽어요
좋다 *gut sein*	좋 + –아요 → 좋아요	웃다 *lachen*	웃 + –어요 → 웃어요
알다 *wissen*	알 + –아요 → 알아요	먹다 *essen*	먹 + –어요 → 먹어요

Bei vokalisch auslautenden Verbstämmen treten häufig Kontraktionsformen von –아요 bzw. –어요 auf. Lautet der Verbstamm auf den Vokal ㅏ aus, ergibt sich durch Anfügen der Endung -아요 eine Verdoppelung des Vokals 아, der dann zu einem einfachen Vokal 아 reduziert wird. Lautet der Verbstamm auf den Vokal ㅗ aus, ergibt sich bei der Kombination des Vokals ㅗ mit der Endung -아요 die Kontraktionsform –와요.

Kontraktionsformen von –아요	
가다 + –아요 → 가아요 → 가요	오다 + –아요 → 오아요 → 와요
자다 + –아요 → 자아요 → 자요	보다 + –아요 → 보아요 → 봐요
만나요 + –아요 → 만나아요 → 만나요	쏘다 + –아요 → 쏘아요 → 쏴요

Lautet der Verbstamm auf den Vokal ㅣ aus, ergibt sich durch Anfügen der Endung –어요 die Kontraktionsform –여요. Lautet der Verbstamm auf ㅜ aus, ergibt sich bei der Kombination des Vokals ㅜ mit der Endung –어요 die Kontraktionsform –워요.

Kontraktionsformen von –어요	
마시다 + –어요 → 마시어요 → 마셔요	주다 + –어요 → 주어요 → 줘요
그리다 + –어요 → 그리어요 → 그려요	배우다 + –어요 → 배우어요 → 배워요
빌리다 + –어요 → 빌리어요 → 빌려요	외우다 + –어요 → 외우어요 → 외워요

Lautet der Verbstamm auf den Vokal ㅐ aus, ergibt sich durch Anfügen der Endung -어요 die Kontraktionsform -애요.

Kontraktionsformen von -어요	
보내다 + -어요 → 보내어요 → 보내요	지내다 + -어요 → 지내어요 → 지내요

Einen Sonderfall stellt das Verb 하다 'machen' dar, bei dem das Präsens durch Anhängen der Endung -여요 an den Verbstamm gebildet wird. Anstelle von 하여요 wird hier die Kontraktionsform 해요 als Präsensform gebraucht. Dies gilt auch für die mit 하다 gebildeten Aktions- und Qualitativverben (▶ 3.3 | Aktionsverben und qualitative Verben).

Infinitiv	하다 + -여요	Kontraktionsform
하다 *machen / tun*	하 + -여요 → 하여요	해요
일하다 *arbeiten*	일하 + -여요 → 일하여요	일해요
피곤하다 *müde sein*	피곤하 + -여요 → 피곤하여요	피곤해요

Das Präsens wird dazu verwendet, Handlungen, Sachverhalte und Eigenschaften auszudrücken, die aktuell, andauernd oder gewohnheitsmäßig stattfinden oder in der Zukunft liegen. Letzteres nur, wenn Temporaladverbien wie 내일 'morgen' oder 모레 'übermorgen' im Satz vorhanden sind.

Infinitiv	*aktuelle Handlungen / andauernde Eigenschaft*	
요리하다 *kochen*	수미가 지금 요리해요.	*Sumi kocht jetzt.*
똑똑하다 *klug sein*	율리아는 똑똑해요.	*Julia ist klug.*
Infinitiv	***gewohnheitsmäßige Handlungen***	
읽다 *lesen*	매일 신문을 읽어요.	*Ich lese jeden Tag Zeitung.*
먹다 *essen*	아침에 늘 빵을 먹어요.	*Ich esse immer Brot zum Frühstück.*
Infinitiv	***zukünftige Handlungen***	
만나다 *treffen*	내일 친구를 만나요.	*Morgen treffe ich meinen Freund.*
가다 *gehen*	모레 한국에 가요.	*Ich fliege übermorgen nach Korea.*

Zeitlose und allgemeingültige Sachverhalte werden häufig durch die Aussageform der zweiten Sprechstufe ausgedrückt, da sie gewissermaßen außerhalb der Interaktionssituation liegen. Bei Aktionsverben lautet die Satzschlussendung -는다 (VS_{KONS}) / -ㄴ다 (VS_{VOK}), bei qualitativen Verben, Existenzverben und Kopula -다 (▶ 2.1 | Interpersonale Sprechstufen).

Satzart	Zweite Sprechstufe im Präsens			
	AV	QV	KOP 이다	EV 있다
Aussage	듣는다 / 간다	좋다 / 아프다	학생이다	있다

Infinitiv	*allgemein gültige Sachverhalte*	
돌다 *sich drehen*	지구가 돈다.	*Die Erde dreht sich.*
파랗다 *blau sein*	바다가 파랗다.	*Das Meer ist blau.*
있다 *sich befinden*	서울은 한국에 있다.	*Seoul befindet sich in Südkorea.*
이다 *sein*	하루는 24 시간이다.	*Der Tag hat 24 Stunden.*

Übungen

❶ Bilden Sie Frage- und Aussagesätze im Präsens (formell-höfliche SPS).

Beispiel: 책 – 읽다 → 책을 읽습니까? 책을 읽습니다.

1. 커피 – 마시다
2. 친구 – 기다리다
3. 신문 – 보다
4. 햄버거 - 먹다
5. 방 – 청소하다
6. 청바지 – 사다
7. 친구 – 만나다
8. 비빔밥 – 요리하다
9. 노래 – 부르다
10. 이메일 – 보내다

❷ Was macht Minsu? Geben Sie Antworten in der informell-höflichen Sprechstufe.

Beispiel: 민수가 무엇을 해요? (한국어를 공부하다) → 한국어를 공부해요.

1. 점심을 먹다 → ______________________________.
2. 숙제를 하다 → ______________________________.
3. 커피를 만들다 → ______________________________.
4. 동생과 같이 놀다 → ______________________________.
5. 텔레비전을 보다 → ______________________________.
6. 한국말을 연습하다 → ______________________________.

❸ Formen Sie die Sätze in die informell-höfliche Sprechstufe um.

Beispiel: 수영장에 갑니다 → 수영장에 가요. 수영장에 갑니까? → 수영장에 가요?

1. 과일이 비쌉니까?
2. 비빔밥이 맛있습니까?
3. 자전거를 탑니다.
4. 학생들이 많습니다.
5. 한국 영화를 좋아합니까?
6. 날씨가 좋습니까?
7. 매일 신문을 읽습니다.
8. 기타를 잘 칩니까?

❹ Bilden Sie Aussagesätze (A) oder Fragesätze (F) im Präsens (informell-höfliche SPS).

Beispiel: 친구 – 만나다 (A) , (F) → (A) 친구를 만나요. (F) 친구를 만나요?

1. 청바지 – 사다 (A)
2. 녹차 – 마시다 (F)
3. 태권도 – 배우다 (F)
4. 그림 – 잘 그리다 (F)
5. 생일 선물 – 주다 (A)
6. 한국어 단어 – 외우다 (A)
7. 버스 – 기다리다 (F)
8. 편지 – 보내다 (A)
9. 책 – 빌리다 (A)
10. 친구 – 기다리다 (A)

❺ **Setzen Sie die Präsensformen der jeweiligen Verben ein (informell-höfliche SPS).**

1. 제 이름은 다니엘이에요. 한국에서 한국어를 ______________(배우다).
2. 대학교 기숙사에서 ______________(살다).
3. 저는 보통 아침 7 시에 ______________(일어나다).
4. 아침에는 보통 커피를 ______________(마시다).
5. 그리고 아침 9 시까지 학교에 ______________(가다).

4.2 Präteritum

Das Präteritum im Koreanischen drückt sowohl einen Vorgang als auch ein abgeschlossenes Ereignis oder einen Zustand in der Vergangenheit aus. Funktional entspricht es im Deutschen sowohl dem Präteritum als auch dem Perfekt. Es wird durch das Einfügen des Präteritumssuffixes –았 bzw. –었 zwischen Verbstamm und der Endung –다 gebildet. Das Präteritumssuffix –았 steht, wenn der letzte Vokal im Verbstamm ein ㅏ oder ㅗ ist, –었 hingegen, wenn der letzte Vokal im Verbstamm ein anderer Vokal als ㅏ oder ㅗ ist. Eine Ausnahme stellt das Verb 하다 dar, das im Präteritum zu 했다 kontrahiert wird.

VS ㅏ/ㅗ–았 + Endung –다	VS ohne ㅏ/ㅗ–었 + Endung –다	하다 → 했다
좋다 + –았 + 다 → 좋았다	먹다 + –었 + 다 → 먹었다	운동하다 → 운동했다

Die folgende Tabelle zeigt die Präteritumsformen der vier Verbarten in Aussage- und Fragesätzen. In der formell-höflichen Sprechstufe wird das Präteritum durch die Endung –았/었습니다 (Aussage) und –았/었습니까 (Frage) gebildet, in der informell-höflichen Sprechstufe durch –았/었어요. Bei der Kopula treten nach einem vokalisch auslautenden Prädikatsnomen die Kontraktionsformen 였습니다 (formell-höfliche SPS) sowie 였어요 (informell-höfliche SPS) auf.

Satzart	formell-höfliche Sprechstufe im Präteritum			
	AV	QV	EV 있다	KOP 이다
Aussage	살았습니다	좋았습니다	있었습니다	N 이었/였습니다
Frage	살았습니까?	좋았습니까?	있었습니까?	N 이었/였습니까?

Satzart	informell-höfliche Sprechstufe im Präteritum			
	AV	QV	EV 있다	KOP 이다
Aussage	살았어요	좋았어요	있었어요	N 이었/였어요
Frage	살았어요?	좋았어요?	있었어요?	N 이었/였어요?

Die Varianten –았/었 und deren Kontraktionsformen treten in derselben lautlichen Umgebung auf wie die Kontraktionsformen des Präsens (▶ 4.1 | Präsens).

Kontraktionsformen von -았습니다	Kontraktionsformen von -었습니다
가다 + -았습니다 → 갔습니다	마시다 + -었습니다 → 마셨습니다
오다 + -았습니다 → 왔습니다	주다 + -었습니다 → 주웠습니다
Kontraktionsformen von -았어요	**Kontraktionsformen von -었어요**
자다 + -았어요 → 잤어요	그리다 + -었어요 → 그렸어요
보다 + -았어요 → 봤어요	배우다 + -었어요 → 배웠어요

Das koreanische Präteritum drückt nicht nur abgeschlossene Vorgänge oder Zustände aus, sondern auch Handlungen, deren Folgen bis in die Gegenwart andauern.

Infinitiv	Beispiele	
가다 *gehen*	친구가 갔어요.	*Mein Freund ging / ist gegangen.*
맛있다 *lecker sein*	불고기가 맛있었어요.	*Das Bulgogi war lecker.*
있다 *sich befinden*	학교에 있었어요.	*Ich war in der Schule.*
이다 *sein*	그는 제 친구였어요.	*Er war mein Freund.*

Infinitiv	Beispiele	
오다 *kommen*	벌써 봄이 왔어요.	*Der Frühling ist schon gekommen.*
춥다 *kalt sein*	날씨가 추워졌어요.	*Es ist kalt geworden.*
늙다 *alt sein*	수미가 많이 늙었어요.	*Sumi ist sehr gealtert.*

Das mit VS-았/었다 gebildete Präteritum, das formal der 2. Sprechstufe entspricht, wird v.a. in historischen Berichten und Zeitungstexten verwendet, da es sich hierbei nicht um konkrete interpersonale Kommunikationssituationen handelt und somit keine hörerbezogenen Höflichkeitsformen erforderlich sind. Dies gilt auch für das Plusquamperfekt.

VS-았/었다	Übersetzung
세종대왕은 한글을 만들었다.	*König Sejong entwickelte die Hangeul-Schrift.*
대통령이 노벨 평화상을 받았다.	*Der Präsident erhielt den Friedensnobelpreis.*

4.3 Plusquamperfekt

Das Plusquamperfekt wird durch Anfügen des Suffixes -았었 bzw. -었었 an den Verbstamm gebildet, danach folgen die Satzschlussendungen, z.B. -어요 (informell-höflich) oder -습니다 (formell-höflich).

VS ㅏ/ㅗ-았었 + -어요	VS_{ohne} ㅏ/ㅗ-었었 + -어요	하다 → 했었 + -어요
많다 + -았었 + -어요 → 많았었어요	먹다 + -었었 + -어요 → 먹었었어요	말하다 → 말했었 + -어요 → 말했었어요

Infinitiv	VS-았었어요	Infinitiv	VS -었었어요
살다 *leben*	살았었어요	길다 *lang sein*	길었었어요
좋다 *gut sein*	좋았었어요	읽다 *lesen*	읽었었어요

Das Plusquamperfekt drückt eine in der Vergangenheit abgeschlossene Handlung oder einen nicht mehr bestehenden Zustand aus, wobei keine Folgen oder Auswirkungen mehr bestehen. Zum Ausdruck der Vorzeitigkeit einer Handlung in der Vergangenheit in Bezug auf eine andere in der Vergangenheit liegende Handlung werden im Koreanischen Konjunktionalformen verwendet (▶26–32 | Konjunktionale Satzstrukturen).

VS-았/었었어요	Übersetzung
수미 씨가 서울에 살았었어요.	*Sumi hatte in Seoul gelebt (jetzt nicht mehr).*
어머니가 뚱뚱했었어요.	*Meine Mutter war dick (jetzt nicht mehr).*
예전에는 머리가 많았어요.	*Früher hatte ich viele Haare (jetzt nicht mehr).*

Während im Präteritum offen bleibt, ob das Resultat einer abgeschlossenen Handlung weiterhin besteht, drückt das Plusquamperfekt aus, dass dies nicht der Fall ist.

Präteritum: VS-았/었어요	Plusquamperfekt: VS-았/었었어요
수미가 독일에 갔어요. *Sumi ist nach Deutschland gegangen.* (es ist nicht klar, ob sie noch dort ist)	수미가 독일에 갔었어요. *Sumi war nach Deutschland gegangen.* (sie ist nicht mehr in Deutschland)

Übungen

❶ Setzen Sie die Präteritumsform der Verben in der formell-höflichen Sprechstufe ein.

수진 씨의 하루:

수진 씨는 오늘 한국어 수업이 ____________ (있다). 수진 씨는 7 시에 ____________ (일어나다). 샤워를 하고 아침 식사를 ____________ (하다). 아침에는 빵과 커피를 ____________ (먹다). 8 시에 지하철을 타고 학교에 ____________ (가다). 지하철에서 ____________ (책을 읽다). 수업 후에 서점에서 ____________ (아르바이트를 하다). 저녁 6 시에 집에 ____________ (오다). 저녁 식사 후에 텔레비전을 ____________ (보다). 숙제를 하고 10 시에 잠을 ____________ (자다).

❷ Bilden Sie Fragesätze im Präteritum und geben Sie eine bejahende Antwort (informell-höfliche SPS).

Beispiel: 점심 – 먹다 → 점심을 먹었어요? – 네, 먹었어요.

1. 기차표 – 사다 → ______________________.
2. 민수 씨 – 만나다 → ______________________.
3. 영화 – 보다 → ______________________.
4. 피자 – 주문하다 → ______________________.
5. 숙제 – 하다 → ______________________.

❸ Bilden Sie Fragesätze im Präteritum (formell-höfliche SPS).

Beispiel: 점심 – 맛있다 → 점심이 맛있었습니까?

1. 영화 – 재미있다
2. 머리 – 아프다
3. 날씨 – 안 좋다
4. 어제 – 생일이다
5. 비 – 많이 오다
6. 손님 – 많다
7. 콘서트 – 재미없다
8. 기분 – 나쁘다

❹ Formen Sie die Sätze ins Präteritum um. Achten Sie auf die Sprechstufe.

Beispiel: 수영장에 가요. → <u>수영장에 갔어요</u>. 수영장에 갑니다. → <u>수영장에 갔습니다</u>.

1. 한국어 배웁니다. → ______________________.
2. 오늘은 집에서 쉽니다. → ______________________.
3. 도서관에서 책을 빌려요. → ______________________.
4. 인터넷에서 책을 주문해요. → ______________________.
5. 슈퍼마켓에서 우유를 삽니다. → ______________________.
6. 시험이 월요일이에요. → ______________________.
7. 시내에서 친구들을 만납니다. → ______________________.
8. 아침에 커피를 안 마셔요. → ______________________.
9. 비빔밥이 정말 맛있어요. → ______________________.
10. 이메일을 읽습니다. → ______________________.

❺ Übersetzen Sie die Sätze aus der Übung 4 ins Deutsche.

❻ Bilden Sie die Vergangenheitsformen der gegebenen Verben mit –았었어요 oder –었었어요 und vervollständigen Sie die Sätze.

작다 다니다 마시다 살다 안 읽다 여행을 가다 길다

1. 예전에는 *(früher)* 술을 많이 ____________. 지금은 안 마셔요.
2. 예전에는 머리가 ____________. 지금은 짧아요.
3. 예전에는 신문을 ____________. 지금은 매일 읽어요.
4. 막스는 어렸을 때 *(als Max klein war)* 키가 ____________. 지금은 키가 아주 커요.
5. 작년 여름 방학에 부산으로 ____________.
6. 옛날에는 교회에 ____________. 지금은 안 다녀요.
7. 5 년 전에 한국에서 ____________. 지금은 독일에서 살아요.

4.4 Futur

Zum Ausdruck des Futurs gibt es im Koreanischen zwei Möglichkeiten: erstens mit dem Futursuffix –겠 und zweitens mit der Konstruktion –을/ㄹ 것이다, die meist in der kontrahierten Form –을/ㄹ 거다 verwendet wird. In vielen Kontexten können beide Futurformen ohne Bedeutungsunterschied verwendet werden.

Futurform mit dem Suffix –겠

Das Futursuffix –겠 wird zwischen dem Verbstamm und der Markierung für die Sprechstufe eingefügt.

VS + –겠 + –어요	VS + –겠 + –습니다
가 + –겠+ –어요 → 가겠어요	가 + –겠 + –습니다 → 가겠습니다

Das Futur mit dem Suffix –겠 wird in folgenden Kontexten verwendet:

1) bei Durchsagen (z.B. am Bahnhof), Ankündigungen, Prognosen und Wettervorhersagen. In diesen Fällen wird das Suffix –겠 i.d.R. in der formell-höflichen Sprechstufe gebraucht.

VS + –겠	*Durchsage / Ankündigung*
기차가 곧 도착하겠습니다.	*Der Zug wird in Kürze ankommen.*
잠시 후에 회의가 열리겠습니다.	*Die Sitzung wird in Kürze stattfinden.*
콘서트가 곧 시작하겠습니다.	*Das Konzert wird in Kürze beginnen.*

VS + –겠	*Wettervorhersage / Prognose*
내일은 비가 오겠습니다.	*Morgen soll es regnen.*
경제가 곧 좋아지겠습니다.	*Die Wirtschaft wird sich bald erholen.*

2) in Verbindung mit 나/저 (1. Person Sg.) oder 우리 (1. Person Pl.) als Subjekt drückt –겠 die Absicht bzw. den Willen des Subjekts aus.

VS + -겠	*Absicht / Wille der 1. Person*
내일 다시 오겠습니다.	*Ich werde/will morgen wieder kommen.*
우리는 집에 있겠습니다.	*Wir werden/wollen zu Hause bleiben.*
술을 마시지 않겠습니다.	*Ich werde/will keinen Alkohol trinken.*

3) in Verbindung mit dem Honorativsuffix -(으)시 und einer Frage in der 2. Person. Hier drückt der Gebrauch des Futursuffixes -겠 die höflichste Art aus, sein Gegenüber um einen Gefallen zu bitten oder nach dessen Wünschen zu fragen (wörtliche Übersetzung: *'Werden Sie wohl ...?'*).

VS-(으)시겠어요?	*höfliche Frage / höfliche Bitte*
무엇을 주문하시겠어요?	*Möchten/Wollen Sie etwas bestellen?*
도와 주시겠어요?	*Könnten Sie mir helfen?*
같이 가시겠어요?	*Möchten/Wollen Sie mitkommen?*

4) zum Ausdruck von Annahmen über zukünftige Handlungen, Ereignisse oder Zustände. Im Deutschen kann diese Bedeutung mit *'Ich nehme an, dass ...'* oder *'Ich gehe davon aus, dass ...'* oder *'Es wird bestimmt so sein, dass ...'* wiedergegeben werden. In diesem Fall kann das Subjekt nicht in der 1. Person, sondern nur in der 2. oder 3. Person stehen.

VS + -겠	*Annahme*
배가 고프시겠어요.	*Sie haben bestimmt Hunger.*
수미가 피곤하겠어요.	*Sumi wird bestimmt müde sein.*

5) Durch die Verwendung von -겠 kann der Sprecher seine Aussagen in abgeschwächter Form ausdrücken. Überdies wird -겠 in idiomatischen Wendungen verwendet.

VS + -겠	*idiomatische Wendungen*
잘 먹겠습니다.	*Danke für das Essen! [Ich werde gut essen.]*
알겠어요.	*(Ich habe) Verstanden! / Alles klar!*
잘 모르겠어요.	*Ich verstehe das nicht ganz. / Ich weiß es nicht genau.*
처음 뵙겠습니다.	*Es freut mich, Sie kennenzulernen. [Zum ersten Mal werde ich Sie sehen.]*

Futurkonstruktion VS-을/ㄹ 것이다 bzw. VS-을/ㄹ 거다

Die Konstruktion VS-을/ㄹ 것이다 besteht aus dem Partizip Futur -을/ㄹ und dem Formalnomen 것 'Ding', 'Sache', gefolgt von der Kopula 이다. Wörtlich bedeutet diese Konstruktion: *'Es ist eine zukünftige Sache, dass ...'*. In der gesprochenen Sprache wird die Konstruktion -을/ㄹ 것이다 häufig zu -을/ㄹ 거다 gekürzt. Die Konstruktion -을/ㄹ 것이다 wird verwendet, um einen Plan, eine Absicht oder eine Vermutung bzw. Annahme in Bezug auf eine zukünftige Handlung oder einen zukünftigen Zustand auszudrücken (▶ 11 | Formalnomen).

VS_{KONS}-을 것이다	VS_{VOK}-ㄹ 것이다
먹다 + -을 것이다 → 먹을 것이다	가다 + -ㄹ 것이다 → 갈 것이다

Kontraktionsform	formell-höfliche Sprechstufe	informell-höfliche Sprechstufe
–을/ㄹ 것이다 → –을/ㄹ 거다	–을/ㄹ 것입니다 → –을/ㄹ 겁니다	–을/ㄹ 것이에요 → –을/ㄹ 거예요
–을/ㄹ 것이다 → –을/ㄹ 거다	한국에 올 겁니다.	한국에 올 거예요.
	한국에 있을 겁니다.	한국에 있을 거예요.

Die Futurkonstruktion VS–을/ㄹ 것이다 und ihre Kontraktionsform –을/ㄹ 거다 haben verschiedene Bedeutungen, je nachdem, ob das Subjekt in der 1. oder 3. Person steht. Stehen sie in Verbindung mit dem Subjekt 나/저 (1. Person Sg.) oder 우리 (1. Person Pl.), drücken sie einen Plan oder eine Absicht des Subjekts aus.

VS–을/ㄹ 거다	*Absicht / Plan der 1. Person*
(우리는) 내일 여행 갈 거예요.	*Wir werden/wollen morgen verreisen.*
(저는) 집에서 쉴 거예요.	*Ich werde/will mich zu Hause ausruhen.*
올해 차를 살 거예요.	*Dieses Jahr werde/will ich ein Auto kaufen.*

Ist das Subjekt des Satzes jedoch eine 3. Person, kann die Futurkonstruktion –을/ㄹ 거다 eine Prognose, Vermutung oder Annahme sowie eine Schlussfolgerung in der Gegenwart ausdrücken.

VS–을/ㄹ 거다	*Vorhersage / Vermutung*
내일 비가 올 거예요.	*Morgen wird es wohl regnen.*
우리 팀이 이길 거예요.	*Unser Team wird gewinnen.*
밤에 추울 거예요.	*In der Nacht wird es wohl kalt werden.*

VS–을/ㄹ 거다	*Vermutung / Schlussfolgerung*
분명히 수미 씨의 차일 거예요.	*Das ist bestimmt das Auto von Sumi.*
틀림없이 거짓말일 거예요.	*Das ist mit Sicherheit eine Lüge.*
그는 돈이 없을 거예요.	*Er hat bestimmt kein Geld.*

Übungen

❶ Übersetzen Sie die Sätze ins Deutsche. Achten Sie dabei auf die Bedeutung von –겠.

1. 사과 케이크가 아주 맛있겠어요.
2. 이 단어는 잘 모르겠어요.
3. 커피 드시겠어요?
4. 오늘은 제가 요리를 하겠습니다.
5. 숙제를 도와 주시겠어요?

❷ Bilden Sie Sätze mit –겠습니다.

Beispiel: 내일 런던은 __________(비가 오다). → 내일 런던은 비가 오겠습니다.

1. 내일 서울은 날씨가 ________________(따뜻하다).
2. 내일 베를린은 날씨가________________ (흐리다).
3. 기차가 곧________________ (출발하다).
4. 영화가 곧________________ (시작하다).
5. 잠시 후에 대통령 연설이________________ (있다).
6. 내년부터 한국 경제가________________ (좋아지다).

❸ Vervollständigen Sie die Antworten mit dem Futursuffix –겠. Verwenden Sie die formell-höfliche Sprechstufe.

1. A: 수미 씨는 무엇을 드시겠습니까?
   B: 저는 만두를 ________________ (먹다).
2. A: 수진 씨, 언제 한국에 올 겁니까?
   B: 이번 여름에는 꼭 ________________ (가다).
3. A: 카메라는 누가 준비합니까?
   B: 제가 ________________ (가져오다).
4. A: 민수 씨, 식사 맛있게 드세요.
   B: 네, 감사합니다. ________________ (잘 먹다).
5. A: 은아 씨도 같이 설악산에 가시겠습니까?
   B: 네, 좋습니다. 저도 ________________ (같이 가다).

❹ Geben Sie eine Reisebeschreibung mit der Konstruktion VS–을/ㄹ 겁니다.

1. 다음 주에 한국으로 ____________________ (여행을 가다).
2. 내일 여행사에서 비행기 표를 ____________________ (사다).
3. 호텔도 ____________________ (예약하다).
4. 한국 친구들에게 ____________________ (이메일을 쓰다).
5. 한국 친구들을 위해 선물을____________________ (사다).

❺ Drücken Sie Vermutungen mit der Konstruktion VS–을/ㄹ 거예요 aus.

1. 영수 씨는 요즘 시험 때문에 아주 ________________ (바쁘다).
2. 사라 씨는 아직 사무실에 ________________________ (있다).
3. 레나 씨는 오늘 아마 못 ________________________(오다).
4. 한국 영화는 유미 씨가 잘 ________________________(알다).
5. 약속이 있어서 오늘 조금 ________________________(늦다).

❻ Übersetzen Sie ins Koreanische. Benutzen Sie die Konstruktion VS–을/ㄹ 거예요.

1. Wir werden morgen ins Schwimmbad gehen.
2. Ich werde mich zu Hause ausruhen.
3. Ich werde in den Sommerferien arbeiten.
4. Was haben Sie morgen vor?
5. Wollen Sie zum Seorak-Berg (설악산) wandern?

4.5 Aspekte: VS–고 있다 und VS–아/어 있다

Durch die Markierung des Aspekts am Verb wird ausgedrückt, dass eine Handlung entweder im Verlauf ist oder die Folgen einer Handlung andauern. Im Koreanischen gibt es zwei wichtige Aspekte: Progressiv und Resultativ. Der Zeitbezug der beiden Aspekte wird dabei durch das Tempus des Verbs hergestellt.

Der progressive Aspekt: VS–고 있다

Der progressive Aspekt wird durch die Konstruktion VS–고 있다 gebildet und gibt an, dass eine Handlung entweder unvollendet ist, momentan stattfindet oder noch andauert. Die Bedeutung entspricht der Verlaufsform des Deutschen *'gerade dabei sein, etwas zu tun'*. Die Konstruktion VS–고 있다 kann nur mit Aktionsverben verwendet werden. Das Tempus sowie die Negation werden in der Regel durch das am Ende stehende Hilfsverb 있다 markiert. Das Hilfsverb 있다 kann durch das honorative Verb 계시다 ersetzt werden, wenn der Adressat sozial höher steht oder älter ist als der Sprecher: VS–고 계시다.

Tempus	VS–고 있다	*progressiver Aspekt*
Präsens	수미가 공부하고 있어요.	*Sumi ist gerade dabei, zu lernen..*
Präteritum	수미가 공부하고 있었어요.	*Sumi war gerade dabei, zu lernen.*
Futur	수미가 공부하고 있을 거예요.	*Sumi wird wohl gerade lernen.*

Bedeutung	VS–고 있다	*progressiver Aspekt*
Negation	수미가 공부하고 있지 않아요.	*Sumi lernt gerade nicht.*
Honorativ	아버지는 신문을 읽고 계세요.	*Mein Vater liest gerade Zeitung.*
	아버지는 신문을 읽고 계셨어요.	*Mein Vater las gerade Zeitung.*

Wird die Konstruktion VS–고 있다 mit dem Präteritum VS–고 있었다 verwendet, drückt sie Handlungen aus, die in der Vergangenheit im Verlauf waren.

VS–고 있었다	*Andauern einer Handlung*
음악을 듣고 있었어요.	*Ich habe (damals/vorhin/bis jetzt) Musik gehört.*
영화를 보고 있었어요.	*Ich habe (damals/vorhin/bis jetzt) einen Film gesehen.*
무엇을 하고 있었어요?	*Was haben Sie (damals/vorhin/bis jetzt) gemacht?*

Der resultative Aspekt: VS–아/어 있다 und VS–았/었다

Der resultative Aspekt gibt an, dass eine Handlung abgeschlossen ist und die Folgen bis in die Gegenwart andauern. Dies kann im Koreanischen durch zwei Konstruktionen ausgedrückt werden: 1) VS–아/어 있다 und 2) VS–았/었다. Die erste Konstruktion VS–아/어 있다 wird häufig in Verbindung mit intransitiven Verben, die kein Objekt erfordern wie 서다 'stehen', oder mit passivischen Verben wie 닫히다, 열리다, 켜지다 und 꺼지다 (▶ 22 | Passivsätze) verwendet.

Infinitiv	VS-아/어 있다	*resultativer Aspekt*
서다 *stehen*	막스가 문 앞에 서 있어요.	*Max steht vor der Tür.*
앉다 *sitzen*	그가 의자에 앉아 있어요.	*Er sitzt auf dem Stuhl.*
눕다 *sich hinlegen*	아기가 침대에 누워 있어요.	*Das Baby liegt im Bett.*

Infinitiv	VS-아/어 있다	*resultativer Aspekt*
닫히다 *geschlossen werden*	문이 닫혀 있어요.	*Die Tür ist zu.*
열리다 *geöffnet werden*	문이 열려 있어요.	*Die Tür ist offen.*
켜지다 *angeschaltet werden*	불이 켜져 있어요.	*Das Licht ist an.*
꺼지다 *ausgeschaltet werden*	불이 꺼져 있어요.	*Das Licht ist aus.*

Die zweite Konstruktion VS-았/었다 (VS-았/었습니다 / VS-았/었어요) wird besonders mit Verben, die das Anziehen von Kleidung oder Ähnlichem (z.B. Brille, Ring oder Uhr) bezeichnen, gebraucht und nur im Präteritum verwendet (▶ 4.2 | Präteritum).

Infinitiv	VS-았/었어요	*resultativer Aspekt*
쓰다 *Brille aufsetzen*	안경을 썼어요.	*Er trägt seine Brille. (er hat seine Brille aufgesetzt, jetzt trägt er sie)*
끼다 *Ring anziehen*	반지를 꼈어요.	*Sie trägt einen Ring.*
신다 *Socken anziehen*	양말을 신었어요.	*Er trägt Socken.*
입다 *Kleidung anziehen*	치마를 입었어요.	*Sie trägt einen Rock.*

📖 Die Konstruktion VS-고 있다 kann neben ihrer progressiven Bedeutung auch eine resultative Bedeutung haben, wenn sie mit den oben genannten Verben verwendet wird: z.B. 안경을 쓰고 있어요. '*Er trägt gerade seine Brille.*' (progressiv) vs. '*Er trägt seine Brille.*' (resultativ).

Übungen

1 Bilden Sie Sätze mit den Konstruktionen VS-고 있어요 und VS-고 계세요.

Beispiel: 수미 – 그림 – 그리다 → 수미는 그림을 그리고 있어요.

1. 다니엘 – 한국어 – 공부하다 → ____________________.
2. 동생 – 친구에게 – 이메일 – 쓰다 → ____________________.
3. 어머니 – 음식 – 만들다 → ____________________.
4. 언니 – 방 – 청소하다 → ____________________.
5. 아버지 – 신문 – 보다 → ____________________.
6. 민수 – 텔레비전 – 보다 → ____________________.

❷ Bilden Sie Sätze mit der Konstruktion VS–고 있었어요. Übersetzen Sie diese anschließend ins Deutsche.

Beispiel: 요리를 하다 → 요리를 하고 있었어요. *Ich war gerade dabei, zu kochen.*

1. 텔레비전을 보다
2. 저녁을 만들다
3. 밥을 먹다
4. 잠을 자다
5. 영화를 보다
6. 숙제를 하다

❸ Beschreiben Sie mit der Konstruktion VS–았/었어요, was die jeweilige Person trägt.

Beispiel: 민수: 장갑 – 끼다 → 민수는 장갑을 꼈어요.

1. 수미: 안경 – 쓰다
2. 막스: 청바지 – 입다
3. 다니엘: 모자 – 쓰다
4. 유미: 구두 – 신다
5. 아버지: 넥타이 – 매다
6. 어머니: 반지 – 끼다

❹ Welche Lösung ist richtig?

1. 교실 문이 ________________. a. 잠겨 있어요. b. 잠가요.
2. 식탁 위에 컵이 ____________. a. 놓고 있어요. b. 놓여 있어요.
3. 전등이 _________________. a. 끄세요. b. 꺼져 있어요.
4. 텔레비전이_______________. a. 켜져 있어요. b. 켰어요.
5. 바지가 옷장에 ____________. a. 걸었어요. b. 걸려 있어요.

❺ Beschreiben Sie die Zustände mit der Konstruktion VS–아/어 있습니다.

Beispiel: 그림을 걸었습니다. → 그림이 지금 걸려 있습니다.

1. 창문을 열었습니다. → 창문이 지금 ________________.
2. 문을 닫았습니다. → 문이 지금 ________________.
3. 라디오를 껐습니다. → 라디오가 지금 ______________.
4. 컴퓨터를 켰습니다. → 컴퓨터가 지금 ______________.
5. 사전을 책상 위에 놓았습니다. → 사전이 지금 ________________.

❻ Übersetzen Sie ins Koreanische. Verwenden Sie die informell-höfliche Sprechstufe.

1. Max schläft gerade. (progressiv)
2. Minsu macht gerade Sport. (progressiv)
3. Der Vater von Sumi las gerade Zeitung. (progressiv)
4. Das Licht ist angeschaltet. (resultativ)
5. Die Zimmertür ist geöffnet. (resultativ)

5 Partizipialformen

Im Koreanischen werden vier Partizipialformen unterschieden: Partizip Präsens, Partizip Präteritum, Partizip Futur und Partizip Retrospektiv. Diese werden durch das Anhängen von Suffixen an den Verbstamm gebildet (▶ 3 | Verbarten und Negation).

Partizipialform / Verbart	Partizip Präsens	Partizip Präteritum	Partizip Futur	Partizip Retrospektiv
Aktionsverben	-는	-은/ㄴ	-을/ㄹ	-던
Qualitative Verben	-은/ㄴ	-	-을/ㄹ	-던
Existenzverb 있다	-는	-	-을	-던
Kopula 이다	-ㄴ	-	-ㄹ	-던

Bei qualitativen Verben sowie bei der Kopula 이다 kann das Partizip Futur ausschließlich in Verbindung mit Formalnomen wie 수 'Möglichkeit' oder 것 'Ding' gebildet werden. In diesem Fall drückt das Partizip Futur entweder eine Vermutung, eine Annahme oder eine Intention aus (▶ 11 | Formalnomen).

Die Partizipialformen haben eine attributive Funktion und dienen dazu, das ihnen folgende Nomen näher zu bestimmen. Funktional entsprechen sie oft deutschen Relativsätzen, sie können jedoch auch attributiv übersetzt werden: z.B. 커피를 마시는 남자 *'der Mann, der Kaffee trinkt'* vs. *'der Kaffee trinkende Mann'*.

5.1 Partizip Präsens -는

Bei Aktionsverben und bei den beiden Existenzverben 있다 und 없다 wird das Partizip Präsens mit dem Suffix -는 gebildet.

Aktionsverb + -는 + Nomen	Existenzverb + -는 + Nomen
마시다 + -는 → 마시는 사람	있다 + -는 → 있는 사람

AV / EV	Partizip Präsens VS-는 + Nomen	
마시다 *trinken*	커피를 마시는 남자	*der Mann, der Kaffee trinkt*
읽다 *lesen*	책을 읽는 아이	*das Kind, das Bücher liest*
있다 *sich befinden*	집에 있는 여자	*die Frau, die zu Hause ist*
없다 *nicht vorhanden sein*	유머가 없는 민수	*Minsu, der keinen Humor hat*

Das Suffix –는 kann aber auch bei mit 있다 und 없다 gebildeten qualitativen Verben (z.B. 맛있다 'lecker sein', 재미있다 'unterhaltsam sein') verwendet werden.

QV mit 있다 / 없다	Partizip Präsens QV–는 + Nomen	
맛있다	맛있는 빵	*das Brot, das lecker ist*
맛없다	맛없는 빵	*das Brot, das nicht lecker ist*
재미있다	재미있는 영화	*der Film, der unterhaltsam ist*
재미없다	재미없는 영화	*der Film, der nicht unterhaltsam ist*

Die übrigen qualitativen Verben bilden das Partizip Präsens mit dem Suffix –은/ㄴ:

–은 folgt nach konsonantischem Auslaut des Verbstammes (VS_{KONS})
–ㄴ folgt nach vokalischem Auslaut des Verbstammes (VS_{VOK}).

VS_{KONS}–은 + Nomen	VS_{VOK}–ㄴ + Nomen
높다 + –은 → 높은 산	예쁘다 + –ㄴ → 예쁜 꽃

Qualitative Verben	Partizip Präsens VS–은/ㄴ + Nomen	
높다 *hoch sein*	높은 산	*ein hoher Berg [ein hoch-seiender Berg]*
크다 *groß sein*	큰 집	*ein großes Haus [ein groß-seiendes Haus]*
예쁘다 *schön sein*	예쁜 반지	*ein schöner Ring [ein schön-seiender Ring]*

Wenn zwei oder mehr qualitative Verben mit koordinativen Konjunktionalformen wie –고 'und', –지만 'aber', –거나 'oder' verbunden werden, wird nur das letzte qualitative Verb mit dem Partizipialsuffix –은/ㄴ versehen.

Beispiele	Übersetzung
싸고 맛있는 음식	*ein billiges und schmackhaftes Essen*
작지만 실용적인 가방	*eine kleine, aber praktische Tasche*
쉽거나 *어려운 문제	*eine einfache oder schwierige Aufgabe*

*unregelmäßiges Verb auf ㅂ (▶ 8 | Unregelmäßige Verben)

Das Partizip Präsens der Kopula 이다 und 아니다 wird durch Anfügen des Suffixes –ㄴ an den Verbstamm gebildet.

Kopula	Partizip Präsens → VS–ㄴ + Nomen	
이다 *sein*	내 친구인 유미	*Yumi, die meine Freundin ist*
이다 *sein*	독일 사람인 사라	*Sara, die Deutsche ist*
아니다 *nicht sein*	학생이 아닌 수미	*Sumi, die keine Studentin ist*

5.2 Partizip Präteritum –은/ㄴ

Das Partizip Präteritum kann nur bei Aktionsverben gebildet werden. Es wird durch Anfügung des Suffixes –은/ㄴ an den Verbstamm gebildet und drückt eine abgeschlossene Handlung in der Vergangenheit aus.

VS_{KONS}–은 + Nomen	VS_{VOK}–ㄴ + Nomen
읽다 + –은 → 읽은 책	만나다 + –ㄴ → 만난 친구

Aktionsverb	Partizip Präteritum VS–은/ㄴ + Nomen	
읽다 *lesen*	어제 읽은 책	*das Buch, das ich gestern gelesen habe*
만나다 *treffen*	어제 만난 친구	*der Freund, den ich gestern getroffen habe*
보다 *sehen*	어제 본 영화	*der Film, den ich gestern gesehen habe*

5.3 Partizip Futur –을/ㄹ

Das Partizip Futur –을/ㄹ wird bei Aktionsverben und den Existenzverben 있다 / 없다 gebraucht und drückt eine zukünftige Handlung aus. Im Deutschen wird es fast ausschließlich durch Relativsätze wiedergegeben.

VS_{KONS}–을 + Nomen	VS_{VOK}–ㄹ + Nomen
먹다 + –을 → 먹을 옷	보다 + –ㄹ → 볼 영화

Aktionsverb	Partizip Futur VS–은/ㄴ + Nomen	
먹다 *essen*	점심에 먹을 음식	*das Essen, das wir zu Mittag essen werden*
보다 *sehen*	저녁에 볼 영화	*den Film, den ich mir abends ansehen werde*
만나다 *treffen*	내일 만날 친구	*der Freund, den ich morgen treffen werde*

5.4 Partizip Retrospektiv –던

Das Partizip Retrospektiv –던 wird benutzt, um einen Rückblick auf andauernde Vorgänge, Sachverhalte oder Zustände, die sich vom Zeitpunkt des Sprechers aus in der Vergangenheit wiederholt haben, auszudrücken. In der deutschen Übersetzung werden meist Adverbien wie *früher* oder *regelmäßig* hinzugefügt. Das Partizip Retrospektiv kann bei allen Verbarten verwendet werden.

VS-던 + Nomen	Übersetzung
가던 레스토랑	*das Restaurant, in das ich früher regelmäßig gegangen bin*
예쁘던 손	*(ihre) Hände, die früher hübsch waren*
친구이던 민수	*Minsu, der früher mein Freund war*
집에 있던 아이	*das Kind, das sich zu Hause befand*

Außerdem kann das Partizip Retrospektiv eine in der Vergangenheit begonnene, aber nicht abgeschlossene Handlung bezeichnen. In diesem Fall kann -던 im Deutschen durch Verben wie *angebrochen, angefangen* ausgedrückt werden.

VS-던 + Nomen	Übersetzung
내가 어제 마시던 맥주	*die Flasche Bier, von der ich gestern getrunken habe (die ich aber nicht ganz ausgetrunken habe)*
제가 어제 읽던 책	*das Buch, das ich gestern angefangen habe zu lesen (das ich aber nicht zu Ende gelesen habe)*
VS-은/ㄴ + Nomen	**Übersetzung**
내가 어제 마신 맥주	*die Flasche Bier, die ich gestern ganz ausgetrunken habe*
제가 어제 읽은 책	*das Buch, das ich gestern zu Ende gelesen habe*

Wird das Partizip Retrospektiv an das Präteritumssuffix -았/었 angefügt (-았/었던), bezeichnet es entweder eine in der Vergangenheit abgeschlossene Handlung, die nicht mehr stattfindet, oder einen Zustand, der nicht mehr anhält.

VS-았/었던 + Nomen	Übersetzung
사랑했던 여자	*die Frau, die ich früher einmal liebte*
저를 가르쳤던 선생님	*der Lehrer, der mich unterrichtete (jetzt nicht mehr)*
유명했던 학교	*die Schule, die berühmt war (jetzt nicht mehr)*

Übungen

1 Um welchen Beruf handelt es sich? Vervollständigen Sie mit dem Partizip Präsens.

1. 가수는 노래를 ______________(부르다) 사람입니다.
2. 의사는 환자를 ______________(치료하다) 사람입니다.
3. 화가는 그림을 ______________(그리다) 사람입니다.
4. 선생님은 학생을 ______________(가르치다) 사람입니다.
5. 대학생은 대학교에서 ______________(공부하다) 사람입니다.

❷ Bilden Sie das Partizip Präsens für die qualitativen Verben und übersetzen Sie ins Deutsche.

Beispiel: 자동차가 빠르다 → 빠른 자동차 *ein schnelles Auto*

1. 시계가 비싸다
2. 산이 높다
3. 가방이 크다
4. 날씨가 따뜻하다
5. 이야기가 재미있다
6. 음악이 조용하다
7. 사람이 친절하다
8. 음식이 맛없다

❸ Bilden Sie das Partizip Präsens und übersetzen Sie ins Deutsche.

Beispiel: 가방이 싸고 예쁘다 → 싸고 예쁜 가방 *eine günstige und hübsche Tasche*

1. 음식이 맵거나 짜다
2. 차가 맛있고 건강하다
3. 정원이 작지만 예쁘다
4. 영화가 좋거나 나쁘다

❹ Bilden Sie mit den in Klammern stehenden Aktionsverben das Partizip Präteritum und übersetzen Sie ins Deutsche.

Beispiel: (먹다) 음식 → 오늘 먹은 음식 *das Essen, das ich heute gegessen habe*

1. 어제 (만나다) 사람
2. 지난 주에 (가다) 병원
3. 어제 (주문하다) 컴퓨터
4. 어제 (입다) 옷
5. 백화점에서 (사다) 가방
6. 한국에서 (찍다) 사진

❺ Setzen Sie das Partizip Futur der in Klammern gegebenen Verben ein.

1. 주말에 ___________(만나다) 사람은 누구예요?
2. 내일 결혼식에 ___________(입다) 옷을 샀어요.
3. 생일 파티에 ___________(초대하다) 사람은 누구예요?
4. 오늘 저녁에 ___________(만들다) 음식은 스파게티예요.
5. 이번 달에 ___________(읽다) 책을 주문했어요.

❻ Setzen Sie die retrospektive Partizipialform mit –던 ein.

1. 제가 작년에 자주 ___________(입다) 옷이에요.
2. 민수는 제가 잘 ___________(알다) 친구예요.
3. 여기는 제가 자주 ___________(가다) 레스토랑이에요.
4. 내가 방금 ___________(마시다) 커피가 어디에 있어요?
5. 여기에 ___________(있다) 책을 못 봤어요?

❼ Übersetzen Sie die Sätze mit der retrospektiven Partizipialform –았/었던 ins Deutsche.

1. 민수 씨는 제가 사랑했던 남자예요.
2. 어제 점심에 먹었던 음식은 비빔밥이었어요.
3. 작년 여름에 간 산은 설악산이에요.
4. 어제 만났던 사람은 수미 씨예요.
5. 사라 씨에게 한국어를 가르쳤던 선생님은 누구예요?

6 Hilfsverbkonstruktionen

Viele Vollverben können auch als Hilfsverben verwendet werden, indem sie in der Form VS–아/어 (in einigen Fällen auch mit einer anderen Anschlussform wie –고) einem anderen Verb vorangestellt werden. In dieser Funktion modifizieren sie die Bedeutung eines anderen Vollverbs in Bezug auf die Modalität oder den Aspekt. In der Tabelle sind einige der geläufigsten Hilfsverbkonstruktionen im Koreanischen aufgeführt.

Vollverb	VS + Anschlussform + Hilfsverb	Bedeutung als Hilfsverb
보다 *sehen*	VS–아/어 보다	Versuch / Erfahrung
내다 *abgeben*	VS–아/어 내다	Abschluss / Erreichen
버리다 *wegwerfen*	VS–아/어 버리다	Bedauern / Erleichterung
말다 *aufhören*	VS–고 말다	Abschluss / Endgültigkeit
주다 *geben*	VS–아/어 주다 / 드리다	Begünstigung / Gefälligkeit
두다 / 놓다 *legen*	VS-아/어 두다 / 놓다	Resultat
지다 *werden*	VS–아/어지다	graduelle Veränderung
되다 *werden*	VS–게 되다	Folge von Handlungen

6.1 VS–아/어 보다

Das Verb 보다 'sehen' kann als Hilfsverb einen Versuch, eine Erfahrung oder eine indirekte Aufforderung zu einer Handlung ausdrücken. Die Konstruktion –아/어 보다 modifiziert die Bedeutung des Vollverbs zu *'probieren/versuchen, etwas zu tun'*.

VS ㅏ/ㅗ–아 보다	VS_{ohne} ㅏ/ㅗ–어 보다
가다 + –아 보다 → 가 보다	마시다 + –어 보다 → 마셔 보다

Präsens: VS–아/어 보다	*probieren / versuchen Sie mal...*
소주를 마셔 보세요.	*Probieren Sie mal Soju [zu trinken]!*
김치를 만들어 볼 거예요.	*Ich werde versuchen, Kimchi zu machen.*
독일말로 해 보세요.	*Versuchen Sie mal, das auf Deutsch zu sagen!*

Wenn das Hilfsverb 보다 im Präteritum steht (–아/어 봤다), bedeutet es *'schon mal etwas erfahren / getan haben'*.

VS ㅏ/ㅗ–아 봤다	VS_{ohne} ㅏ/ㅗ–어 봤다
가다 + –아 봤다 → 가 봤다	먹다 + –어 봤다 → 먹어 봤다

Präteritum: VS-아/어 봤다	*schon mal etwas erfahren haben*
한국에 가 봤어요.	*Ich war schon mal in Korea.*
김치를 먹어 봤어요?	*Haben Sie schon mal Kimchi probiert?*
소주를 마셔 봤어요?	*Haben Sie schon mal Soju getrunken?*

6.2 VS-아/어 내다, VS-아/어 버리다, VS-고 말다

Zur Bezeichnung des Abschlusses sowie der Endgültigkeit einer Handlung können drei unterschiedliche Hilfsverbkonstruktionen verwendet werden, deren Bedeutung sich geringfügig unterscheidet: 1) VS-아/어 내다, 2) VS-아/어 버리다 und 3) VS-고 말다.

1) Das Verb 내다 'abgeben' / 'erzeugen' in der Konstruktion VS-아/어 내다 bezieht sich auf Situationen, bei denen eine Handlung trotz Schwierigkeiten bzw. Hindernissen abgeschlossen werden konnte oder werden wird. Als Hilfsverb wird 내다 an Aktionsverben angeschlossen und steht im Präteritum oder im Futur.

VS-아/어 내다	*Abschluss / Erreichen*
그 문제를 풀어 냈어요.	*Ich habe diese Aufgabe endlich gelöst.*
그 일을 해 냈어요.	*Ich habe es (die Arbeit) endlich geschafft!*
꼭 성공해 내겠어요.	*Ich werde unbedingt einen Erfolg erzielen.*

2) Das Verb 버리다 'wegwerfen' / 'beseitigen' / 'zurücklassen' in der Konstruktion VS-아/어 버리다 hat zwei Bedeutungen und wird i.d.R. mit dem Präteritum verwendet,

a) wenn die im Hauptverb ausgedrückte Handlung nicht den Erwartungen des Sprechers entspricht, wobei Bedauern darüber impliziert wird.

b) wenn der Sprecher eine für ihn belastende Aufgabe endlich erledigt hat, wobei Erleichterung darüber impliziert wird.

VS-아/어 버리다	*Bedauern / Erleichterung*
약속을 잊어 버렸어요.	*Ich habe die Verabredung vergessen. (Bedauern)*
비행기를 놓쳐 버렸어요.	*Ich habe das Flugzeug verpasst. (Bedauern)*
오늘 할 일을 다 끝내 버렸어요.	*Ich habe die Aufgaben für heute erledigt. (Erleichterung)*

3) Das Verb 말다 'aufhören' / 'beenden' in der Konstruktion VS-고 말다 drückt aus, dass eine abgeschlossene Handlung gegen den Willen oder die Absicht des Sprechers ausgeführt wurde. Dabei impliziert diese Konstruktion *'Ich wollte nicht, konnte es aber (letztendlich) nicht verhindern'*. Das Hilfsverb 말다 wird fast nur mit dem Präteritum verwendet.

VS-고 말다	*letztendlich / am Ende*
실수를 하고 말았어요.	*Am Ende habe ich einen Fehler gemacht.*
그와 싸우고 말았어요.	*Letztendlich habe ich mit ihm gestritten.*
기차를 놓치고 말았어요.	*Am Ende habe ich den Zug verpasst.*

Übungen

❶ Geben Sie Ihren Freunden eine Empfehlung mit der Konstruktion VS-아/어 보다.

1. 독일에 가면 독일 맥주를 ______________________(마시다).
2. 베를린에 가면 국회 의사당을 ______________________(방문하다).
3. 한국에 가면 찜질방에 ______________________(가다).
4. 전주에 가면 비빔밥을 ______________________(먹다).
5. 제주도에 가면 한라산에 ______________________(올라가다).

Vokabelhilfe

찜질방 *koreanisches Dampfbad*
(베를린) 국회 의사당 *das Reichstagsgebäude in Berlin*

❷ Bilden Sie Sätze mit der Konstruktion VS-아/어 봤다 und übersetzen Sie diese ins Deutsche.

Beispiel: 한국에 가 보다 → 한국에 가 봤어요. *Ich bin schon mal in Korea gewesen.*

1. 불고기를 먹다
2. 경주 박물관을 방문하다
3. 한국에서 일년 동안 살다
4. 비빔밥을 만들다
5. 배낭 여행을 하다
6. 소주를 마시다
7. 그 소설책을 읽다
8. 노래방에 가다

❸ Vervollständigen Sie die Dialoge mit den in Klammern gegebenen Verben.

1. A: 소라 씨, 무슨 일 있어요?
   B: 아이고, 버스에서 지갑을 ________________ (잃다:-아/어 버리다).
2. A: 수미 씨, 시험 잘 봤어요?
   B: 아니요, 시험에서 ________________ (떨어지다:-고 말다).
3. A: 오늘 왜 늦었어요?
   B: 아침에 늦잠을 ________________ (자다:-고 말다).
4. A: 사라 씨, 정말 그 일을 ________________ (하다:-아/어 내다)?
   B: 네! 그래서 아주 기뻐요.

Vokabelhilfe

잃다 *verlieren*
떨어지다 *bei einer Prüfung durchfallen*
늦잠을 자다 *verschlafen*
기쁘다 *sich freuen*

6.3 VS-아/어 주다, VS-아/어 드리다

Die Verben 주다, 주시다 und 드리다 bedeuten alle 'geben', wobei 주다 ein neutrales Verb ist, während die Verben 주시다 und 드리다 honorative Verben sind (▶ 2.3 | Honorativvokabular). Das Verb 주다 und das Honorativverb 주시다 bezeichnen den Vorgang des Gebens von oben nach unten, d.h. eine höherstehende Person tut etwas für niedrigerstehende Personen. Das Honorativverb 드리다 dagegen bezeichnet den Vorgang des Gebens in umgekehrter Richtung von unten nach oben. In den Hilfsverbkonstruktionen VS-아/어 주다, VS-아/어 주시다 und VS-아/어 드리다 bezeichnet das Verb 'geben', dass die Handlung des Hauptverbs zugunsten einer Person ausgeführt wird. Die Person, für die etwas getan wird, steht hierbei im Dativ.

Infinitiv	VS-아/어 주다	VS-아/어 주시다	VS-아/어 드리다
사다 *kaufen*	사 + -아 주다 → 사 주다	사 + -아 주시다 → 사 주시다	사 + -아 드리다 → 사 드리다

VS-아/어 주다	*etwas für jmdn. tun (von oben nach unten)*
엄마가 딸에게 책을 읽어 줘요.	*Die Mutter liest der Tochter ein Buch vor.*
그가 동생에게 밥을 사 줘요.	*Er lädt seinen jüngeren Bruder zum Essen ein.*
VS-아/어 드리다	***etwas für jmdn. tun (von unten nach oben)***
사장님께 와인을 사 드렸어요.	*Ich habe dem Chef einen Wein geschenkt.*
제가 엄마를 도와 드렸어요.	*Ich habe meiner Mutter geholfen.*

Die Konstruktion VS-아/어 주시다 wird häufig in der Imperativform VS-아/어 주세요 oder in der Frageform VS-아/어 주시겠어요? verwendet, um den Hörer höflich um etwas zu bitten. Die Konstruktion VS-아/어 드릴까요? bedeutet, dass der Sprecher dem (höherstehenden) Gesprächspartner etwas anbietet bzw. für ihn tut. Im Deutschen kann man dies mit *'Kann ich etwas für Sie tun?'* / *'Erlauben Sie mir, etwas für Sie zu tun?'* übersetzen.

VS-아/어 주세요	*Bitte / Aufforderung (an einen Höherstehenden)*
도와 주세요.	*Helfen Sie mir bitte!*
다시 전화해 주세요.	*Rufen Sie mich bitte zurück!*
VS-아/어 주시겠어요?	***höfliche Bitte als Frage (an einen Höherstehenden)***
도와 주시겠어요?	*Würden Sie mir bitte helfen?*
다시 전화해 주시겠어요?	*Würden Sie mich bitte zurückrufen?*
VS-아/어 드릴까요?	***höfliche Frage (an einen Höherstehenden)***
도와 드릴까요?	*Darf / Soll ich Ihnen helfen?*
나중에 전화해 드릴까요?	*Soll ich Sie (später) zurückrufen?*

6.4 VS-아/어 두다 und VS-아/어 놓다

Die Verben 두다 und 놓다 bedeuten beide 'stellen' bzw. 'legen'. Sie können auch als Hilfsverben verwendet werden, um einen resultativ-durativen Aspekt, also das Andauern eines erreichten Zustandes oder die Folge einer abgeschlossenen Handlung auszudrücken (▶ 4 | Tempus und Aspekt). Die Konstruktionen VS-아/어 두다 und VS-아/어 놓다 bedeuten *'etwas tun und es so lassen, wie es ist'*. Sie sind in vielen Kontexten austauschbar. Allerdings impliziert 두다, dass die Handlung für einen bestimmten Zweck ausgeführt wurde.

VS-아/어 두다	*resultativ-durativer Aspekt*
컴퓨터를 켜 두었어요.	*Ich habe den Computer angelassen (um zu arbeiten).*
창문을 좀 열어 두세요.	*Lassen Sie bitte das Fenster offen (zum Lüften)!*
VS-아/어 놓다	***resultativ-durativer Aspekt***
컴퓨터를 켜 놓았어요.	*Ich habe den Computer angelassen.*
창문을 좀 열어 놓으세요.	*Lassen Sie bitte das Fenster offen!*

Diese beiden Hilfsverben können auch die spezielle Bedeutung *'im Voraus für etwas sorgen'* haben.

VS-아/어 두다	*im Voraus für etwas sorgen*
창문을 닫아 두세요.	*Schließen Sie bitte das Fenster (bevor es regenet)!*
호텔을 예약해 두겠어요.	*Ich werde das Hotel vorsorglich reservieren.*
VS-아/어 놓다	***im Voraus für etwas sorgen***
커피를 많이 사 놓을 거예요.	*Ich werde viel Kaffee auf Vorrat einkaufen.*
호텔을 예약해 놓으세요.	*Reservieren Sie bitte vorsorglich ein Hotel!*

6.5 VS-아/어지다

Das Hilfsverb 지다 'werden' in der Konstruktion VS-아/어지다 hat je nach Verbart eine unterschiedliche Bedeutung. In Verbindung mit qualitativen Verben (QV-아/어지다) drückt es die graduelle Entwicklung einer Eigenschaft oder eines Zustandes aus: z.B. 춥다 'kalt sein' → 추워지다 'kalt werden'. Folgt das Hilfsverb 지다 transitiven Verben, hat die Konstruktion VS-아/어지다 eine passivische Bedeutung. Das Vollverb und die Hilfsverbkonstruktion werden als Einheit ohne Leerstelle geschrieben.

QV-아/어지다	*graduelle Entwicklung*
겨울에는 낮이 짧아져요.	*Im Winter werden die Tage kürzer.*
맥주가 비싸졌어요.	*Das Bier ist teuer geworden.*

transitives Verb-아/어지다	*passivische Bedeutung*
이 제품은 한국에서 만들어졌어요.	*Dieses Produkt wurde in Korea hergestellt.*
소포가 보내졌어요.	*Das Paket wurde geschickt.*

Einen Sonderfall stellt das Existenzverb 없다 in Verbindung mit der Hilfsverbkonstruktion -어지다 im Präteritum dar. Diese Kombination bedeutet immer 'verschwunden sein'.

EV 없다 + -어지다	*verschwunden sein*
지갑이 없어졌어요.	*Mein Portemonnaie ist verschwunden.*
관심이 없어졌어요.	*Ich habe kein Interesse mehr.*

6.6 VS-게 되다

Mit Aktionsverben drückt die Konstruktion VS-게 되다 aus, dass eine Handlung in Folge äußerer Umstände, die außerhalb des Einflusses des Sprechers liegen, gegen dessen Absicht oder Erwartung ausgeführt wird bzw. ausgeführt wurde. Hat die Handlung positive Folgen, drückt die Konstruktion Bescheidenheit seitens des Sprechers aus. Sie steht i.d.R. im Präteritum und bedeutet im Deutschen *'es hat sich so ergeben, dass ...'*.

AV-게 되다 (negativ)	*Es hat sich so ergeben, dass ...*
집세가 비싸서 이사가게 됐어요.	*Es hat sich so ergeben, dass ich umziehen musste, weil die Miete (zu) hoch war.*
돈이 필요해서 차를 팔게 됐어요.	*Es hat sich so ergeben, dass ich mein Auto verkaufen musste, weil ich Geld brauchte.*
AV-게 되다 (positiv)	***Es hat sich so ergeben, dass ...***
과장으로 승진하게 됐어요.	*Es hat sich so ergeben, dass ich zum Abteilungsleiter aufgestiegen bin. (bescheiden)*
장학금을 받게 됐어요.	*Es hat sich so ergeben, dass ich ein Stipendium bekommen habe. (bescheiden)*

In Verbindung mit qualitativen Verben bezeichnet die Konstruktion -게 되다, dass die Veränderung eines Zustandes von außen herbeigeführt oder bewirkt worden ist. Sie ist in dieser Bedeutung mit der Konstruktion VS-아/어지다 austauschbar.

QV-게 되다 / VS-아/어지다	*Veränderung des Zustandes*
국이 식어서 맛이 없게 됐어요. 국이 식어서 맛이 없어졌어요.	*Die Suppe schmeckt nicht, weil sie kalt geworden ist.*
햇볕에 얼굴이 까맣게 됐어요. 햇볕에 얼굴이 까매졌어요.	*Durch die Sonne bin ich braun geworden.*

Übungen

❶ Ergänzen Sie die Dialoge mit den gegebenen Ausdrücken. Verwenden Sie dabei die Konstruktionen VS-아/어 주세요 und VS-아/어 주시겠어요?.

조용히 하다 · 빌리다 · 창문을 닫다 · 가르치다 켜다

1. A: 율리아 씨, 바람이 불어요. __________? B: 네, 알겠어요. 닫아 드릴게요.
2. A: 여기는 도서관이에요. 좀 __________? B: 예, 알겠습니다. 죄송합니다.
3. A: 날씨가 정말 더워요. 에어컨 좀 __________. B: 네, 켜 드릴게요.
4. A: 수미 씨, 한국어 좀 __________. B: 그럼요. 가르쳐 드릴게요.
5. A: 민수 씨, 사전 좀 __________. B: 네, 여기 있어요.

❷ Ergänzen Sie die Fragesätze mit der Konstruktion VS-아/어 드릴까요?.

1. 무거우세요? 제가 가방을 ________________(들다)?
2. 볼펜이 필요하세요? 제가 ________________(빌리다)?
3. 강아지가 없어졌어요? 제가 같이 ____________(찾다)?
4. 할머니, 제가 책을 ____________________(읽다)?
5. 어서 오세요. 무엇을 ____________________(돕다*)? *unregelmäßig auf ㅂ

❸ Ergänzen Sie die Prädikate mit den in Klammern stehenden Hilfsverben.

Beispiel: 방에 불을 <u>켜세요</u>. (두다) → 방에 불을 켜 두세요.

1. 비행기 표를 미리 <u>사세요</u>. (두다) → ____________________.
2. 숙제를 <u>하세요</u>. (놓다) → ____________________.
3. 창문을 <u>닫으세요</u>. (놓다) → ____________________.
4. 기차표를 미리 <u>예약하세요</u>. (두다) → ____________________.

❹ Bilden Sie Sätze mit der Hilfsverbkonstruktion VS-아/어지다 im Präteritum. Übersetzen Sie diese anschließend ins Deutsche.

Beispiel: 날씨 – 춥다 → 날씨가 추워졌어요. *Es ist kalt geworden.*

1. 날씨 – 따뜻하다
2. 낮 – 길다
3. 밤 – 짧다
4. 이 자동차 – 한국에서 만들다 *(herstellen)*
5. 자전거 – 고치다 *(reparieren)*
6. 이메일 – 보내다 *(versenden)*

❺ Formen Sie folgende Sätze in die Hilfsverbkonstruktion mit VS-게 됐어요 um.

Beispiel: 수영장에서 사라를 만났어요. → 수영장에서 사라를 만나게 됐어요.

1. 회사 때문에 부산으로 이사를 가요. → ____________________.
2. 내년부터 한국에서 일해요. → ____________________.
3. 어제 친구와 이야기를 했어요. → ____________________.
4. 오늘 몸이 아파서 회사에 못 갔어요. → ____________________.

7 Modalität

Die Modalität bezeichnet die Einstellungen und Absichten des Sprechers zu der durch das Hauptverb des Satzes ausgedrückten Handlung. Im Koreanischen kann Modalität formal durch zwei grammatische Konstruktionen ausgedrückt werden. Tempus und Negation werden in diesen Konstruktionen am Hilfsverb ausgedrückt.

VS + (Konjunktionalformen) + Hilfsverb	Bedeutung
VS-고 + 싶다 → VS-고 싶다	Wunsch (*möchten/wollen*)
VS-(으)려고 + 하다 → VS-(으)려고 하다	Absicht (*vorhaben/wollen*)
VS-고자 + 하다 → VS-고자 하다	Absicht (*vorhaben/wollen*)
VS-아/어도 + 되다 → VS-아/어도 되다	Erlaubnis (*dürfen*)
VS- (으)면 + 안 + 되다 → VS-(으)면 안 되다	Verbot (*nicht dürfen*)
VS-아/어야 + 하다 → VS-아/어야 하다/되다	Gebot/Verpflichtung (*sollen/müssen*)

VS + Partizipialform + Formalnomen + Hilfsverb	Bedeutung
VS-을/ㄹ + 수 + 있다 → VS-을/ㄹ 수 있다	*können/vermuten/annehmen*
VS-을/ㄹ + 줄 + 알다 → VS-을/ㄹ 줄 알다	*können/vermuten/annehmen*

7.1 VS-고 싶다 und VS-(으)면 좋겠다 → Wunsch

Die Konstruktion VS-고 싶다 bzw. VS-고 싶어하다 drückt einen Wunsch des Subjekts aus. VS-고 싶다 wird zum Ausdruck von Wünschen in der 1. Person in Aussagesätzen und in der 2. Person in Fragesätzen gebraucht. Das Subjekt kann dabei ausgelassen werden. Die Konstruktion VS-고 싶어하다 dagegen wird verwendet, wenn das Subjekt in der 3. Person steht. In diesem Fall muss das Subjekt genannt werden. Beide Konstruktionen können nur mit Aktionsverben und mit dem Existenzverb 있다 bzw. 없다 gebraucht werden.

Infinitiv	VS-고 싶다 (1. und 2. Person)	
되다 *werden*	(저는) 의사가 되고 싶어요.	*Ich möchte Arzt werden.*
살다 *leben*	한국에서 살고 싶어요?	*Möchten Sie in Korea leben?*
Infinitiv	**VS-고 싶어하다 (3. Person)**	
되다 *werden*	민수는 의사가 되고 싶어해요.	*Minsu möchte Arzt werden.*
살다 *leben*	수미는 한국에서 살고 싶어해요.	*Sumi möchte in Korea leben.*

Um die Konstruktion VS-고 싶다 bei qualitativen Verben zu verwenden, müssen diese durch Verbindung mit der Hilfsverbkonstruktion VS-아/어지다 'werden' zu Vorgangsverben erweitert werden (▶ 6 | Hilfsverbkonstruktionen).

Infinitiv	VS-아/어지다 + -고 싶다	
예쁘다	예쁘다 + -아/어지다 → 예뻐지다 + -고 싶다 → 예뻐지고 싶어요.	
Subjekt	**VS-아/어지다 + -고 싶다**	
1. Person	예뻐지고 싶어요.	*Ich möchte hübscher werden.*
2. Person	예뻐지고 싶어요?	*Möchten Sie hübscher werden?*
3. Person	유미는 예뻐지고 싶어해요.	*Yumi möchte hübscher werden.*

VS-(으)면 좋겠다 und VS-았/었으면 좋겠다

Die Konstruktionen VS-(으)면 좋겠다 (Präsens) und VS-았/었으면 좋겠다 (Präteritum) bedeuten '*es wäre gut/schön, wenn etwas geschieht/geschehen würde/wäre*'. Sie drücken Wünsche aus, die zum Zeitpunkt des Sprechens (noch) nicht erfüllt sind (▶ 30 | Konditionale Konjunktionalformen). Beide Konstruktionen können mit allen Verbarten kombiniert werden und sind in den meisten Kontexten austauschbar.

VS-(으)면 좋겠다 und VS-았/었으면 좋겠다		
Präsens	차가 있으면좋겠어요.	*Es wäre gut, wenn ich ein Auto hätte. (ich wünsche mir ein Auto)*
Präteritum	차가 있었으면 좋겠어요.	
Präsens	제가 남자면 좋겠어요.	*Es wäre schön, wenn ich ein Mann wäre. (ich wäre so gern ein Mann)*
Präteritum	제가 남자였으면 좋겠어요.	

7.2 VS-(으)려고 하다 und VS-고자 하다 → Absicht / Vorhaben

Die Hilfsverbkonstruktionen VS-(으)려고 하다 und VS-고자 하다 drücken die Absicht oder den Plan des Subjekts aus, eine Handlung auszuführen. Sie entsprechen etwa 'vorhaben' / 'wollen' und sind meist austauschbar; VS-고자 하다 wird v.a. in der geschriebenen Sprache gebraucht.

VS-(으)려고 하다	*Absicht / Plan*
친구를 만나려고 해요.	*Ich habe vor, einen Freund zu treffen.*
한국어를 배우려고 해요.	*Ich habe vor, Koreanisch zu lernen.*
VS-고자 하다	***Absicht / Plan***
지금 출발하고자 해요.	*Ich will jetzt losfahren.*
새 차를 사고자 해요.	*Ich habe vor, ein neues Auto zu kaufen.*

7.3 VS-을/ㄹ 수 있다 und VS-을/ㄹ 줄 알다 → Fähigkeit / Können

Im Koreanischen gibt es zwei Konstruktionen, um eine Fähigkeit bzw. deren Fehlen auszudrücken.

Fähigkeit (können)	*Unfähigkeit (nicht können)*
VS-을/ㄹ 수 있다	Negationsadverb 못 + Verb
VS-을/ㄹ 줄 알다	VS-을/ㄹ 줄 모르다

Die erste Konstruktion VS-을/ㄹ 수 있다 setzt sich aus Partizip Futur, dem Formalnomen 수 'Möglichkeit' und dem Existenzverb 있다 zusammen. Sie drückt sowohl eine erworbene Fähigkeit als auch eine objektiv gegebene Möglichkeit aus, so dass sich ihre konkrete Bedeutung aus dem jeweiligen Kontext ergibt. In dieser Bedeutung kann das Formalnomen 수 nur mit Aktionsverben gebraucht werden.

Aktionsverben	VS-을/ㄹ 수 있다	*Fähigkeit oder Möglichkeit*
만들다 *machen*	김치를 만들 수 있어요.	*Ich kann Kimchi machen.*
쓰다 *schreiben*	한자를 쓸 수 있어요.	*Ich kann Hancha schreiben.*

Ein formaler Unterschied zeigt sich bei der Negation. Hier kann das Negationsadverb 못 'nicht' + Verb sowohl die Unfähigkeit als auch die Unmöglichkeit ausdrücken. Dagegen kann durch VS-을/ㄹ 수 없다 nur die Unmöglichkeit ausgedrückt werden.

Bedeutung	*Fähigkeit*	*Möglichkeit*
positiv	VS-을/ㄹ 수 있다	VS-을/ㄹ 수 있다
negativ	Negationsadverb 못 + Verb	VS-을/ㄹ 수 없다 bzw. 못 + Verb

Bedeutung	못 + Verb / VS-을/ㄹ 수 없다	
Unfähigkeit	한자를 못 써요.	*Ich kann kein Hancha schreiben.* *(ich habe es nicht gerlent)*
Unmöglichkeit	학교에 못 가요.	*Ich kann nicht zur Schuhle gehen.* *(ich bin krank)*
Unmöglichkeit	김치를 만들 수 없어요.	*Ich kann kein Kimchi machen.* *(ich habe keine Zutaten)*

VS-을/ㄹ 줄 알다 und VS-을/ㄹ 줄 모르다

Zum Ausdruck der Fähigkeit wird bevorzugt die Konstruktion VS-을/ㄹ 줄 알다 verwendet. Sie wird mit dem Formalnomen 줄 'Methode', 'Handhabung' und dem Verb 알다 'wissen' gebildet. Die Konstruktion VS-을/ㄹ 줄 알다 drückt aus, dass man *'weiß, wie man eine Tätigkeit ausführt'*. Die entsprechende Verneinung wird durch das Verb 모르다 'nicht wissen' ausgedrückt. In dieser Bedeutung kann 줄 nur mit Aktionsverben verwendet werden.

Aktionsverben	VS-을/ㄹ 줄 알다	Wissen
읽다 *lesen*	한자를 읽을 줄 알아요.	*Ich weiß, wie man Hancha liest.*
치다 *spielen*	기타를 칠 줄 알아요.	*Ich weiß, wie man Gitarre spielt.*
Aktionsverben	**VS-을/ㄹ 줄 모르다**	***Nicht-Wissen***
읽다 *lesen*	한자를 읽을 줄 몰라요.	*Ich weiß nicht, wie man Hancha liest.*
치다 *spielen*	기타를 칠 줄 몰라요.	*Ich weiß nicht, wie man Gitarre spielt.*

7.4 VS-을/ㄹ 수 있다, VS-을/ㄹ 줄 알다 → Vermutung / Annahme

Die Konstruktion VS-을/ㄹ 수 있다 oder VS-을/ㄹ 수 없다 kann nicht mit Aktionsverben, sondern nur mit qualitativen Verben, dem Existenzverb 있다 oder der Kopula 이다 verwendet werden. Sie drückt eine Vermutung oder Annahme aus.

Infinitiv	VS-을/ㄹ 수 있다 / 없다	Vermutung
아프다 *krank sein*	그가 아플 수 있어요.	*Er könnte krank sein.*
있다 *sich befinden*	회사에 있을 수 있어요.	*Er könnte in der Firma sein.*
이다 *sein*	독일사람일 수 있어요.	*Er könnte Deutscher sein.*

Die Konstruktion VS-을/ㄹ 줄 알다/모르다 drückt eine Annahme aus, sofern sich das Verb 알다 / 모르다 nicht auf das grammatische Subjekt oder auf das Topik des Satzes bezieht. In diesem Sinne wird die Konstruktion VS-을/ㄹ 줄 알다/모르다 fast ausschließlich mit dem Präteritum verwendet.

VS-을/ㄹ 줄 알다/모르다	Vermutung / Annahme
(나는) 그가 한국에 갈 줄 알았어요.	*Ich habe (schon) damit gerechnet, dass er nach Korea fliegen wird.*
(나는) 그가 아플 줄 알았어요.	*Ich dachte mir schon, dass er krank wird.*
(나는) 그가 의사일 줄 몰랐어요.	*Ich hätte nicht gedacht, dass er Arzt ist.*
(나는) 그가 집에 있을 줄 몰랐어요.	*Ich bin nicht davon ausgegangen, dass er zu Hause ist.*

Im gleichen Sinne kann das Formalnomen 줄 auch in Verbindung mit dem Partizip Präsens -은/ㄴ gebraucht werden: VS-은/ㄴ 줄 알다/모르다 (z.B. 김 교수가 한국에 간 줄 알았어요. *'Ich habe mir gedacht, dass Herr Prof. Kim nach Korea gefahren ist.'*) (▶ 11 | Formalnomen).

Übungen

❶ Setzen Sie die richtigen Formen der Verben mit der Konstruktion VS-고 싶다 oder VS-고 싶어하다 ein. Verwenden Sie die informell-höfliche Sprechstufe.

1. 내년에 한국으로 어학 연수를 ________________(가다).
2. 제 동생도 지금 라면을 ________________(먹다).
3. 유미 씨도 그 영화를 ________________(보다).
4. 저는 한국말을 ________________(잘하다).
5. 수미는 노래를 잘 ________________(부르다).

❷ Bilden Sie Wunschsätze mit VS-(으)면 좋겠다 und VS-았/었으면 좋겠다.

Beispiel: 키가 크다 → 키가 크면 / 키가 컸으면 좋겠습니다.

1. 시간이 많다
2. 외국어를 잘하다
3. 시험을 잘 보다
4. 한국에서 살다

❸ Bilden Sie Wunschsätze mit VS-(으)려고 하다 und VS-고자 하다.

Beispiel: 한국에 – 가다 → 한국에 가려고 해요. 한국에 가고자 해요.

1. 한국어 – 배우다
2. 내일 – 친구 – 만나다
3. 미팅에 – 참석하다
4. 내일부터 회사에 – 출근하다

❹ Bilden Sie Fragesätze mit VS-을/ㄹ 수 있다. Geben Sie an, ob es sich dabei um eine Fähigkeit (F) oder Möglichkeit (M) handelt.

Beispiel: 한자를 쓰다 → 한자를 쓸 수 있어요? (F)

1. 일본어를 하다
2. 혼자 집에 가다
3. 이사를 도와 주다
4. 기타를 치다
5. 이 문제를 풀다
6. 오늘 저녁에 만나다

❺ Vervollständigen Sie die Sätze mit einer der gegebenen Konstruktionen (informell-höfliche Sprechstufe).

VS-을/ㄹ 수 있다 VS-을/ㄹ 줄 모르다
VS-(으)려고 하다 VS-고 싶다 VS-고 싶어하다

1. 집에서 ________________(쉬다: Wunsch).
2. 독일 친구들도 김밥을 ________________(만들어 보다: Wunsch).
3. 내일 시내에서 수미를 ________________(만나다: Absicht / Plan).
4. 저도 영화관에 ________________(가다: Möglichkeit).
5. 저는 중국어를 ________________(하다: Nicht-Können).
6. 율리아가 저와 ________________(이야기하다: Wunsch).
7. 방학 때 레스토랑에서 ________________(아르바이트를 하다: Absicht / Plan).

7.5 VS-아/어도 되다 → Erlaubnis

Die Konstruktion VS-아/어도 되다 drückt Erlaubnis aus. Sie bedeutet wörtlich *'auch wenn man X tut, ist es in Ordnung'*. Anstelle des Hilfsverbs 되다 'werden' können die qualitativen Verben 좋다 'gut sein' oder 괜찮다 'problemlos, in Ordnung sein' verwendet werden. In Fragesätzen bezeichnet die Konstruktion VS-아/어도 되다/괜찮다/좋다 in Verbindung mit dem Futursuffix -겠 eine höfliche Bitte um Erlaubnis.

Aussagesatz: VS-아/어도 되다	*dürfen / es ist in Ordnung, dass ...*
오늘 전화를 해도 돼요.	*Sie dürfen heute anrufen.*
여기에 주차를 해도 괜찮아요.	*Sie dürfen hier parken.*
여기서 담배를 피워도 좋아요.	*Sie dürfen hier rauchen.*
Fragesatz: VS-아/어도 되겠다	***Darf/Dürfte ich ...? (höfliches Erfragen)***
오늘 전화를 해도 되겠어요?	*Darf/Dürfte ich Sie heute anrufen?*
여기에 주차를 해도 괜찮겠어요?	*Darf/Dürfte ich mein Auto hier parken?*
여기서 담배를 피워도 괜찮겠어요?	*Darf/Dürfte ich hier rauchen?*

7.6 VS-을/ㄹ 수 없다, VS-(으)면 안 되다, VS-지 말다 → Verbot

Verbote von Handlungen können im Koreanischen durch drei Konstruktionen ausgedrückt werden: 1) VS-(으)면 안 되다, 2) VS-을/ㄹ 수 없다 und 3) VS-지 말다.

1) Die Konstruktion VS-(으)면 안 되다 ist die bevorzugte Konstruktion zum Ausdruck von Verboten. Sie wird in Kontexten verwendet, in denen eine bestimmte Handlung infolge sozialer Konvention nicht akzeptiert ist, wörtlich *'wenn man X macht, ist das nicht in Ordnung'*. Sie wird nur mit Aktionsverben verwendet.

VS-(으)면 안 되다	*nicht dürfen*
술을 너무 많이 마시면 안 돼요.	*Man darf nicht zu viel Alkohol trinken.*
여기에서 담배를 피우면 안 돼요.	*Hier darf man nicht rauchen.*
여기에 주차를 하면 안 돼요.	*Hier darf man nicht parken.*

2) Die oben erwähnte Konstruktion VS-을/ㄹ 수 없다, die die Unmöglichkeit einer Handlung ausdrückt, kann auch ein Verbot ausdrücken.

VS-을/ㄹ 수 없다	*nicht möglich sein*
여기에서 담배를 피울 수 없어요.	*Es ist nicht möglich, hier zu rauchen.*
이곳에 주차할 수 없어요.	*Es ist nicht möglich, hier zu parken.*

3) Die Konstruktion VS-지 말다 wird in der Imperativform (VS-지 마십시오 bzw. VS-지 마세요) verwendet, um ein striktes Verbot oder ein nachdrückliches Abraten auszudrücken. Das Verb 말다 'aufhören' kommt nur im Imperativ vor (▶ 8 | Unregelmäßige Verben). Die Konstruktion VS-지 마십시오 bzw. VS-지 마세요 ist die Verneinungsform von -(으)십시오 und -(으)세요 und bedeutet wörtlich *'Bitte hören Sie auf, X zu tun'*. Die Konstruktion VS-지말다 wird auch in der Aufforderungsform verwendet (VS-지 맙시다).

Satzart	VS-지 마십시오/마세요	*Verbot / Abraten*
Imperativ	담배를 피우지 마십시오.	*Rauchen Sie bitte nicht!*
	술을 많이 마시지 마세요.	*Trinken Sie nicht zu viel Alkohol!*
Satzart	**VS-지 맙시다**	***Lasst uns nicht ...!***
Aufforderung	담배를 피우지 맙시다.	*Lasst uns nicht rauchen!*
	술을 많이 마시지 맙시다.	*Lasst uns nicht zu viel Alkohol trinken!*

7.7 VS-아/어야 하다/되다, VS-지 않으면 안 되다 → Müssen / Sollen

Für den Ausdruck des Müssens / Sollens gibt es im Koreanischen zwei Konstruktionen: 1) VS-아/어야 하다 bzw. VS-아/어야 되다 und 2) VS-지 않으면 안 되다

Die geläufigste Konstruktion VS-아/어야 하다 kann mit allen Verbarten kombiniert werden. Das Hilfsverb 하다 'tun' kann dabei durch das Hilfsverb 되다 'werden' ersetzt werden. Die Konstruktion VS-아/어야 하다 wird v.a. in der Schriftsprache gebraucht, während die Konstruktion VS-아/어야 되다 in der gesprochenen Sprache bevorzugt wird.

VS-아/어야 하다/되다	*sollen*
사람들은 법을 지켜야 해요/돼요.	*Man soll das Gesetz einhalten.*
학생들은 열심히 공부해야 해요/돼요.	*Schüler sollen fleißig lernen.*
VS-아/어야 하다/되다	***müssen***
내일 일찍 일어나야 해요/돼요.	*Ich muss morgen früh aufstehen.*
오늘 병원에 가야 해요/돼요.	*Ich muss heute zum Krankenhaus gehen.*

Wenn diese Konstruktion mit einem Vollverb im Präteritum gebraucht wird, kann sie im Deutschen mit *'man hätte X tun sollen bzw. müssen'* wiedergegeben werden.

VS-았/었어야 하다/되다	*hätte tun sollen bzw. müssen*
일찍 일어났어야 했어요/됐어요.	*Ich hätte früh aufstehen sollen.*
병원에 갔어야 했어요/됐어요.	*Ich hätte zum Krankenhaus gehen müssen.*
전화를 했어야 했어요/됐어요.	*Ich hätte anrufen müssen.*

'Müssen' kann auch durch die verdoppelte Verneinung mittels der Kurzform der Negation 안 + VS-(으)면 안 되다 bzw. der Langform der Negation VS-지 않으면 안 되다 ausgedrückt werden. Diese Konstruktionen bedeuten wörtlich *'wenn man X nicht tut, ist es nicht in Ordnung'*, woraus folgt, dass man X tun muss.

Kurzform: 안 + VS-(으)면 안 되다	*müssen*
학교에 안 가면 안 돼요.	*Man muss zur Schule gehen.*
야채를 안 먹으면 안 돼요.	*Man muss Gemüse essen.*
Langform: VS-지 않으면 안 되다	***müssen***
학교에 가지 않으면 안 돼요.	*Man muss zur Schule gehen.*
야채를 먹지 않으면 안 돼요.	*Man muss Gemüse essen.*

Übungen

❶ Bilden Sie Fragen und Antworten mit -아/어야 하다 oder -지 않아도 되다.

Beispiel: 서점에 가다 → 서점에 가야 해요? 서점에 가지 않아도 돼요.

1. 오래 기다리다
2. 장을 보다
3. 일찍 일어나다
4. 창문을 닫다
5. 집에 가다
6. 오늘 만나다

❷ Formen Sie die folgenden Sätze je nach Höflichkeitsstufe mit -지 마세요 oder mit -지 마십시오 um.

Beispiel: 뛰면 안 됩니다. → 뛰지 마십시오. 뛰면 안 돼요. → 뛰지 마세요.

1. 주차를 하면 안 돼요. → ______________.
2. 담배를 피우면 안 됩니다. → ______________.
3. 사진을 찍으면 안 돼요. → ______________.
4. 쓰레기를 버리면 안 돼요. → ______________.
5. 술을 많이 마시면 안 됩니다. → ______________.
6. 여기에 들어오면 안 돼요. → ______________.

❸ Übersetzen Sie ins Koranische oder Deutsche. Verwenden Sie die informell-höfliche Sprechstufe.

1. Sie dürfen sich hier hinsetzen. (VS-아/어도 좋다)
2. Darf ich Sie heute Abend anrufen? (VS-아/어도 괜찮겠다)
3. Sie dürfen zu Hause bleiben. (VS-아/어도 되다)
4. Sie dürfen hier Fotos machen. (VS-아/어도 괜찮다)
5. 어제 다니엘을 만났어야 했어요.
6. 어제 일찍 잤어야 했어요.
7. 그 책을 샀어야 했어요.

8 Unregelmäßige Verben

Im Koreanischen gibt es unregelmäßige Verben, deren Verbstamm sich in Abhängigkeit von der lautlichen Umgebung ändert. Dies hängt davon ab, ob die dem Verbstamm folgende Silbe mit einem Vokal oder mit einem Konsonanten beginnt. Je nach Auslaut des Stamms gibt es sieben Arten von unregelmäßigen Verben: 1) Verben auf ㄷ, 2) Verben auf ㄹ, 3) Verben auf ㅂ, 4) Verben auf 르, 5) Verben auf 으, 6) Verben auf ㅅ, 7) Verben auf ㅎ. Jedoch sind diese Auslaute nicht bei allen Verben veränderlich, bei einigen bleiben sie stabil. Bei Verben mit veränderlichem Stammauslaut wird dieser in dem Vokabelverzeichnis am Ende des Buches vermerkt.

8.1 Verbstämme auf 'ㄷ'

Vor vokalischen Endungen wird der Konsonant ㄷ im Auslaut des Verbstamms zu ㄹ.

듣다 + -어요→ 들어요	걷다 + -어요 → 걸어요

Infinitiv	-습/ㅂ니다	-아/어요	-아/어서	-(으)면
듣다 *hören*	듣습니다	들어요	들어서	들으면
묻다 *fragen*	묻습니다	물어요	물어서	물으면
걷다 *gehen*	걷습니다	걸어요	걸어서	걸으면
싣다 *laden*	싣습니다	실어요	실어서	실으면

Es gibt jedoch auch Verben mit stabilem Konsonanten ㄷ, z.B. 받다, 닫다 und 믿다.

Infinitiv	-습/ㅂ니다	-아/어요	-아/어서	-(으)면
받다 *bekommen*	받습니다	받아요	받아서	받으면
닫다 *schließen*	닫습니다	닫아요	닫아서	닫으면
믿다 *glauben*	믿습니다	믿어요	믿어서	믿으면

8.2 Verbstämme auf 'ㄹ'

Bei Verbstämmen, die auf den Konsonanten ㄹ enden, fällt ㄹ vor Endungen weg, wenn der erste Laut der unmittelbar folgenden Silbe ein ㄴ, ㅂ oder ㅅ ist. Lautet das Suffix konsonantisch an, wird zwischen Stammauslaut ㄹ und dem Suffixanlaut kein 으 eingefügt, sondern das Suffix direkt an den Konsonaten ㄹ angehängt, wobei dieser wegfällt.

살다 + -습/ㅂ니다 → 삽니다	알다 + -는 → 아는
팔다 + -(으)세요 → 파세요	만들다 + -(으)세요 → 만드세요

Infinitiv	–아/어요	–습/ㅂ니다	–는	–(으)세요
살다 *leben*	살아요	삽니다	사는	사세요
알다 *wissen*	알아요	압니다	아는	아세요
놀다 *spielen*	놀아요	놉니다	노는	노세요
열다 *öffnen*	열어요	엽니다	여는	여세요
울다 *weinen*	울어요	웁니다	우는	우세요
달다 *süß sein*	달아요	답니다	단	다세요
멀다 *weit sein*	멀어요	멉니다	먼	머세요
팔다 *verkaufen*	팔아요	팝니다	파는	파세요
만들다 *herstellen*	만들어요	만듭니다	만드는	만드세요

8.3 Verbstämme auf 'ㅂ'

Bei Verbstämmen auf instabiles ㅂ verändert sich ㅂ vor vokalisch anlautenden Endungen zu 우. Bei der Kombination des Vokals 우 mit der Satzschlussendung –어요 entsteht die Kontraktionsform 워요. Im Ausnahmefall von 돕다 'helfen' wird ㅂ zu 오 und bei der Kombination des Vokals 오 mit der Satzschlussendeung –아요 entsteht die Form 와요.

쉽다 +–어요 → 쉬우–어요 → 쉬워요   돕다 +–아요 → 도오–아요 → 도와요

Infinitiv	–습/ㅂ니다	–아/어요	–아/어서	–은/ㄴ
돕다 *helfen*	돕습니다	도와요	도와서	도운
고맙다 *dankbar sein*	고맙습니다	고마워요	고마워서	고마운
반갑다 *erfreut sein*	반갑습니다	반가워요	반가워서	반가운
쉽다 *einfach sein*	쉽습니다	쉬워요	쉬워서	쉬운
어렵다 *schwer sein*	어렵습니다	어려워요	어려워서	어려운
춥다 *kalt sein*	춥습니다	추워요	추워서	추운
덥다 *heiß sein*	덥습니다	더워요	더워서	더운
맵다 *scharf sein*	맵습니다	매워요	매워서	매운
싱겁다 *fade sein*	싱겁습니다	싱거워요	싱거워서	싱거운
무겁다 *schwer sein*	무겁습니다	무거워요	무거워서	무거운
가볍다 *leicht sein*	가볍습니다	가벼워요	가벼워서	가벼운
두껍다 *dick sein*	두껍습니다	두꺼워요	두꺼워서	두꺼운

📖 Es gibt jedoch auch Verben mit stabilem Konsonanten ㅂ: 입다 'sich anziehen', 좁다 'eng sein', 잡다 'fangen', 씹다 'kauen', 업다 'auf dem Rücken tragen'.

Infinitiv	-습/ㅂ니다	-고	-아/어요	-아/어서	-은/ㄴ
입다	입습니다	입고	입어요	입어서	입는
잡다	잡습니다	잡고	잡아요	잡아서	잡은
좁다	좁습니다	좁고	좁아요	좁아서	좁은

8.4 Verbstämme auf '르'

Verben, deren Stamm auf die Silbe 르 auslautet, sind unregelmäßig. Der Konsonant ㄹ in der Silbe 르 wird zu ㄹㄹ verdoppelt. Hierbei fällt der Vokal 으 weg, wenn die vokalisch anlautende Anschlussform -아/어 folgt, sodass sich die Formen ㄹ라 bzw. ㄹ러 ergeben.

빠르다 + ㄹㄹ + -아요 → 빨라요	부르다 + ㄹㄹ + -어요 → 불러요

Infinitiv	-습/ㅂ니다	-아/어요	-았/었어요	-아/어서
고르다 *auswählen*	고릅니다	골라요	골랐어요	골라서
기르다 *groß ziehen*	기릅니다	길러요	길렀어요	길러서
다르다 *anders sein*	다릅니다	달라요	달랐어요	달라서
모르다 *nicht wissen*	모릅니다	몰라요	몰랐어요	몰라서
부르다 *rufen*	부릅니다	불러요	불렀어요	불러서
빠르다 *schnell sein*	빠릅니다	빨라요	빨랐어요	빨라서
자르다 *schneiden*	자릅니다	잘라요	잘랐어요	잘라서

8.5 Verbstämme auf '으'

Bei Verbstämmen, die auf den Vokal 으 enden, fällt dieser Vokal vor der vokalisch anlautenden Anschlussform -아/어 weg. Ob -아 oder -어 verwendet wird, hängt vom Vokal der vorausgehenden Silbe ab. Endet die Stammsilbe auf ㅏ oder ㅗ, wird der Vokal 아 angeschlossen, in allen anderen Fällen steht 어.

바쁘다 + -아요 → 바ㅃ-아요 → 바빠요	예쁘다 + -어요 → 예ㅃ-어요 → 예뻐요
크다 + -어요 → ㅋ-어요 → 커요	쓰다 + -어요 → ㅆ-어요 → 써요

Infinitiv	-습/ㅂ니다	-아/어요	-았/었어요	-아/어서
고프다 *hungrig sein*	고픕니다	고파요	고팠어요	고파서
기쁘다 *sich freuen*	기쁩니다	기뻐요	기뻤어요	기뻐서
끄다 *ausschalten*	끕니다	꺼요	껐어요	꺼서
나쁘다 *schlecht sein*	나쁩니다	나빠요	나빴어요	나빠서
바쁘다 *beschäftigt sein*	바쁩니다	바빠요	바빴어요	바빠서
쓰다 *schreiben*	씁니다	써요	썼어요	써서
아프다 *krank sein*	아픕니다	아파요	아팠어요	아파서
예쁘다 *schön sein*	예쁩니다	예뻐요	예뻤어요	예뻐서
크다 *groß sein*	큽니다	커요	컸어요	커서

8.6 Verbstämme auf 'ㅅ'

Bei auf den Konsonanten ㅅ auslautenden Verstämmen fällt dieser vor den vokalischen Endungen weg.

낫다 + -아요 → 나아요	잇다 + -어요 → 이어요

Infinitiv	-습/ㅂ니다	-아/어요	-았/었어요	-아/어서
긋다 *Linien ziehen*	긋습니다	그어요	그었어요	그어서
낫다 *genesen*	낫습니다	나아요	나았었요	나아서
붓다 *schwellen*	붓습니다	부어요	부었어요	부어서
잇다 *verbinden*	잇습니다	이어요	이었어요	이어서
젓다 *rühren*	젓습니다	저어요	저었어요	저어서
짓다 *bauen*	짓습니다	지어요	지었어요	지어서

Es gibt jedoch auch Verben mit stabilem Konsonanten ㅅ, wie z.B. 벗다, 웃다, 씻다.

Infinitiv	-습/ㅂ니다	-아/어요	-았/었어요	-아/어서
벗다 *ausziehen*	벗습니다	벗어요	벗었어요	벗어서
씻다 *waschen*	씻습니다	씻어요	씻었어요	씻어서
웃다 *lachen*	웃습니다	웃어요	웃었어요	웃어서

8.7 Verbstämme auf 'ㅎ'

Bei qualitativen Verben, deren Verbstämme auf den Konsonanten ㅎ enden, fällt dieser vor Endungen, die mit ㄴ, ㄹ, ㅁ, ㅅ, ㅇ anlauten, weg. Der Konsonant ㅎ fällt auch vor der vokalischen Anschlussform -아/어 weg, wobei ㅎ durch den Vokal 이 ersetzt wird, sodass die Kontraktionsform 애 oder 얘 entsteht.

하얗다 + -ㄴ → 하얀	까맣다 + -아요 → 까마 + 이 + -아요 → 까매요

Infinitiv	-습/ㅂ니다	-아/어요	-아/어서	-은/ㄴ
그렇다 *so sein*	그렇습니다	그래요	그래서	그런
어떻다 *wie sein*	어떻습니다	어때요	어때서	어떤
까맣다 *schwarz sein*	까맣습니다	까매요	까매서	까만
노랗다 *gelb sein*	노랗습니다	노래요	노래서	노란
동그랗다 *rund sein*	동그랗습니다	동그래요	동그래서	동그란
빨갛다 *rot sein*	빨갛습니다	빨개요	빨개서	빨간
파랗다 *blau sein*	파랗습니다	파래요	파래서	파란
하얗다 *weiß sein*	하얗습니다	하얘요	하얘서	하얀

Es gibt jedoch auch Verben mit stabilem Konsonanten ㅎ, wie z.B. 좋다, 놓다, 넣다.

Infinitiv	-습/ㅂ니다	-아/어요	-았/었어요	-아/어서
넣다 *hineintun*	넣습니다	넣어요	넣었어요	넣어서
놓다 *legen*	놓습니다	놓아요	놓았어요	놓아서
좋다 *gut sein*	좋습니다	좋아요	좋았어요	좋아서

Übungen zu 8.1 und 8.2

1 Setzen Sie die passenden Verbformen ein.

Beispiel: __________(걷다:-아/어서) 학교에 가요. → 걸어서 학교에 가요.

1. 지금 강의를 __________(듣다:-으러) 학교에 갑니다.
2. 백화점이 몇 시에 문을 __________(닫다: -아/어요)?
3. 가방을 차에 __________(싣다:-(으)세요).
4. 어제 보낸 이메일을 __________(받다: -았/었어요)?
5. 수미 씨에게 __________(묻다: -아/어) 보세요.

❷ Bilden Sie Verbformen mit den gegebenen Konjunktionalformen.

Ausdrücke	Konjunktionalendungen	zusammengesetzte Form
1. 친구를 믿다	-기 때문에	
2. 창문을 닫다	-(으)니까	
3. 연락을 받다	-(으)면	
4. 음악을 듣다	-(으)면	
5. 공원을 걷다	-은/ㄴ 후에	
6. 길을 묻다	-(으)러	

❸ Setzen Sie die passenden Verbformen ein.

Beispiel: 서울에서 __________(살다:-습/ㅂ니다)? → 서울에서 삽니다.

1. 지금 __________ (만들다:-는) 음식이 뭐예요?
2. 한국의 문화에 대해서 잘 __________ (알다:-습/ㅂ니까)?
3. 날씨가 덥습니다. 창문을 잠깐 __________ (열다: -읍/ㅂ시다).
4. 우체국은 여기에서 조금 __________ (멀다: -습/ㅂ니다).
5. __________ (달다:-는) 빵을 좋아하세요?
6. 한국말을 할 줄 __________ (알다:-(으)세요)?
7. 과일이 아주 __________ (달다:-습/ㅂ니다).
8. 오늘 저녁에는 스파게티를 __________ (만들다:-(으)려고) 해요.
9. 수진 씨는 머리가 __________ (길다:-습/ㅂ니다).

Übungen zu 8.3

❶ Bilden Sie einfache Dialoge nach dem gegebenen Beispiel. Verwenden Sie dabei die Satzschlussendung -아/어요.

Beispiel: 날씨 (춥다 – 덥다) → 날씨가 추워요? – 아니요, 더워요.

1. 한국어 숙제 (어렵다 – 쉽다)
2. 가방 (무겁다 – 가볍다)
3. 길 (좁다 – 넓다)
4. 학교 (가깝다 – 멀다)
5. 방 (어둡다 – 밝다)
6. 김치찌개 (맵다 – 맵지 않다)

❷ Setzen Sie die passenden Verbformen ein.

Beispiel: 날씨가 __________(춥다: 아/어요) → 날씨가 추워요.

1. 제주도는 경치가 아주 __________(아름답다: -아/어요).
2. 이번 한국어 시험은 아주 __________(어렵다: -았/었어요).
3. 만나서 __________(반갑다: -아/어요).
4. 비빔밥은 조금 __________ (맵다:-지만) 아주 맛있어요.
5. 날씨가 추워요. 옷을 따뜻하게 __________ (입다: -(으)세요).
6. 이 운동화는 __________(가볍다: -고) 편해요.
7. 숙제를 __________(돕다: -아/어) 주세요.

Übungen zu 8.4 und 8.5

❶ Setzen Sie die passenden Verbformen ein.

Beispiel: 독일어를 잘 __________(모르다: -아/어요). → 독일어를 잘 몰라요.

1. 지윤 씨는 노래를 참 잘 __________(부르다: -아/어요).
2. 물건을 잘 __________(고르다: -아/어서) 사세요.
3. 배가 __________(부르다: -아/어서) 더 못 먹겠습니다.
4. 머리를 짧게 __________(자르다: -아/어) 주세요.
5. __________(모르다: -는) 문제가 있으면 물어 보세요.

❷ Geben Sie die Ausdrücke mit der Satzschlussendung -아/어요 wieder.

Ausdrücke	informell-höfliche SPS	zusammengesetzte Formen
1. 바지를 고르다	-아/어요	
2. 생각이 다르다	-아/어요	
3. 고양이를 기르다	-아/어요	
4. 말이 빠르다	-아/어요	
5. 정답을 모르다	-아/어요	
6. 수미를 부르다	-아/어요	

❸ Setzen Sie die passenden Verbformen ein.

Beispiel: 배가 많이 __________(아프다: -아/어요). → 배가 많이 아파요.

1. __________(아프다: -아/어서) 회사에 못 가요.
2. 시험을 잘 못 봐서 기분이 __________ (나쁘다:-아/어요).
3. 점심을 아직 못 먹었어요. 배가 많이 __________ (고프다: -아/어요).
4. 율리아는 마음이 아주 __________ (예쁘다: -아/어요).
5. 영화가 아주 __________ (슬프다: -았/었어요).
6. 이번 주는 __________(바쁘다: -아/어서) 시간이 없어요.
7. 여기에 이름을 ____________________ (쓰다: -아/어 주세요).
8. TV 소리가 너무 __________ (크다: -아/어요).
9. 휴대폰을 ____________________ (끄다: -아/어 주세요).

Übungen zu 8.6 und 8.7

1 Setzen Sie die passenden Verbformen ein.

Beispiel: 감기가 다 _________(낫다: -았/었어요). → 감기가 다 나았어요.

1. 요즘 피곤해서 얼굴이 자주 _________(붓다: -아/어요).
2. 연필로 종이에 선을 _________(긋다: -습/ㅂ니다).
3. 커피에 설탕을 넣고 잘 _________ (젓다:-아/어) 드세요.
4. 경복궁은 1395 년에 _________ (짓다: -아/어졌어요).
5. 물을 여기까지 _________ (붓다: -(으)세요).
6. 왼쪽과 오른쪽을 서로 _________ (잇다: -습/ㅂ니다).
7. 양말을 _________(벗다: -(으)세요).
8. 크게 _________ (웃다: -아/어) 보세요.
9. 손을 깨끗이 _________(씻다: -아/어야) 해요.

2 Setzen Sie die passenden Formen des Verbs 어떻다 ein.

1. 한국은 여름에 날씨가 _________ (어떻다: -아/어요)?
2. 주말에 등산 _________ (어떻다:-을/ㄹ까요)?
3. 유나 씨는 _________ (어떻다:-은/ㄴ) 영화를 가장 좋아해요?
4. 어제 갔던 음식점은 _________ (어떻다: -았/었어요)?
5. 오늘 기분이 _________ (어떻다: -(으)세요)?

3 Formen Sie die gegebenen Ausdrücke mit der Partizipialendung -은/ㄴ um.

Ausdrücke	-은/ㄴ	Ausdrücke	-은/ㄴ
1. 모자가 노랗다		4. 눈이 하얗다	
2. 하늘이 파랗다		5. 머리카락이 까맣다	
3. 코가 빨갛다		6. 입술이 파랗다	

4 Setzen Sie die passenden Verbformen ein.

Beispiel: 추워서 코가 _________(빨갛다: -아/어요). → 추워서 코가 빨개요.

1. 하늘이 아주 _________(파랗다: -아/어요).
2. 수미 씨는 얼굴이 _________ (동그랗다: -아/어요).
3. 오늘은 기분이 그저 _________ (그렇다: -아/어요).
4. 유미 씨, 피곤해요? 눈이 _________(빨갛다: -아/어요).
5. 음식이 _________ (까맣다: -게) 탔어요.
6. _________ (좋다:-은/ㄴ) 한국어 책이 있으면 추천해 주세요.
7. 커피에 우유를 좀 _________ (넣다:-아/어) 드릴까요?
8. 돈을 지갑에 _________ (넣다:-(으)세요).
9. 열쇠를 책상 위에 _________ (놓다: :-았/었어요).
10. 친구들을 만나서 기분이 _________ (좋다:-았/었어요).

9 Pragmatische Satzschlussendungen

Im Koreanischen gibt es bestimmte verbale Satzschlussendungen, die nur in der gesprochenen Sprache verwendet werden. Sie drücken Gefühle und Einstellungen des Sprechers zu seiner Äußerung aus und können nur für die Sprechstufen von 1 bis 4, jedoch nicht mit der formell-höflichen Sprechstufe 5 verwendet werden. Im Deutschen werden sie durch Intonation oder Interjektionen wie 'mein Gott!', 'nicht wahr' oder 'ach ja', 'ach nein' etc. wiedergegeben.

Satzschlussendungen	Bedeutung
–(는)군요, –네요	Überraschung / unerwartete Entdeckung
–지요?, –지요.	Informationsbestätigung (*nicht wahr?*)
–는/은/ㄴ가요?, –을/ㄹ 건가요?	dubitative Frage (*vielleicht / etwa*)
–은/ㄴ데요, –는데요	Erstaunen / Zustimmung
–을/ㄹ까요?	Intention / Plan / Wunschäußerung
–을/ㄹ래요?	Vorschlag / Meinungsfrage

9.1 –(는)군요 und –네요

Mit der Satzschlussendung –(는)군요 drückt ein Sprecher seine Überraschung bzw. sein Erstaunen über ein unerwartetes Ereignis, eine Entdeckung oder eine Information aus. Im Deutschen wird dies durch eine besondere Satzintonation und Interjektionen wie 'Oh, wirklich', 'Aha', 'Ach ja', 'Ach nein' usw. ausgedrückt. Die Satzschlussendung –는군요 wird bei Aktionsverben im Präsens verwendet, während –군요 bei qualitativen Verben, Existenzverben und der Kopula 이다 verwendet wird.

Präsens: –(는)군요	*Erstaunen / unerwartete Entdeckung*
집이 정말 예쁘군요!	*Oh, die Wohnung ist wirklich hübsch!*
한국 사람이군요!	*Aha, Sie sind also Koreaner/in!*
Präteritum: –았/었군요	***Überraschung / unerwartete Entdeckung***
수미가 중국에 갔군요!	*Oh, Sumi ist nach China geflogen!*
시험이 많이 어려웠군요!	*Ach, so schwer war die Prüfung!*
Futur: –겠군요	***Überraschung / unerwartete Entdeckung***
불고기가 맛있겠군요!	*Das Bulgogi sieht aber lecker aus!*
너무 더워서 조깅을 못하겠군요!	*Ach, es ist zu heiß, man kann nicht joggen!*

Die Satzschlussendung –네요 hat eine ähnliche Bedeutung wie –(는)군요.

Präsens: –네요	Überraschung / unerwartete Entdeckung
정말 비가 많이 오네요!	*Es regnet wirklich stark [viel]!*
책이 아주 재미있네요!	*Oh, dieses Buch ist ja sehr interessant!*
Präteritum: –았/었네요	***Überraschung / unerwartete Entdeckung***
와, 눈이 정말 많이 왔네요!	*Aha, es hat wirklich viel geschneit!*
어, 집에 있었네요!	*Oh, Sie waren also doch zu Hause!*
Futur: –겠네요	***Überraschung / unerwartete Entdeckung***
독일어를 잘 하겠네요!	*Sie sprechen bestimmt gut Deutsch.*
어머, 많이 바쁘겠네요!	*Oh, Sie haben bestimmt viel zu tun!*

9.2 –지요?

Mit der Satzschlussendung –지요? möchte sich der Sprecher eine Aussage vom Hörer bestätigen lassen bzw. seine Zustimmung erhalten. Da sie als Vergewisserungsfrage fungiert, wird sie mit steigender Intonation markiert. Im Deutschen entspricht dies etwa 'nicht wahr', 'oder', 'etwa nicht'. In der Umgangssprache wird –지요 zu –죠 abgekürzt (z.B. 가지요 → 가죠, 갔지요 → 갔죠, 갈 거지요 → 갈 거죠).

Präsens: –지요?	oder / stimmt's?
오늘이 토요일이지요?	*Heute ist doch Samstag, oder?*
이 책 정말 재미있지요?	*Dieses Buch ist wirklich interessant, stimmt's?*
Präteritum: –았/었지요?	***nicht wahr?***
어제 회의가 있었지요?	*Sie hatten doch gestern eine Sitzung, nicht wahr?*
어제 집에 없었지요?	*Sie waren gestern nicht zu Hause, nicht wahr?*
Futur: –을/ㄹ 거지요?	***etwa nicht?***
수업에 올 거지요?	*Sie kommen doch zum Unterricht, (oder) etwa nicht?*
나중에 조깅할 거지요?	*Sie joggen später, (oder) etwa nicht?*

Außer der Funktion, eine Bestätigung einzuholen, kann die Satzschlussendung –지요 auch weitere Bedeutungen haben.

1) In Verbindung mit den Fragepronomen 누구 'wer', 어디 'wo', 얼마 'wie viel' drückt die Satzschlussendung –지요 aus, dass der Sprecher voraussetzt, dass der Angesprochene die Frage beantworten kann.

–지요?	in Verbindung mit Fragenomen
저분이 누구시지요?	*Wer ist die Person da drüben?*
이거 얼마지요?	*Wie viel kostet das? (Frage an den Verkäufer)*

2) In Verbindung mit 나/저 und 우리 (1. Person Sg. und Pl.) wird –지요 zum Ausdruck eines höflichen Vorschlags oder Angebots gebraucht.

–지요.	*höflicher Vorschlag / Angebot*
오늘은 제가 내지요.	*Bitte, lassen Sie mich heute bezahlen!*
우리가 먼저 가지요.	*Lasst uns zuerst gehen!*

3) Mit der honorativen Markierung –(으)시 dient –지요 zum Ausdruck einer abgeschwächten, höflichen Bitte oder Aufforderung, im Deutschen etwa *'wie wäre es ...?'*. In dieser Funktion wird –지요 mit fallender Intonation ausgesprochen.

–지요.	*Wie wäre es ...? / Lasst uns bitte ...*
차 한 잔 하시지요.	*Wie wäre es mit einem Tee?*
점심 함께 하시지요.	*Wie wäre es mit einem gemeinsamen Mittagessen?*

Übungen

❶ Vervollständigen Sie die Dialoge mit der Satzschlussendung –는군요 bzw. –군요.

1. A: 제 조카 사진이에요. B: 조카가 아주 ________(예쁘다)!
2. A: 비가 많이 와요. B: 정말 비가 많이 ________(오다)!
3. A: 여기 불고기 드세요. B: 와, 불고기가 정말 ________(맛있다)!
4. A: 오늘도 축구하러 가요. B: 정말 운동을 ________(좋아하다)!
5. A: 식사하러 갈까요? B: 벌써 ________(점심시간이다)!
6. A: 저희 한국어 선생님이세요. B: 아, 수미 씨의 ________(선생님이시다)!

❷ Formen Sie die unterstrichenen Verbformen mit der Satzschlussendung –네요 um und übersetzen Sie die Sätze ins Deutsche.

1. 독일은 맥주가 정말 <u>맛있어요.</u>
2. 한국말을 정말 <u>잘해요.</u>
3. 기차표가 아주 <u>비싸요.</u>
4. 책이 정말 <u>재미있어요.</u>
5. 김치도 잘 <u>드시겠어요.</u>
6. 부모님이 많이 <u>보고 싶겠어요.</u>

❸ Bilden Sie Vergewisserungsfragen mit –지요. Achten Sie auf die Zeitformen.

1. A: 오늘 날씨가 ________(좋다)? B: 네, 아주 좋네요.
2. A: 커피가 ________(맛있다)? B: 네, 아주 맛있어요.
3. A: 오늘이 ________(금요일이다)? B: 네, 맞아요. 금요일이에요.
4. A: 시험이 조금 ________(어렵다)? B: 네, 조금 어려웠어요.
5. A: 내일 파티에 ________(오다)? B: 그럼요, 갈 거예요.
6. A: 지금이 몇 시 ________(이다)? B: 10시 반이에요.

9.3 –는가요?, –은/ㄴ가요?, –을/ㄹ 건가요?

Die Satzschlussendung –는가요 (bei Aktions- und Existenzverben) bzw. –은/ㄴ가요? (bei qualitativen Verben und der Kopula) wird verwendet, wenn der Sprecher höflich einen Zweifel an einem Sachverhalt ausdrücken will. Die Bedeutung lässt sich in etwa mit *'Könnte es sein/Könnte es nicht sein, dass ...'* wiedergeben.

AV–는가요?	QV–은/ㄴ가요?	EV–는가요?	KOP–ㄴ가요?
가는가요?	좋은가요?	있는가요?	의사인가요?
먹는가요?	빠른가요?	없는가요?	의사가 아닌가요?

–는/은/ㄴ가요?	*Könnte es sein, dass ...? / vielleicht*
너무 빠른가요?	*Fahre ich (vielleicht) zu schnell für Sie?*
김치가 매운가요?	*Ist das Kimchi (vielleicht) zu scharf?*
의사이신가요?	*Sind Sie (vielleicht) Arzt?*

In derselben Bedeutung wird die Satzschlussendung –을/ㄹ 건가요? an den Verbstamm von Aktions- und Existenzverben angeschlossen, hier weist sie auf eine Handlung bzw. auf ein Ereignis in der unmittelbaren Zukunft hin (▶ 4 | Tempus und Aspekt).

VS_{KONS}–을 건가요?	VS_{VOK}–ㄹ 건가요?	EV–을 건가요?
먹을 건가요?	탈 건가요?	있을 건가요?

–을/ㄹ 건가요?	*vielleicht / etwa*
저녁에 무엇을 먹을 건가요?	*Was wollen Sie (vielleicht) zu Abend essen?*
택시를 탈 건가요?	*Wollen Sie (etwa) ein Taxi nehmen?*
저녁에 집에 있을 건가요?	*Wollen Sie (etwa) abends zu Hause bleiben?*

9.4 –는데요, –은/ㄴ데요

Die Satzschlussendung –는데요 (bei Aktionsverben) bzw. –은/ㄴ데요 (bei qualitativen Verben) kann verschiedene Bedeutungen haben: 1) Erstaunen über ein unerwartetes Ereignis oder eine Entdeckung, 2) Zustimmung oder Ablehnung in Bezug auf eine Äußerung und 3) Aufforderung zu weiteren Informationen im Sinne von *'ja, eigentlich schon, aber wieso?'* oder *'nein, eigentlich nicht, aber warum?'*.

AV–는데요 und QV–은/ㄴ데요	*Erstaunen / Überraschung*
동생이 정말 예쁜데요.	*Ihre jüngere Schwester ist wirklich hübsch!*
한국말을 정말 잘 하시는데요!	*Sie sprechen aber wirklich gut Koreanisch!*

AV-는데요 und QV-은/ㄴ데요	*Zustimmung / Ablehnung*
A: 오늘은 날씨가 안 춥지요? B: 아니요, 저는 추운데요.	*A: Heute ist es nicht kalt, oder?* *B: Doch, es ist kalt.*
A: 배가 고프지요? B: 예, 배가 많이 고픈데요.	*A: Sie haben sicher Hunger?* *B: Ja, ich habe großen Hunger.*
AV-는데요 und QV-은/ㄴ데요	***Frage nach weiteren Informationen***
A: 오늘 저녁에 시간이 있어요? B: 아니요, 시간이 없는데요.	*A: Haben Sie heute Abend Zeit?* *B: Nein, ich habe keine Zeit, aber (wieso?)*
A: 어제 집에 있었나요? B: 네, 집에 있었는데요.	*A: Waren Sie gestern (vielleicht) zu Hause?* *B: Ja, ich war zu Hause, aber (wieso?)*

Übungen

1 Formulieren Sie die folgenden Fragen mit -는/은/ㄴ가요? um.

Beispiel: 날씨가 좋아요? → 날씨가 좋은가요?

1. 대학생이에요?
2. 한국 친구가 많아요?
3. 기분이 좋지 않아요?
4. 서울은 지금 많이 추워요?
5. 약속 시간이 10시가 아니에요?
6. 지금 집에 계세요?
7. 김치가 많이 매워요?
8. 오늘 컨디션이 안 좋아요?

2 Vervollständigen Sie folgende Fragen mit -을/ㄹ 건가요?

1. A: 내일 학교에 __________(오다)? B: 네, 갈 거예요.
2. A: 연아 씨도 커피를 __________(마시다)? B: 네, 저도 마실 거예요.
3. A: 언제 한국에 __________(가다)? B: 아마 내년에 갈 거예요.
4. A: 어디에서 친구를 __________(만나다)? B: 시내에서 만날 거예요.
5. A: 지금 점심을 __________(먹다)? B: 아니요, 한 시간 후에 먹을 거예요.

3 Vervollständigen Sie die Dialoge mit den gegebenen Verben. Verwenden Sie dabei die Form -는데요 bzw. -은/ㄴ데요. Achten Sie auf die Zeitformen.

바쁘다 · 없다 · 잘 하시다 · 맛있다 · 오다 · 했다

1. A: 같이 저녁 먹을까요? B: 오늘은 시간이 __________.
2. A: 내일 만날 수 있나요? B: 내일은 조금 __________.
3. A: 한국말을 정말 __________! B: 별말씀을요. 감사합니다.
4. A: 어제 제게 전화했어요? B: 아니요. 전화 안 __________.
5. A: 정말 맛있지요? B: 네, 정말 __________!

9.5 -을/ㄹ까요?

Die Satzschlussendung -을/ㄹ까요? wird verwendet, wenn der Sprecher dem Hörer etwas vorschlägt oder nach dessen Meinung fragt. Das Subjekt dieses Satzes ist 내가 'ich (neutral)' oder 제가 'ich (bescheiden)' und kann ausgelassen werden, wenn der Kontext eindeutig ist. Dies kann im Deutschen etwa mit *'Soll ich ...'* übersetzt werden.

-을/ㄹ까요?	*Soll ich ...?*
(제가) 문을 닫을까요?	*Soll ich die Tür zumachen?*
내일 언제 전화할까요?	*Wann soll ich morgen anrufen?*
무슨 선물을 살까요?	*Welches Geschenk soll ich kaufen?*

Die Satzschlussendung -을/ㄹ까요? wird ebenfalls verwendet, wenn der Sprecher dem Hörer vorschlägt, etwas gemeinsam zu unternehmen. Im Deutschen kann dies mit *'Sollen wir ...?'* übersetzt werden.

-을/ㄹ까요?	*Sollen wir ...?*
언제 만날까요?	*Wann sollen wir uns treffen?*
오늘 같이 저녁을 먹을까요?	*Sollen wir heute zusammen zu Abend essen?*
무슨 영화를 볼까요?	*Welchen Film sollen wir uns anschauen?*

Die Satzschlussendung -을/ㄹ까요? kann in den meisten Fällen durch das Hilfsverb 주다 'geben (von oben nach unten)' bzw. das honorative Hilfsverb 드리다 'geben (von unten nach oben)' an die Anschlussform -아/어 erweitert werden (▶ 6 | Hilfsverbkonstruktionen). Diese Erweiterungen werden häufig in Dienstleistungssituationen verwendet, z.B. zwischen Bedienung und Gast oder zwischen Verkäufer und Kunde.

-아/어 줄까요? / 드릴까요?	*Darf ich ...? / Soll ich ...?*
맵게 해 줄까요?	*Soll ich das Essen für Sie scharf machen?*
제가 도와 드릴까요?	*Darf ich Ihnen behilflich sein?*
소주 몇 병 드릴까요?	*Wie viele Flaschen Soju darf ich Ihnen bringen?*

9.6 -을/ㄹ래요

Die Satzschlussendung -을/ㄹ래요 wird zum Ausdruck einer Absicht, Vorliebe oder eines Wunsches in der 1. Person (Aussagesatz) und in der 2. Person (Fragesatz) gebraucht. Sie kommt nicht in der 3. Person vor. Auf die Frage mit der Form -을/ㄹ래요? antwortet man häufig mit -을/ㄹ래요.

-을/ㄹ래요	*Vorliebe und Wunsch*
A: 무엇을 드실래요? B: 김치 찌개를 먹을래요.	*A: Was möchten Sie essen?* *B: Ich möchte Kimchi-Suppe essen.*
A: 무슨 영화를 볼래요? B: 액션 영화를 볼래요.	*A: Welchen Film möchten Sie anschauen?* *B: Ich möchte einen Action-Film anschauen.*

Die Satzschlussendung -을/ㄹ래요 kann im gleichen Sinne durch die Langform der Negation -지 않을래요 und die Kurzform der Negation 안 + -을/ㄹ래요? ersetzt werden.

-을/ㄹ래요 + Negation	*Möchten Sie nicht zusammen ...?*
등산을 함께 가지 않을래요?	*Möchten Sie nicht mit mir zusammen wandern gehen?*
오늘 백화점에 안 갈래요?	*Möchten Sie heute nicht mit mir zusammen ins Kaufhaus gehen?*

Übungen

❶ Vervollständigen Sie die Dialoge mit den gegebenen Verben. Verwenden Sie dabei die Form -을/ㄹ까요?

타다 · 만들다 · 보다 · 입다 · 닫다 · 도와 드리다

1. A: 오늘 독일에서 친구가 와요. 무슨 음식을 __________?
   B: 불고기를 만드세요. 외국 사람들도 불고기를 좋아해요.
2. A: 이번 주말에 시간 어때요? 영화 보러 __________?
   B: 좋아요. 어떤 영화를 __________?
3. A: 서울에 가요. 고속 버스를 __________, 기차를 __________?
   B: 기차를 타고 가세요.
4. A: 친구가 오늘 결혼해요. 무슨 옷을 __________?
   B: 정장을 입으세요.
5. A: 주말에 이사를 하세요? 제가 __________?
   B: 정말 고마워요.
6. A: 방이 조금 춥네요.
   B: 아, 그래요? 그럼 창문을 __________?

❷ Vervollständigen Sie die Dialoge mit -을/ㄹ래요.

1. A: 무슨 차를 __________(드시다)? B: 저는 녹차를 __________(마시다).
2. A: 같이 산책 __________(안 하다)? B: 저는 집에 __________(있다).
3. A: 연아 씨는 뭘 __________(드시다)? B: 저는 비빔밥을 __________(먹다).
4. A: 같이 커피 한 잔 __________(하시다)? B: 네, 좋아요.
5. A: 무슨 영화를 __________(보시다)? B: 액션 영화를 __________(보다).

10 Adverbien

Im Koreanischen stehen Adverbien vor einem (Aktions- bzw. Qualitativ-)Verb oder vor einem anderen Adverb und bestimmen dieses näher. Adverbien dienen auch dazu, Sätze einzuleiten (▶ 26 | Konjunktionale Adverbien). Sie können nach ihrer Bedeutung in folgende Arten unterteilt werden.

Art der Adverbien	Beispiele
Temporaladverbien	지금 *jetzt,* 방금 *gerade,* 어제 *gestern,* 오늘 *heute,* 내일 *morgen,* 모레 *übermorgen,* 아직 *noch,* 이미/벌써 *schon*
Häufigkeitsadverbien	늘/항상 *immer,* 자주 *häufig,* 가끔/종종 *manchmal,* 때때로 *ab und zu,* 별로 *selten,* 거의 *kaum,* 전혀 *nie*
Grad- und Steigerungs-adverbien	꽤/상당히 *ziemlich,* 아주/매우 *sehr,* 너무 *zu,* 조금 *ein bisschen,* 훨씬 *erheblich,* 더 *mehr,* 덜 *weniger,*가장/제일 *höchst*
Modaladverbien	아마/혹시 *vielleicht,* 정말 *wirklich,* 잘 *gut,* 바로 *direkt,* 똑바로 *gerade,* 꼭 *unbedingt,* 좀 *bitte/ein wenig*

10.1 Temporaladverbien

Temporaladverbien geben an, wann etwas geschieht bzw. wann ein Zustand eintritt. Im Koreanischen können Temporaladverbien nicht nur als Zeitadverbien, sondern auch als Zeitnomen verwendet werden. Hinter temporalen Adverbien wie 어제 'gestern', 오늘 'heute', 내일 'morgen', 모레 'übermorgen' und 지금 'jetzt' können in diesen Fällen die Nominativpartikel 이/가 oder die Topikpartikel 은/는 stehen.

Zeitnomen	Beispiele	
어제 + 가	어제가 수요일이었어요.	*Gestern war Mittwoch.*
오늘 + 이	오늘이 제 생일이에요.	*Heute ist mein Geburtstag.*
지금 + 은	지금은 10 시예요.	*Jetzt ist es 10 Uhr.*

아직 'noch', 이미 'bereits' und 벌써 'schon'

Das Adverb 아직 wird in zwei Bedeutungen verwendet, a) es drückt aus, dass ein Zustand oder eine Handlung weiterhin anhält, b) in Verbindung mit einem negierten Verb drückt es aus, dass ein Zustand oder eine Handlung noch nicht eingetreten ist oder stattgefunden hat. Das Adverb 아직 kann durch das Einfügen der Partikel 도 verstärkt werden, im Sinne von 'immer noch' bzw. 'immer noch nicht'.

아직 / 아직도	*noch / immer noch*
수미는 아직 학교에 있어요.	*Sumi ist noch in der Schule.*
저는 아직 대학생이에요.	*Ich bin noch Student/in.*
한국은 아직도 많이 더워요.	*In Korea ist es immer noch sehr heiß.*
아직 + negiertes Verb	***noch nicht / immer noch nicht***
아직 배가 안 고파요.	*Ich habe noch keinen Hunger.*
영화가 아직도 시작하지 않았어요.	*Der Film hat immer noch nicht begonnen.*

Die Temporaladverbien 이미 und 벌써 'schon' / 'bereits' sind meist austauschbar. Das Adverb 벌써 wird darüber hinaus in rhetorischen Fragen verwendet, um eine Überraschung darüber auszudrücken, dass etwas früher als vom Sprecher erwartet geschehen ist.

이미 und 벌써	*schon / bereits*
저녁을 이미/벌써 먹었어요.	*Ich habe schon / bereits zu Abend gegessen.*
점심을 벌써 먹었어요?	*Haben Sie jetzt schon zu Mittag gegessen?*

10.2 Häufigkeitsadverbien

Häufigkeitsadverbien geben an, wie häufig Handlungen ausgeführt werden oder Zustände bestehen. In der folgenden Tabelle werden die Häufigkeitsadverbien nach dem absteigenden Grad der Häufigkeit angeordnet. Die Häufigkeitsadverbien 별로 'selten', 거의 'kaum' / 'fast nie' und 전혀 'nie' können nur zusammen mit negierten Verben verwendet werden.

immer	häufig / oft	manchmal	ab und zu / gelegentlich
항상 / 늘	자주	가끔 / 종종	때때로
selten	**kaum / fast nie**	**nie**	
별로 + Negation	거의 + Negation	전혀 + Negation	

Beispiele	
항상/늘 커피를 마셔요.	*Ich trinke immer Kaffee.*
자주 커피를 마셔요.	*Ich trinke oft Kaffee.*
가끔/종종 커피를 마셔요.	*Ich trinke manchmal Kaffee.*
때때로 커피를 마셔요.	*Ich trinke ab und zu Kaffee.*
별로 커피를 안 마셔요.	*Ich trinke selten Kaffee.*
거의 커피를 안 마셔요.	*Ich trinke fast nie Kaffee.*
전혀 커피를 안 마셔요.	*Ich trinke nie Kaffee.*

10.3 Steigerungsadverbien 더 und 덜

Die Steigerungsadverbien 더 'mehr' und 덜 'weniger' folgen beim Komparativ unmittelbar der Vergleichspartikel 보다. Der Gebrauch von 덜 ist bei einem mit 보다 eingeleiteten Komparativsatz obligatorisch, während der Gebrauch von 더 fakultativ ist (▶ 14.6 | Komparativpartikeln). Vor den Adverbien 더 und 덜 kann zur Verstärkung des Vergleichs jeweils das Gradadverb 훨씬 'viel' / 'erheblich' stehen.

Nomen + Vergleichspartikel	Steigerungsadverbien	
Nomen + 보다	훨씬 더 *viel mehr*	훨씬 덜 *viel weniger*

더 und 훨씬 더 (fakultativ)	*mehr / viel mehr*
기차가 버스보다 (더) 빨라요.	*Der Zug ist schneller als der Bus.*
기차가 버스보다 훨씬 (더) 빨라요.	*Der Zug ist viel schneller als der Bus.*
덜 und 훨씬 덜 (obligatorisch)	***weniger / viel weniger***
오늘이 어제보다 덜 추워요.	*Heute ist es weniger kalt als gestern.*
오늘이 어제보다 훨씬 덜 추워요.	*Heute ist es viel weniger kalt als gestern.*

Die Steigerungsadverbien 가장 und 제일 'äußerst' / 'höchst' dienen zur Bildung des Superlativs. Sie sind in vielen Kontexten miteinander austauschbar. Der Bezug des Superlativs auf eine Gruppe von Personen oder eine Klasse von Dingen kann durch die Hinzufügung einer lokativen Nominalphrase N + 중에(서) mit der Bedeutung 'von/unter uns' oder 'von/unter allen X' konkretisiert werden.

N + 중에(서) 가장/제일	Superlativ
우리 중에(서) 수미가 가장 키가 커요.	*Sumi ist am größten von uns.*
과일 중에(서) 사과를 제일 좋아해요.	*Von allen Obstsorten mag ich Äpfel am liebsten.*

10.4 Modaladverbien

Modaladverbien geben an, wie oder auf welche Art und Weise etwas ist oder geschieht. Folgende geläufige Modaladverbien haben je nach Verwendungskontext verschiedene Bedeutungen.

Modaladverb 잘		Bedeutung
매운 음식도 잘 먹어요.	*Ich esse auch gerne scharfes Essen.*	*gerne*
집에 잘 도착했어요.	*Ich bin gut zu Hause angekommen.*	*gut*
잘 모르겠어요.	*Ich weiß es nicht genau.*	*genau*

Modaladverb 좀		Bedeutung
소금 좀 주시겠어요?	*Können Sie mir bitte das Salz geben?*	*bitte*
오늘 좀 많이 먹었어요.	*Ich habe heute etwas mehr gegessen.*	*etwas*
Modaladverb 바로		**Bedeutung**
바로 그것이 문제예요.	*Genau das ist das Problem!*	*genau*
그가 바로 제 앞에 있어요.	*Er ist direkt vor mir.*	*direkt*
바로 전화해 주세요.	*Rufen Sie mich bitte sofort an!*	*sofort*
Modaladverb 똑바로		**Bedeutung**
똑바로 앉으세요.	*Sitzen Sie bitte gerade!*	*gerade*
똑바로 보세요.	*Gucken Sie sich das bitte genau an!*	*genau*
똑바로 말하세요.	*Sagen Sie es bitte ehrlich!*	*ehrlich*

Übungen

❶ Übersetzen Sie die Sätze ins Koreanische (informell-höfliche SPS). Verwenden Sie dabei die in Klammern angegebenen Partikeln.

1. Heute ist der 23. September. (은/는)
2. Morgen ist mein Geburtstag. (이/가)
3. Übermorgen ist Donnerstag. (이/가)
4. Jetzt ist es 12 Uhr 45. (은/는)

❷ Setzen Sie die richtigen Temporaladverbien 아직 oder 벌써 ein.

1. 저는 ______ 한국말을 잘 못해요.
2. 소포가 ______ 도착했어요?
3. 부산에 ______ 못 가 봤어요.
4. 그 책을 ______ 다 읽었어요?
5. 이메일을 ______ 못 받았어요?
6. 저는 그 영화를 ______ 못 봤어요.

❸ Ordnen Sie die folgenden Sätze nach dem aufsteigenden Grad der Häufigkeit.

1. 전혀 운동을 안 해요.
2. 자주 운동을 해요.
3. 거의 운동을 안 해요.
4. 가끔 운동을 해요.
5. 늘 운동을 해요.
6. 운동을 별로 안 해요.

❹ Setzen Sie die passenden Adverbien ein und übersetzen Sie die Sätze ins Deutsche.

이미 훨씬 더 바로 덜 가장/제일 잘 좀 똑바로

1. 수미는 불고기를 아주 ________ 만들어요.
2. 소주보다 맥주를 ________ 좋아해요.
3. 사진 ________ 찍어 주시겠어요?
4. 기차가 ________ 출발했어요.
5. 오늘은 어제보다 손님이 ________ 왔어요.
6. 서점 ________ 옆에 커피숍이 있어요.
7. 계절 중에서 가을을 ________ 좋아해요.
8. ________ 서세요.

11 Formalnomen

Es gibt im Koreanischen zwei Arten von Nomen: a) freistehende Nomen und b) gebundene Nomen. Die meisten Nomen sind sogenannte freistehende Nomen, die alleine in einem Satz vorkommen können. Hierzu gehören auch Eigennamen, Personalpronomen und Numeralia. Die gebundenen Nomen können dagegen nicht alleine im Satz stehen, da sie immer direkt von einem anderen Nomen abhängen. Hierzu gehören z.B. Formalnomen, Demonstrativpronomen und Numeralklassifikatoren (▶ 20 | Numeralklassifikatoren).

Den Formalnomen stehen fast immer Partizipialformen eines Verbs voran, die die Bedeutung der Aussage, in der das Formalnomen auftritt, modifizieren. Die Partizipialform kann im Futur, im Präsens und im Präteritum stehen (▶ 5 | Partizipialformen). Es gibt jedoch auch Formalnomen, die an freistehende Nomen angehängt werden. Die Tabelle zeigt die geläufigsten Formalnomen.

Formalnomen	Partizipialform + Formalnomen + Verb	
적 *Erfahrung*	VS-은/ㄴ 적이 있다/없다	
수 *Möglichkeit*	VS-을/ㄹ 수 있다/없다	
줄 *Methode*	VS-을/ㄹ 줄 알다/모르다	VS-은/ㄴ 줄 알다/모르다
것 *Ding / Sache*	VS-을/ㄹ 것이다	VS-은/ㄴ 것이다
것 *Ding / Sache*	VS-을/ㄹ 것 같다	VS-은/ㄴ 것 같다
중 *Mitte*	VS-는 중이다	

Nomen + Formalnomen	Nomen + Formalnomen	Nomen + Formalnomen
Nomen + 때 *Zeit*	Nomen + 동안 *während*	Nomen + 중 *Mitte*

11.1 VS-은/ㄴ 적이 있다 und VS-은/ㄴ 적이 없다

Das Formalnomen 적 hat die Grundbedeutung 'Erfahrung' / 'Erlebnis' oder 'Ereignis'. Die Konstruktion VS-은/ㄴ 적이 있다 drückt eine Erfahrung bzw. ein Erlebnis in der Vergangenheit aus und kann mit: *'Ich habe schon einmal erfahren/erlebt, dass ...'* übersetzt werden. Dementsprechend drückt die negative Form VS-은/ㄴ 적이 없다 das Fehlen einer bestimmten Erfahrung bzw. eines bestimmten Erlebnisses aus und kann mit *'Ich habe noch nie erlebt, dass ...'* bzw. *'Ich habe X noch nie gemacht'* übersetzt werden.

VS-은/ㄴ 적이 있다/없다	*Erfahrung in der Vergangenheit*
그 책을 읽은 적이 있어요.	*Ich habe das Buch schon mal gelesen.*
일본에 간 적이 있어요?	*Sind Sie schon mal in Japan gewesen?*

Die Konstruktion VS-은/ㄴ 적이 있다/없다 wird häufig durch die Hilfsverbkonstruktion -아/어 보다 'probieren' bzw. 'versuchen' erweitert: VS-아/어 본 적이 있다/없다 (▶ 6 | Hilfsverbkonstruktionen).

VS-아/어 본 적이 있다/없다	*Erfahrung in der Vergangenheit*
제주도에 가 본 적이 있어요?	*Waren Sie schon mal auf der Insel Jeju?*
김치를 만들어 본 적이 있어요.	*Ich habe schon mal versucht, Kimchi zu machen.*
소주를 마셔 본 적이 없어요.	*Ich habe noch nie Soju probiert.*

11.2 VS-을/ㄹ 수 있다 und VS-을/ㄹ 수 없다

Die Konstruktion VS-을/ㄹ 수 있다/없다 setzt sich aus dem Partizip Futur, dem Formalnomen 수 'Möglichkeit' / 'Fähigkeit' und dem Existenzverb 있다 bzw. 없다 zusammen. Während die Konstruktion in der bejahten Form VS-을/ㄹ 수 있다 sowohl Möglichkeit als auch Fähigkeit ausdrücken kann, bezeichnet ihre verneinte Form VS-을/ㄹ 수 없다 nur das Fehlen einer Möglichkeit. Der Mangel einer Fähigkeit wird mit dem Negationsadverb 못 ausgedrückt (▶ 7.3 | Modalität).

VS-을/ㄹ 수 있다 *Fähigkeit*	못 + Verb *Unfähigkeit*
기타를 칠 수 있어요. *Ich kann Gitarre spielen.*	기타를 못 쳐요. *Ich kann nicht Gitarre spielen.*
VS-을/ㄹ 수 있다 *Möglichkeit*	**VS-을/ㄹ 수 없다 *Unmöglichkeit***
오늘 수미를 만날 수 있어요. *Ich kann Sumi heute treffen.*	시간이 없어서 오늘 수미를 만날 수 없어요. *Ich kann Sumi heute nicht treffen, weil ich keine Zeit habe.*

11.3 VS-을/ㄹ 줄 알다 und VS-을/ㄹ 줄 모르다

Die Konstruktion VS-을/ㄹ 줄 알다/모르다 bedeutet wörtlich *'wissen / 'nicht wissen, wie man etwas tut'* und drückt Fähigkeit oder Unfähigkeit aus, wenn sich die Konstruktion auf das Subjekt der Handlung bezieht (▶ 7.3 | Modalität).

VS-을/ㄹ 줄 알다	*Fähigkeit*
운전을 할 줄 알아요.	*Ich kann Auto fahren.*
골프를 칠 줄 알아요?	*Können Sie Golf spielen?*
VS-을/ㄹ 줄 모르다	***Unfähigkeit***
한자를 읽을 줄 몰라요.	*Ich kann kein Hancha lesen.*
수미는 수영할 줄 몰라요.	*Sumi kann nicht schwimmen.*

Bezieht sich die Konstruktion nicht auf das Subjekt, das die Handlung ausführt, ändert sich die Bedeutung. Die bejahende Form VS-을/ㄹ 줄 알다 und die entsprechende negative Form VS-을/ㄹ 줄 모르다 drücken dann eine Annahme bzw. eine positive oder negative Erwartung des Sprechers aus. Hierzu gibt es zwei verschiedene Übersetzungsmöglichkeiten: 1) *'wissen / nicht wissen, dass es so ist/war'*; 2) *'Es ist nicht davon auszugehen / nicht damit zu rechnen, dass es so ist/war'*. In diesem Sinne wird die Konstruktion mit dem Formalnomen VS-을/ㄹ 줄 알다/모르다 fast ausschließlich mit dem Präteritum VS-을/ㄹ 줄 알았다/몰랐다 verwendet.

VS-을/ㄹ 줄 알았다/몰랐다	*Annahme / Erwartung*
(나는) 민수 씨가 한국에 갈 줄 알았어요.	*Ich habe mir schon gedacht, dass Minsu nach Korea fliegen wird.*
(나는) 수미가 시험에 붙을 줄 알았어요.	*Ich habe damit gerechnet, dass Sumi die Prüfung besteht.*
(나는) 이 레스토랑이 이렇게 비쌀 줄 몰랐어요.	*Ich habe/hätte nicht damit gerechnet, dass dieses Restaurant so teuer ist.*

Zum Ausdruck einer Erwartung, Annahme oder Vermutung kann das Formalnomen 줄 auch mit unterschiedlichen Partizipialformen verwendet werden: z.B. mit dem Partizip Präteritum -은/ㄴ bei Aktionsverben, mit dem Partizip Präsens -은/ㄴ bei qualitativen Verben und mit -ㄴ bei der Kopula 이다 (▶ 5 | Partizipialformen).

VS-은/ㄴ 줄 알았다/몰랐다	*Erwartung / Annahme / Vermutung*
(나는) 민수가 한국에 간 줄 알았어요.	*Ich habe mir schon gedacht, dass Minsu nach Korea gefahren ist.*
(나는) 독일의 겨울이 이렇게 추운 줄 몰랐어요.	*Ich habe/hätte nicht gedacht, dass der deutsche Winter so kalt ist.*

N + 인 줄 알았다/몰랐다	*Erwartung / Annahme / Vermutung*
오늘이 수미 씨 생일인 줄 알았어요.	*Ich habe mir gedacht, dass Sumi heute Geburtstag hat.*
사라 씨가 독일 사람인 줄 몰랐어요.	*Ich habe/hatte nicht damit gerechnet, dass Sara Deutsche ist.*

Die Konstruktion N + 인 줄 알다/모르다 mit der Kopula 이다 kann in der Bedeutung *'etwas wissen'* / *'etwas nicht wissen'* verwendet werden.

N + 인 줄 알았다/몰랐다	*etwas wissen / etwas nicht wissen*
그가 교수인 줄 알았어요.	*Ich wusste, dass er Professor ist.*
이 건물이 은행인 줄 몰랐어요.	*Ich wusste nicht, dass dieses Gebäude eine Bank ist.*

Übungen

❶ Bilden Sie Sätze mit der Konstruktion VS–아/어 본 적이 있다.

Beispiel: 제주도에 가다 → 제주도에 가 본 적이 있어요.

1. 유럽 배낭 여행을 하다 → ______________________.
2. 태권도를 배우다 → ______________________.
3. 불고기를 먹다 → ______________________.
4. 독일 맥주를 마시다 → ______________________.
5. 베를린에 가다 → ______________________.

❷ Bilden Sie Sätze mit –을/ㄹ 수 있다 und übersetzen Sie diese ins Deutsche.

Beispiel: 독일말 – 하다 → 독일말을 할 수 있어요. *Ich kann Deutsch sprechen.*

1. 한글로 – 이름을 쓰다
2. 테니스 – 치다
3. 비빔밥 – 만들다
4. 한국어와 중국어 – 하다

❸ Bilden Sie Fragesätze mit –을/ㄹ 줄 알다 und übersetzen Sie diese ins Deutsche.

Beispiel: 한국말 – 하다 → 한국말을 할 줄 알아요? *Können Sie Koreanisch sprechen?*

1. 한자 – 읽다
2. 운전 – 하다
3. 매운 음식 – 먹다
4. 한국 노래 – 부르다

❹ Geben Sie Antworten auf die Fragen aus der Übung 3 mit –을/ㄹ 줄 모르다.

❺ Beantworten Sie folgende Fragen mit –을/ㄹ 줄 모르다 und übersetzen Sie die Antworten ins Deutsche.

Beispiel: 사라씨, 불고기가 맛있어요? → 네, 불고기가 이렇게 맛있을 줄 몰랐어요.
Ja, ich habe nicht gedacht, dass Bulgogi so lecker schmeckt.

1. 율리아 씨, 한국 지하철이 편해요? → ______________________.
2. 다니엘 씨, 한국말이 어려워요? → ______________________.
3. 민수 씨, 태권도가 재미있어요? → ______________________.
4. 은주 씨, 한국 여름 날씨가 덥지요? → ______________________.

❻ Bilden Sie Sätze mit –줄 알았다/몰랐다. Verwenden Sie das Partizip Präsens der Kopula 이다.

Beispiel: 사라 씨 – 독일 사람 → 사라 씨가 독일 사람인 줄 몰랐어요/알았어요.

1. 연아 씨 –한국어 선생님 (알았다) → ______________________.
2. 저 건물 – 대학 도서관 (몰랐다) → ______________________.
3. 막스 씨 전공 – 한국학 (알았다) → ______________________.
4. 여기 – 수정 씨 집 (몰랐다) → ______________________.
5. 오늘이 – 동생 생일 (몰랐다) → ______________________.

11.4 VS-을/ㄹ 것이다, VS-는 것이다, VS-은/ㄴ 것이다

Die Konstruktion VS-을/ㄹ 것이다 bezeichnet eine zukünftige Handlung, einen Plan, eine Wahrscheinlichkeit oder bezieht sich auf eine Vorhersage (▶ 4.4 | Futur).

VS-을/ㄹ 거다	*zukünftige Handlung / Plan*
내일 출장을 갈 거예요.	*Morgen werde ich eine Geschäftsreise machen.*
내일 집에 있을 거예요.	*Morgen werde ich zu Hause bleiben.*
VS-을/ㄹ 거다	***Vermutung / Vorhersage***
오늘 밤에 추울 겁니다.	*Heute Nacht wird es wohl kalt werden.*
올 여름은 아주 더울 겁니다.	*Dieser Sommer wird sehr heiß.*

Die Konstruktion VS-는 것이다 oder VS-은/ㄴ 것이다 setzt sich aus dem Formalnomen 것 'Ding'/'Sache' und der Kopula 이다 zusammen. Sie bedeutet bei Aktionsverben wörtlich *'Es ist eine Tatsache, dass ...'* und bei qualitativen Verben *'Es ist eine X Sache'*. Das Formalnomen 것 kann sowohl mit dem Partizip Präteritum -은/ㄴ als auch mit dem Partizip Präsens -는 bei Aktionsverben und dem Partizip Präsens -은/ㄴ bei qualitativen Verben verschiedene Zeitformen bilden.

Präsens		Präteritum
AV + -는 + 것이다	QV + -은/ㄴ + 것이다	AV + -은/ㄴ + 것이다
여행하는 것이다	좋은 것이다	읽은 것이다

Infinitiv	Beispiele	
여행하다	제 취미는 여행하는 거예요.	*Mein Hobby ist Reisen.*
읽다	그 책은 저도 읽은 겁니다.	*Das Buch habe ich auch gelesen.*
좋다	이 컴퓨터는 좋은 거예요.	*Das ist ein guter Computer.*

11.5 VS-는 것 같다, VS-은/ㄴ 것 같다, VS-을/ㄹ 것 같다

Steht das Formalnomen 것 'Ding' in Verbindung mit dem Hilfsverb 같다 'scheinen', drückt es den Anschein oder eine Vermutung aus. Dabei kann das Formalnomen 것 durch unterschiedliche Partizipialformen modifiziert werden.

Aktionsverben		*Anschein / Vermutung*
VS-는 것 같다	비가 오는 것 같아요.	*Es scheint gerade zu regnen.*
VS-은/ㄴ 것 같다	비가 온 것 같아요.	*Es scheint geregnet zu haben.*
VS-을/ㄹ 것 같다	비가 올 것 같아요.	*Es sieht nach Regen aus.*

Qualitative Verben		*Anschein / Vermutung*
VS-은/ㄴ 것 같다	기분이 좋은 것 같아요.	*Er hat anscheinend gute Laune.*
VS-은/ㄴ 것 같다	수미가 아픈 것 같아요.	*Sumi scheint krank zu sein.*
VS-을/ㄹ 것 같다	정말 맛있을 것 같아요.	*Es scheint wirklich lecker zu sein.*

11.6 VS-는 중이다

Die Konstruktion VS-는 중이다 setzt sich aus dem Formalnomen 중 'Mitte' und der Kopula 이다 zusammen und bedeutet wörtlich *'Ich bin mittendrin, X zu tun'*. Sie wird nur in Kombination mit Aktionsverben verwendet und ist gleichbedeutend mit der Verlaufsform (Progressiv) VS-고 있다 (▶ 4 | Tempus und Aspekt).

VS-는 중이다 (← VS-고 있다)	*Verlauf einer Handlung*
책을 읽는 중이에요. (← 책을 읽고 있어요.)	*Ich bin dabei, das Buch zu lesen.*
샤워하는 중이에요. (← 샤워하고 있어요.)	*Er ist gerade unter der Dusche.*

11.7 Nomen + 때, Nomen + 동안, Nomen + 중

Das Formalnomen 때 hat die Bedeutung 'Zeit' und bezeichnet mit vorangehenden freistehenden Nomen einen Zeitpunkt bzw. einen Zeitraum. Das Formalnomen 동안 'während' bezeichnet mit einem vorangehenden Nomen eine Zeitdauer.

Nomen + 때	*Zeitpunkt / Zeitraum*
점심 때 만나요.	*Treffen wir uns zur Mittagszeit!*
크리스마스 때 한국에 가요.	*Zu Weihnachten fahre ich nach Korea.*
Nomen + 동안	***Zeitdauer***
방학 동안 일해야 해요.	*Ich muss in den Ferien arbeiten.*
3 년 동안 한국에서 살았어요.	*Ich habe drei Jahre in Korea gelebt.*

Das Formalnomen 중 'Mitte' bezeichnet mit einem vorangehenden (aus dem Chinesischen entlehnten) Nomen eine gerade ablaufende Handlung.

Nomen + 중	*gerade ablaufende Handlung*
민수 씨는 지금 식사 중이에요.	*Minsu isst gerade.*
사장님은 지금 출장 중이세요.	*Der Chef ist gerade auf Geschäftsreise.*

Übungen

❶ Bilden Sie mit den passenden Verben Sätze mit –을/ㄹ 겁니다.

좋다 만나다 만들다 알다 가다

1. 내일 점심에 친구를 ______________.
2. 오늘 저녁에는 스파게티를 ______________.
3. 내년에 한국으로 어학 연수를 ______________.
4. 주말에 날씨가 아주 ______________.
5. 수진 씨가 민수 씨를 잘 ______________.

❷ Setzen Sie die passende Partizipialform ein.

1. 이 영화는 저도 이미 ________ 거예요. a. 보는 b. 본
2. 제 취미는 우표를 ________ 거예요. a. 모은 b. 모으는
3. 이 차는 건강에 아주 ________ 거예요. a. 좋은 b. 좋을
4. 이 사진은 휴가 때 ________ 거예요. a. 찍을 b. 찍은
5. 이 책은 어제 ________ 거예요. a. 빌린 b. 빌리는

❸ Vervollständigen Sie die Sätze mit VS–을/ㄹ 것 같아요 oder VS–은/ㄴ 것 같아요.

1. 수미 씨가 요즘 회사에서 아주 ______________(바쁘다).
2. 내일은 날씨가 많이 ______________(춥다).
3. 선영 씨, 우리 이 영화를 볼까요? 정말 ______________(재미있다).
4. 민수 씨가 어제 술을 많이 ______________(마시다).
5. 사라 씨가 많이 ______________(아프다). 오늘 학교에 못 왔어요.

❹ Formen Sie die Sätze um. Verwenden Sie das Formalnomen 중.

Beispiel: 친구와 전화하고 있어요. → 친구와 전화하는 중이에요.

1. 버스을 기다리고 있어요. → ______________________.
2. 대학교에 다니고 있어요. → ______________________.
3. 점심을 먹고 있어요. → ______________________.
4. 부엌에서 요리하고 있어요. → ______________________.

❺ Setzen Sie passende Formalnomen ein: 것, 때, 수, 중, 줄, 동안.

1. 방학 _____ 제주도로 휴가를 갔어요.
2. 저녁에 비가 올 _____ 같아요.
3. 민수 씨는 지금 출장 _____이에요.
4. 한 달 _____ 유럽으로 여행을 가요.
5. 한자로도 이름을 쓸 _____ 있어요.
6. 오늘이 시험인 _____ 몰랐어요.

12 Verbalnomen

Im Koreanischen können wie im Deutschen Nomen aus Verben gebildet werden (essen → das Essen). Sie werden durch Anfügen des Nominalisierungssuffixes –기 oder –음/ㅁ an den Verbstamm aller vier Verbarten gebildet. Während –기 mit allen Verben verbunden werden kann, ist der Gebrauch von –음/ㅁ eingeschränkt. Manche Verben können mit beiden Suffixen gebraucht werden.

VS + –기	VS_{KONS} + –음 / VS_{VOK} + –ㅁ	Bedeutung
먹다 + –기 → 먹기	먹다 + –음 → 먹음	*das Essen*
기쁘다 + –기 → 기쁘기	기쁘다 + –음 → 기쁨	*die Freude*
있다 + –기 → 있기	있다 + –음 → 있음	*das Vorhandensein*
남자이다 + –기 → 남자이기	남자이다 + –ㅁ → 남자임	*das Mannsein*

12.1 Verbalnomen auf –기

Das am häufigsten verwendete Nominalisierungssuffix –기 kann an alle Verbarten, Zeitformen und das Honorativsuffix –(으)시 angehängt werden.

Infinitiv	Präsens	Präteritum	Futur	honorativ
가다 *gehen*	가기	갔기	가겠기	가시기
읽다 *lesen*	읽기	읽었기	읽겠기	읽으시기

Bei mit dem Nominalisierungssuffix –기 gebildeten Verbalnomen bleibt der ursprüngliche Bedeutungscharakter der Verbart (Handlung oder Zustand) erhalten. Die mit –기 gebildeten Verbalnomen können mit Kasuspartikeln kombiniert werden.

Verbalnomen auf –기	Übersetzung
사진찍기가 제 취미입니다.	*Fotografieren ist mein Hobby.*
저는 여행하기를 좋아합니다.	*Ich mag Reisen.*

Das Verbalnomen –기 kann in Sprichwörtern, Verboten, Anweisungen oder auf Schildern als vollständige Aussage ohne Verb verwendet werden.

Infinitiv	Beispiele	
지키다 *halten*	질서 지키기	*Ordnung halten!*
들어가다 *betreten*	잔디에 들어가지 말기	*Rasen betreten verboten!*
주차하다 *parken*	주차하지 말기	*Parken verboten!*

12.2 Verbalnomen auf –음/ㅁ

Das Verbalnomen –음/ㅁ kann an alle Zeitformen und an das Honorativsuffix –(으)시 angehängt werden.

Infinitiv	Präsens	Präteritum	Futur	Honorativ
가다 *gehen*	감	갔음	가겠음	가심
먹다 *essen*	먹음	먹었음	먹겠음	드심

Im Vergleich zu –기 wird bei –음 das Ergebnis der durch das Verb ausgedrückten Handlung stärker hervorgehoben. Deshalb wird das Verbalnomen –음/ㅁ häufig mit dem Präteritum verwendet, um bereits geschehene Ereignisse und bekannte Tatsachen auszudrücken. In diesem Sinne kann es aber auch im Präsens verwendet werden. Es kann ohne Verb als abgekürzter Satz (z.B. als Notiz) stehen.

Verbalnomen auf –음/ㅁ	Übersetzung
집에 안 감 / 집에 안 갔음	*Nicht nach Hause gegangen. (Notiz)*
점심 먹음 / 점심 먹었음	*Mittag gegessen. (Notiz)*
행복함을 느꼈어요.	*Ich hatte ein Glücksgefühl.*
우리가 결혼했음을 알립시다.	*Lass uns allen sagen, dass wir geheiratet haben.*

Im Vergleich zu den mit –기 gebildeten Verbalnomen haben die mit –음 gebildeten Verbalnomen meistens eine abstraktere Bedeutung.

Infinitiv	Verbalnomen auf –기	Verbalnomen auf –음/ㅁ
살다 *leben*	살다 + –기 → 살기 *das Leben*	살다 + –ㅁ → 삶 *das Leben*
죽다 *sterben*	죽다 + –기 → 죽기 *das Sterben*	죽다 + –음 → 죽음 *der Tod*
믿다 *glauben*	믿다 + –기 → 믿기 *das Glauben*	믿다 + –음 → 믿음 *der Glaube*

Verbalnomen auf –기	Übersetzung
독일에서 살기가 힘들어요.	*Das Leben in Deutschland ist schwer.*
죽기가 무서워요.	*Ich habe Angst vor dem Sterben.*
그의 말을 믿기가 어려워요.	*Es fällt mir schwer, seine Worte zu glauben.*

Verbalnomen auf –음/ㅁ	Übersetzung
삶이란 무엇인가?	*Was ist das Leben?*
삶과 죽음은 하나이다.	*Leben und Tod sind eins.*
믿음이란 무엇인가?	*Was ist der Glaube?*

Das Verbalnomen -음/ㅁ kann in Ankündigungen, Bekanntmachungen, Berichten und Anzeigen als vollständige Aussage ohne Verb verwendet werden.

Infinitiv	Beispiele	
열다 *öffnen*	영화 축제가 열림	*Filmfestival eröffnet*
구하다 *suchen*	직원 구함	*Mitarbeiter gesucht!*
있다 *existieren*	방 있음	*Zimmer frei!*

12.3 Feststehende Ausdrücke mit dem Verbalnomen auf -기

VS-기(가) 어렵다/쉽다

Mit dem Suffix -기 gebildete Verbalnomen können mit Kasuspartikeln (Nominativ 이/가, Akkusativ 을/를) sowie mit Lokativ- bzw. Instrumentalpartikeln (에 bzw. 로) verbunden werden und als Subjekt, Objekt oder adverbiale Bestimmung fungieren.

Struktur	Beispiele	
VS-기 + 가	공부하기가 재미있어요.	*Das Lernen macht mir Spaß.*
VS-기 + 를	공부하기를 좋아해요.	*Ich mag das Lernen.*
VS-기 + 로	내일 공부하기로 했어요.	*Ich habe beschlossen, morgen zu lernen.*

Die Konstruktion VS-기가 wird häufig mit qualitativen Verben wie z.B. 좋다 'gut sein', 싫다 'nicht gefallen', 편하다 'bequem sein', 쉽다 'leicht sein', 어렵다 'schwer sein' verwendet. Im Deutschen wird die Konstruktion VS-기가 + QV oft mit der Infinitivkonstruktion *'zu + Infinitiv'* übersetzt. In der gesprochenen Sprache wird die Nominativpartikel 가 häufig ausgelassen.

VS-기가 + qualitative Verben	Übersetzung
이 문제는 풀기(가) 어려워요.	*Diese Aufgabe ist schwer zu lösen.*
이 책은 읽기(가) 좋아요.	*Dieses Buch ist gut zu lesen.*
이 단어는 쓰기(가) 힘들어요.	*Dieses Wort ist schwer zu schreiben.*

VS-기(를) 바라다/원하다

Steht das mit -기 gebildete Verbalnomen vor bestimmten transitiven Verben, die ein Objekt mit sich führen müssen, wird es mit der Akkusativpartikel 를 versehen. Zu diesen gehören z.B. 바라다 'hoffen', 원하다 'wollen', 좋아하다 'mögen', 싫어하다 'nicht mögen'. In der gesprochenen Sprache wird die Akkusativpartikel 를 häufig ausgelassen. Auf -기 endende Verbalnomen können mit der Partikel 를 zu 길 kontrahiert werden.

VS–기(를) 바라다/원하다	Übersetzung
성공하기(를) (→ 성공하길) 바랍니다.	*Ich wünsche Ihnen viel Erfolg!*
행복하시기(를) (→ 행복하시길) 바래요.	*Ich wünsche Ihnen viel Glück!*
요리하기(를) (→ 요리하길) 좋아하세요?	*Mögen Sie Kochen?*

VS–기 시작하다 / VS–기 시작했다

Die Konstruktion VS–기 시작하다 setzt sich aus dem Verbalnomen –기 und dem Verb 시작하다 'beginnen' zusammen und drückt den Beginn einer Handlung bzw. eines Zustands aus. Sie wird im Deutschen meistens mit *'beginnen zu + Infinitiv'* übersetzt. Die Konstruktion VS–기 시작하다 wird ausschließlich mit dem Präteritum VS–기 시작했다 verwendet.

VS–기 시작하다	Übersetzung
다시 담배를 피우기 시작했어요.	*Er hat wieder angefangen zu rauchen.*
한국말을 배우기 시작했어요.	*Ich habe angefangen, Koreanisch zu lernen.*
어제부터 아프기 시작했어요.	*Seit gestern bin ich krank.*

VS–기로 하다 und VS–기로 했다

Im Präsens drückt die Konstruktion VS–기로 하다 ein Versprechen oder eine Absprache zu einer gemeinsamen Aktivität mit einer oder mehreren Personen in der Bedeutung *'Lassen Sie uns so verbleiben, dass wir X machen'* oder *'Verbleiben wir so, dass wir X machen'* aus.

VS–기로 하다 im Präsens	Übersetzung
한국에서 만나기로 해요.	*Verbleiben wir so, dass wir uns in Korea treffen!*
내일 함께 공부하기로 합시다.	*Lasst uns morgen zusammen lernen!*
나중에 다시 통화하기로 해요.	*Lasst uns später noch einmal telefonieren!*

Im Präteritum drückt die Konstruktion VS–기로 했다 einen festen Entschluss aus und kann etwa mit *'sich entschieden/entschlossen haben, X zu machen'* übersetzt werden.

VS–기로 했다 im Präteritum	Übersetzung
한국에서 살기로 했어요.	*Ich habe mich entschlossen, in Korea zu leben.*
매일 운동하기로 했어요.	*Ich habe mich entschieden, jeden Tag Sport zu machen.*
담배를 끊기로 했어요.	*Ich habe mich entschlossen, mit dem Rauchen aufzuhören.*

Übungen

❶ Was ist Ihr Hobby? Geben Sie Antworten und verwenden Sie dabei das Suffix –기.

Beispiel: 취미가 뭐예요? → 노래하다: 제 취미는 노래하기예요.

1. 요리하다
2. 여행하다
3. 등산하다
4. 기타치다
5. 영화보다
6. 사진찍다

❷ Machen Sie Ankündigungen bzw. Notizen. Verwenden Sie dabei das Suffix –음/ㅁ.

Beispiel: 날씨가 아주 흐려요. → 날씨가 아주 흐림.

1. 오늘 저녁 메뉴는 스파게티예요. → ______________________________.
2. 저녁을 먹었어요. → ______________________________.
3. 어제 수업이 없었어요. → ______________________________.
4. 내일 12 시에 약속이 있어요. → ______________________________.
5. 일자리를 구했어요. → ______________________________.

❸ Bilden Sie Sätze mit den angegebenen Konstruktionen.

Beispiel: 이 책은 읽다 / –기가 어렵다 → 이 책은 읽기가 어려워요.

1. 이 노래는 부르다 /–기가 쉽다 → ______________________________.
2. 요리하다 / –기가 재미있다 → ______________________________.
3. 한국 생활에 적응하다 / –기가 힘들다 → ______________________________.
4. 공부하다 / –기가 싫다 → ______________________________.
5. 회사에 취직하다 /–기가 어렵다 → ______________________________.

❹ Bilden Sie Sätze mit der Konstruktion VS–기로 하다 im Präteritum.

Beispiel: 내일부터 한국어를 배우다 → 내일부터 한국어를 배우기로 했어요.

1. 매일 운동하다 → ______________________________.
2. 올해부터 담배를 끊다 → ______________________________.
3. 한국에서 살다 → ______________________________.
4. 내년에 영호 씨와 결혼하다 → ______________________________.
5. 다음 달부터 수영을 배우다 → ______________________________.

❺ Übersetzen Sie die Sätze ins Deutsche bzw. ins Koreanische (informell-höfliche SPS).

1. 건강하고 행복하시기를 바랍니다.
2. 저와 수미는 여행하기를 좋아합니다.
3. 아르바이트 구함. (in einer Stellenausschreibung)
4. 사라는 산책하기를 싫어해요.
5. Lasst uns morgen zusammen zu Abend essen! (VS–기로 하다)
6. Sumi hat gestern angefangen, Koreanisch zu lernen.

13 Kasuspartikeln

Die grammatischen Funktionen von Kasusendungen und Präpositionen im Deutschen werden im Koreanischen von Postpositionen, d.h. von nachgestellten Partikeln übernommen. Durch sie werden die grammatischen Beziehungen aller nominalen Satzteile gekennzeichnet. Partikeln sind grundsätzlich Nominalsuffixe, die nicht allein stehen können und in unveränderter Form an die Nomen angefügt werden. Im Allgemeinen können im Koreanischen zwei Arten von Partikeln unterschieden werden: a) den Kasus markierende Postpositionen (= Kasuspartikeln) und b) die Bedeutung modifizierende Postpositionen (= semantische Partikeln; ▶ 14 | Semantische Partikeln). Die Kasuspartikeln markieren die grammatischen Funktionen des Nomens im Satz; sie werden in der folgenden Tabelle samt ihrer Funktionen zusammengefasst.

Kasuspartikel	N + Partikel	honorativ	Funktion
Nominativ	이/가	께서	*Subjekt*
Genitiv / Possessiv	의		*Zugehörigkeit / Besitz*
Akkusativ	을/를		*direktes Objekt*

🕮 Der Dativ wird unter den Lokativ-/Dativpartikeln behandelt, da er formal mit dem Allativ/Lokativ zusammenfällt (▶ 14.2 | Lokativ-/Dativpartikeln).

Die Kasuspartikeln können in der gesprochenen Sprache ausgelassen werden, wenn die grammatischen Beziehungen im Satz eindeutig sind und aus dem Kontext erschlossen werden können.

13.1 N + 이/가 und N + 께서 → Nominativ

Die Nominativpartikel 이/가 markiert ein Nomen, Pronomen oder eine Nominalphrase als Subjekt. Die Partikel 이 steht nach konsonantisch auslautenden Nomen (N_{KONS}), während die Partikel 가 nach vokalisch auslautenden Nomen (N_{VOK}) steht.

N_{KONS} + 이		N_{VOK} + 가	
눈이 와요.	*Es schneit.*	날씨가 추워요.	*Das Wetter ist kalt.*
집이 작아요.	*Das Haus ist klein.*	친구가 와요.	*Ein Freund kommt.*

Wenn die Personalpronomina der 1. und 2. Person Sg. durch die Nominativpartikel 가 als Subjekt markiert werden, verändert sich ihre Form. Das Gleiche gilt für das Fragewort 누구 'wer' (▶ 17 | Interrogativpronomen).

ich (neutral)	*ich* (bescheiden)	*du* (2. Person Sg.)	*wer?*
나 + 가 → 내가	저 + 가 → 제가	너 + 가 → 네가	누구 + 가 → 누가

Die Nominativpartikel 께서 ist die honorative Entsprechung von 이/가. Diese korreliert mit dem Gebrauch von Honorativverben (z.B. 주무시다 von 자다 'schlafen'), dem Honorativsuffix -으(시) sowie den Verbalendungen der höflichen Sprechstufen (▶ 2 | Höflichkeitsformen).

honorative Verben	Beispiele	
읽으시다 *lesen*	아버지께서 신문을 읽으세요.	*Mein Vater liest Zeitung.*
주무시다 *schlafen*	할아버지께서 주무세요.	*Mein Großvater schläft.*

Die Subjekt-Markierung 이/가 hat darüber hinaus die Funktion, das Subjekt zu betonen oder eine neue Information einzuführen. Sie steht im Gegensatz zur Topikpartikel 은/는, durch die eine bekannte, bereits eingeführte Information markiert wird (▶ 14.1 | Topikpartikel).

Funktion	N + 이/가	
Betonung des Subjekts	A: 누가 안 왔어요? B: 수미가 안 왔어요.	*A: Wer ist nicht gekommen?* *B: Sumi ist nicht gekommen.*
neue Information	옛날에 한 왕이 살았어요.	*Es war einmal ein König.*

13.2 N + 의 → Genitiv

Die Partikel 의 steht zwischen zwei Nomen und verbindet diese miteinander. Sie drückt ein Besitz- bzw. Zugehörigkeitsverhältnis aus.

Beispiele	
이것이 성공의 비결이에요.	*Das ist das Geheimnis des Erfolgs.*
수미의 가방이에요.	*Das ist die Tasche von Sumi.*
제 (← 저의) 딸이에요.	*Das ist meine Tochter.*

🕮 Der Genitiv 의 wird meist /에/ ausgesprochen.

Steht die Partikel 의 in Verbindung mit dem Pronomen der 1. und 2. Person Sg., wird sie mit den Personalpronomen verbunden.

1. und 2. Person Sg. + 의	Beispiele		
나 + 의 → 내 (neutral)	내 친구	내 책	*mein Freund, mein Buch*
저 + 의 → 제 (bescheiden)	제 친구	제 책	*mein Freund, mein Buch*
너+ 의 → 네	네 친구	네 책	*dein Freund, dein Buch*

In der gesprochenen Sprache wird die Genitivpartikel 의 i.d.R. ausgelassen. In folgenden Wendungen ist sie jedoch obligatorisch.

스승의 날 (5 월 15 일)	*Tag der Lehrer (am 15. Mai)*
언론의 자유	*Freiheit der Presse*

Die Genitivpartikel 의 kann an semantische Partikeln (Komitativ 과/와, Lokativ 에서 oder (으)로) angefügt werden, um diese attributiv verwenden zu können (▶ 14 | Semantische Partikeln).

Genitiv-Attribut 의		Übersetzung
과 + 의	친구와의 약속	*das Versprechen der Freundin gegenüber*
와 + 의	너와 나의 공통점	*die Gemeinsamkeiten zwischen dir und mir*
에서 + 의	독일에서의 한국학	*die Koreanistik in Deutschland*
(으)로 + 의	한국으로의 여행	*die Reise nach Korea*

13.3 N + 을/를 → Akkusativ

Die Partikel 을/를 markiert ein Nomen als direktes Objekt von transitiven Verben. Die Partikel 을 steht nach konsonantisch auslautenden Nomen (N_{KONS}), 를 nach vokalisch auslautenden Nomen (N_{VOK}).

N_{KONS} + 을		N_{VOK} + 를	
책을 사요.	*Ich kaufe ein Buch.*	사과를 사요.	*Ich kaufe Äpfel.*
빵을 먹어요.	*Ich esse Brot.*	차를 마셔요.	*Ich trinke Tee.*
운동을 해요.	*Ich mache Sport.*	영어를 배워요.	*Ich lerne Englisch.*

Die Partikel 을/를 bezeichnet die Richtung bei Verben, die eine zielgerichtete Bewegung ausdrücken. In diesem Fall ist sie meist eine stilistische Variante der Allativ-(Lokativ-/Dativ-)Partikel 에 (▶ 14.2 | Lokativ-/Dativpartikel 에).

N + 을/를	Beispiele	
Zielrichtung	중국을 (← 중국에) 자주 나가요.	*Er fährt oft nach China.*
	은행을 (← 은행에) 가요.	*Ich gehe zur Bank.*
	새가 하늘을 날아요.	*Der Vogel fliegt zum Himmel.*

Die Akkusativpartikel kann in der gesprochenen Sprache ausgelassen werden, wenn der Kontext eindeutig ist.

N + (을/를)	Übersetzung
A: 무엇을 해요? B: 김밥(을) 먹어요.	*A: Was machen Sie? B: Ich esse Kimbap.*
A: 무엇을 해요? B: 책(을) 읽어요.	*A: Was machen Sie? B: Ich lese ein Buch.*

Übungen

❶ Bilden Sie aus den gegebenen Ausdrücken Sätze mit der Partikel 이 bzw.가.

Beispiel: 귀 – 아프다 → 귀가 아픕니다.

1. 눈 – 나쁘다
2. 비빔밥 – 맛있다
3. 비 –오다
4. 집 – 크다
5. 자동차 – 비싸다
6. 날씨 – 따뜻하다

❷ Bilden Sie Sätze mit der Partikel 의.

Beispiel: 이것은 (민수 – 연필)이에요? → 이것은 민수의 연필이에요.

1. 이분은 ________________(저 – 선생님)이에요.
2. 이것은 ________________(피카소 – 그림)이에요.
3. 오늘이 ________________(다니엘 씨 – 생일)이에요?
4. 이것이 ________________(성공 – 비결)이에요.
5. 수미는 ________________(나 – 친구)예요.

❸ Übersetzen Sie folgende Ausdrücke ins Deutsche.

1. 독일 통일의 날 → ________________
2. 오늘의 뉴스 → ________________
3. 부산으로의 여행 → ________________
4. 한국의 수도 → ________________
5. 친구와의 점심 약속 → ________________

Vokabelhilfe

통일 *Einheit / Wiedervereinigung*
날 *Tag*
뉴스 *Nachrichten*
수도 *Hauptstadt*

❹ Bilden Sie Sätze mit der Akkusativpartikel 을 bzw. 를.

Beispiel: 학교에서 친구 – 만나다 → 학교에서 친구를 만나요.

1. 커피 – 마시다 → ________________.
2. 저녁에 – 영화 – 보다 → ________________.
3. 아버지께서 – 신문 – 읽으시다 → ________________.
4. 비행기가 – 하늘 – 날다 → ________________.
5. 김밥 – 만들다 → ________________.
6. 한국에서 – 대학교 – 다니다 → ________________.
7. 매일 – 아침 – 먹다 → ________________.
8. 바지 – 사다 → ________________.
9. 이메일 – 쓰다 → ________________.
10. 설악산 – 등산하다 → ________________.

14 Semantische Partikeln

Im Vergleich zu den Kasuspartikeln, die eine grammatische Funktion erfüllen, modifizieren semantische Partikeln die Bedeutung von Nomen. Anders als die Kasuspartikeln können die semantischen Partikeln aufgrund ihres Bedeutungsgehalts nicht ausgelassen werden.

14.1 N + 은/는 → Topik

Die Topikpartikel 은(N_{KONS})/는(N_{VOK}) markiert das Nomen als Topik, d.h. als Gegenstand der Aussage. Diese Funktion ist nicht auf das Subjekt beschränkt, auch Objekte und adverbiale Bestimmungen können Topik sein. Dabei werden die Nominativ- bzw. Akkusativpartikeln durch die Topikpartikel ersetzt, bei den übrigen Kasus- bzw. semantischen Partikeln wird sie dagegen an diese angehängt. Die Topikpartikel 은/는 kann im Deutschen durch *'was X angeht/betrifft/anbelangt'* explizit gemacht werden.

Topikpartikel 은/는	*Was X angeht / betrifft / anbelangt*
저는 한국 사람입니다.	*Ich bin Koreaner.* *[Was mich betrifft: Ich bin Koreaner.]*
주말에는 운동을 해요.	*Am Wochenende treibe ich Sport.* *[Was das Wochenende betrifft: Ich treibe Sport.]*

Die Topikpartikel 은/는 wird ebenso zum Ausdruck von Informationen verwendet, die bereits erwähnt wurden oder als bekannt vorausgesetzt werden.

Topikpartikel 은/는	*alte / bekannte Information*
저는 오늘 유미를 만나요.	*Ich treffe Yumi heute.*
유미는 한국에서 왔어요.	*Yumi (zuvor erwähnt) kommt aus Korea.*

Die Partikel 은/는 dient auch zum Ausdruck des Kontrastes.

Bedeutung	Beispiele
Subjekt-Kontrast	형은 키가 커요. 동생은 키가 작아요. *Der ältere Bruder ist groß. Der jüngere Bruder ist klein.*
Objekt-Kontrast	저는 사과는 좋아해요. 그렇지만 딸기는 안 좋아해요. *Ich mag Äpfel. Aber Erdbeeren mag ich nicht.*
Adverbialbestimmungs-Kontrast	오늘은 수업이 있지만 내일은 없어요. *Heute habe ich Unterricht, aber morgen habe ich keinen.*

Ob die Partikel 은/는 als Topik oder Kontrast im Satz fungiert, hängt vom Kontext ab, so dass sie im selben Satz sowohl Topik als auch Kontrast markieren kann.

은/는	Beispiele	
Topik	영어는 수미가 잘해요.	*Was Englisch angeht: Sumi ist gut darin.*
Kontrast	영어는 수미가 잘해요.	*In Englisch ist Sumi gut. (im Kontrast zu anderen Fächern)*

14.2 N + 에게/한테/께, N + 에, N + 에서, N + 에게서/한테서 → Lokativ

N + 에게/한테, N + 께, N + 에

Die Partikeln 에게/한테 (bei Lebewesen) und 에 (bei Gegenständen und Pflanzen) haben unterschiedliche Funktionen, je nachdem, mit welchem Verb sie kombiniert werden:

1) bei Verben, die ein Subjekt, ein direktes und ein indirektes Objekt haben (z.B. jmdm. etwas geben, jmdm. etwas sagen, jmdm. etwas schicken), bezeichnen sie den Dativ;
2) bei Bewegungsverben wie z.B. 가다, 오다, 나가다 usw. bezeichnen sie den Allativ, d.h. die Richtung ('zu jemandem', 'in Richtung auf etwas');
3) bei den Existenzverben 있다 und 없다 bezeichnen sie den Lokativ, d.h. den Ort, an dem etwas vorhanden ist bzw. geschieht. Auf diese Weise wird auch angegeben, dass etwas bei jemandem vorhanden ist (vgl. deutsche Entsprechung 'haben').

Die Partikeln 에게 und 한테 sind in vielen Kontexten austauschbar. 한테 wird eher in informellen Kontexten und für Tiere gebraucht. Die Partikel 께 ist die honorative Entsprechung von 에게/한테.

Dativ	*Lebewesen (Menschen / Tiere)*	
N + 에게 N + 한테	친구에게 소포를 보내요.	*Ich schicke dem Freund ein Paket.*
	고양이한테 밥을 줘요.	*Er gibt der Katze Futter.*
N + 께 (honorativ)	선생님께 편지를 써요.	*Ich schreibe dem Lehrer einen Brief.*
	할아버지께 말씀드리세요.	*Sagen Sie das bitte Ihrem Großvater!*
Allativ	***Zielrichtung einer Bewegung (zu jemandem)***	
N + 에게/한테	친구에게/한테 가요.	*Ich gehe zu meiner Freundin.*
N + 께 (honorativ)	선생님께 가요.	*Ich gehe zu meiner Lehrerin.*
Lokativ	***Ort (bei jemandem)***	
N + 에게/한테	수미에게 동생이 있어요.	*Sumi hat einen jüngeren Bruder.* *[Bei Sumi ist ein Bruder vorhanden.]*
	저에게 오늘 시간이 있어요.	*Ich habe heute Zeit.* *[Bei mir ist heute Zeit vorhanden.]*

Handelt es sich bei Empfänger, Zielrichtung oder Ort jedoch nicht um Menschen oder Tiere, sondern um Pflanzen, wird anstelle der Partikel 에게/한테 die Partikel 에 verwendet.

Dativ	Pflanzen	
N + 에	나무에 비료를 줘요.	Ich gebe dem Baum Dünger.
	꽃에 물을 줘요.	Ich gebe den Blumen Wasser.
Allativ	***Zielrichtung einer Bewegung***	
N + 에 bei Bewegungsverben	우체국에 가요.	Ich gehe zur Post.
	공항에 가요.	Ich fahre zum Flughafen.
Lokativ	***Ort***	
N + 에 bei Existenzverben	오늘 집에 있어요.	Ich bin heute zu Hause.
	사장님은 한국에 계세요.	Der Chef ist in Korea.

Darüber hinaus erfüllt die Partikel 에 noch weitere Funktionen:

1) In Verbindung mit einem Temporalnomen bezeichnet die Lokativpartikel 에 die Zeit, zu der etwas geschieht. Sie kann jedoch nicht mit Temporalnomen wie 어제 'gestern', 오늘 'heute', 내일 'morgen' und 모레 'übermorgen' verwendet werden.

Temporalnomen + 에		Zeitangabe
Tag	금요일에 만나요.	*Wir treffen uns am Freitag.*
Monat	7 월에 방학을 해요.	*Im Juli haben wir Ferien.*
Jahr	내년에 다시 만나요.	*Wir sehen uns nächstes Jahr wieder.*

2) In Verbindung mit den qualitativen Verben wie 좋다 'gut sein', 나쁘다 'schlecht sein' kann die Partikel 에 die Bedeutung *'für etwas gut/schlecht sein'* haben.

N + 에	für etwas gut / schlecht sein
인삼은 몸에 좋아요.	*Ginseng ist gut für die Gesundheit [den Körper].*
담배는 건강에 나빠요.	*Zigaretten sind schlecht für die Gesundheit.*
생강차는 감기에 좋아요.	*Ingwer-Tee ist gut gegen Erkältung.*

3) Die Partikel 에 kann die Ursache eines Zustandes ausdrücken.

N + 에	Ursache
폭풍우에 나무가 쓰러졌어요.	*Der Baum ist durch den Sturm umgestürzt.*
비에 옷이 젖었어요.	*Meine Kleidung ist wegen des Regens nass geworden.*
천둥소리에 놀랐어요.	*Ich habe mich über das Donnern erschrocken.*

4) Nach Zahlen oder Zählwörtern hat die Partikel 에 die Bedeutung 'je' / 'pro'.

N + 에	*je / pro*
일주일에 한 번 요가를 해요.	*Ich mache einmal pro Woche Yoga.*
한 달에 35 시간 일해요.	*Er arbeitet 35 Stunden pro Monat.*
수박 한 개에 만원이에요.	*Die Wassermelonen kosten 10.000 Won je Stück.*

N + 에서, N + 에게서/한테서

Die Partikeln 에게서/한테서 (bei Lebewesen) und 에서 (bei Nicht-Lebewesen) bezeichnen beide den Ausgangspunkt (Ablativ, entspricht im Deutschen etwa 'von ... aus', 'von ... her'). Darüber hinaus hat die Partikel 에서 in Verbindung mit Aktionsverben die Funktion, den Ort auszudrücken, an dem etwas geschieht.

N + 에게서, N + 한테서	*von jemandem*
수미에게서 소포를 받았어요.	*Ich habe ein Paket von Sumi erhalten.*
민수한테서 책을 빌렸어요.	*Das Buch habe ich mir von Minsu ausgeliehen.*

Ablativ	*Ausgangspunkt von ... aus / von ... her*	
N + 에서	어느 나라에서 오셨어요?	*Aus welchem Land kommen Sie?*
	한국에서 언제 출발해요?	*Wann fliegen Sie aus Korea los?*

Lokativ	*Handlungsort in / auf / bei*	
N + 에서	그는 서울에서 일해요.	*Er arbeitet in Seoul.*
	도서관에서 공부해요.	*Ich lerne in der Bibliothek.*

Übungen

1 Vervollständigen Sie den folgenden Text mit der Topikpartikel 은 bzw. 는.

안녕하세요? 제 이름_____ 김지윤입니다. 저_____ 대학생입니다.
제 고향_____ 서울입니다. 우리 가족_____ 모두 네 명입니다.
아버지와 어머니가 계시고 남동생이 한 명 있습니다.
우리 가족_____ 모두 서울에서 삽니다.
우리 아버지_____ 의사이십니다.
그리고 어머니_____ 학교 선생님이십니다.
우리 부모님의 취미_____ 등산입니다.
제 남동생의 이름_____ 준수입니다. 동생_____ 지금 대학생입니다.
동생_____ 수영을 아주 좋아합니다.

❷ Bilden Sie Kontrastsätze mit 은/는 und übersetzen Sie diese ins Deutsche.

Beispiel: 민수는 노래를 잘해요. 그렇지만 저는 노래를 잘 못해요.
Minsu singt gut. Aber ich singe nicht gut.

1. 레나는 한국말을 잘해요. 그렇지만 저_____ 잘 못해요.
2. 지몬 씨는 맥주를 좋아해요. 그렇지만 와인_____ 안 좋아해요.
3. 비빔밥은 매워요. 그렇지만 불고기_____ 안 매워요.
4. 저는 영화를 아주 좋아해요. 그렇지만 연극_____ 안 좋아해요.
5. 저는기타를 못 쳐요. 그렇지만 우리 형_____ 기타를 잘 쳐요.

❸ Bilden Sie Sätze mit Zeit- und Richtungsangaben. Übersetzen Sie sie ins Deutsche.

Beispiel: 10 시 – 도서관 → 10 시에 도서관에 가요.

1. 수요일 – 수영장
2. 오전 – 병원
3. 토요일 – 백화점
4. 저녁 – 영화관
5. 오늘 오후 – 서점
6. 주말 – 친구집

❹ Bilden Sie Sätze mit Ortsangaben.

Beispiel: 도서관 – 공부하다 → 도서관에서 공부해요.

1. 집 – 청소하다
2. 식당 – 밥을 먹다
3. 학교 – 강의를 듣다
4. 백화점 – 선물을 사다
5. 도서관 – 책을 빌리다
6. 커피숍 – 친구를 기다리다

❺ Setzen Sie die passenden Partikeln 에게/한테, 께 und 에 ein.

1. 친구_____ 생일 선물을 사 줬어요.
2. 지금 사장님_____ 전화하세요.
3. 학생들_____ 한국어를 가르칩니다.
4. 고양이_____ 밥을 주세요.
5. 한국_____ 소포를 보냈어요.
6. 아버지_____ 편지를 씁니다.
7. 화분_____ 물을 줘요.
8. 수미_____ 동생이 두 명 있어요.

❻ Setzen Sie die richtigen Partikeln ein.

에 · 에서 · 에게서/한테서

1. 라면 한 그릇_____ 2 천 원입니다.
2. 술과 담배는 건강_____ 나쁩니다.
3. 어머니는 지금 집_____ 안 계세요.
4. 수미 씨_____ 들었어요.
5. 어느 나라_____ 왔어요?
6. 일주일_____ 한 번 조깅을 합니다.
7. 독일 쾰른_____ 왔습니다. (Herkunft)
8. 친구_____ 편지가 왔습니다.
9. 어디_____ 일해요?
10. 삼성_____ 다녀요.

❼ Übersetzen Sie ins Deutsche.

1. 비에 옷이 젖었어요.
2. 지금 베를린에서 살고 있어요.
3. 여기에 이름을 써 주세요.
4. 민수에게 누나가 한 명 있어요.
5. 친구한테서 소포를 받았어요.

14.3 N + 부터 N + 까지 und N + 에서 N + 까지

Die Partikeln (부터)...까지 und (에서)...까지 werden im Deutschen häufig mit 'von ... bis ...' übersetzt. Die erste Variante bezeichnet meist einen zeitlichen Anfangs- und Endpunkt ('von wann bis wann'), die zweite einen räumlichen Ausgangs- und Endpunkt ('von wo bis wo').

N + 부터 N + 까지	*von wann bis wann*
7 월부터 9 월까지 방학이에요.	*Von Juli bis September habe ich Ferien.*
2 시부터 4 시까지 수업이에요.	*Von 2 bis 4 Uhr habe ich Unterricht.*

N + 에서 N + 까지	*von wo bis wo*
여기에서 우체국까지 멀어요.	*Von hier bis zur Post ist es weit.*
집에서 회사까지 10 분 걸려요.	*Von Zuhause bis zur Firma dauert es 10 Minuten.*

14.4 N + (으)로 → Instrumentalis

Die Partikel (으)로 hat verschiedene Bedeutungen: Sie bezieht sich entweder auf ein Verkehrsmittel/Instrument oder auf Zutaten/Material.

N_{KONS} + 으로	$N_{KONS-ㄹ}$ + 로	N_{VOK} + 로
젓가락으로	지하철로	종이로

Bedeutung	Beispiele	
Mittel	지하철로 가요.	*Wir fahren mit der U-Bahn.*
	독일말로 말해주세요.	*Sprechen Sie bitte Deutsch!*
Instrument	젓가락으로 먹어요.	*Er isst mit Stäbchen.*
	연필로 쓰세요.	*Schreiben Sie mit Bleistift!*
Material	두부는 콩으로 만들어요.	*Tofu wird aus Bohnen hergestellt.*
	이것은 종이로 만들어요.	*Das wird aus Papier hergestellt.*

Außerdem kommt N + (으)로 auch häufig in folgenden Funktionen vor:

1) N + (으)로 drückt die Stellung bzw. Qualifikation der betreffenden Person aus.

N + (으)로	*Stellung / Qualifikation*
병원에서 의사로 일해요.	*Ich arbeite als Arzt im Krankenhaus.*
인턴으로 한국에 가요.	*Ich gehe als Praktikant nach Korea.*

2) N + (으)로 kann anstelle der Lokativpartikel 에 verwendet werden, um die Richtung zu einem Zielort anzugeben. Nach dem Formalnomen 쪽 'Seite' / 'Richtung' kann nur die Partikel N + (으)로 verwendet werden, nicht jedoch N + 에.

N + (으)로	*Richtungsangabe*
내일 한국으로(←한국에) 가요.	*Ich fahre morgen nach Korea.*
왼쪽으로 가세요.	*Biegen Sie bitte links ab!*
이쪽으로 오세요.	*Kommen Sie bitte hier entlang!*

3) N + (으)로 kann den Grund oder die Ursache eines Ereignisses ausdrücken.

N + (으)로	*Grund / Ursache*
암으로 죽었어요.	*Er ist an Krebs gestorben.*
회사 일로 머리가 아파요.	*Wegen meiner Arbeit habe ich Kopfschmerzen.*

14.5 N + 만, N + 도, N + 밖에 → Abgrenzung / Ausmaß

Die Partikel 만 hat die Bedeutung 'nur', 'lediglich', 'ausschließlich'. Die Partikel 도 hat die Bedeutung 'auch', 'ebenfalls'. Zusammen mit Adverbien hat 도 eine verstärkende Bedeutung. Beide Partikeln können nicht nur nach Nomen, sondern auch nach Adverbien und Adverbialbestimmungen stehen.

Partikel 만	*nur / lediglich / ausschließlich*	
N + 만	하루 종일 잠만 자요.	*Den ganzen Tag schläft er nur.*
Adverb + 만	조심히만 운전하세요.	*Fahren Sie bitte nur vorsichtig!*
Zeitangabe + 만	저녁에만 TV 를 봐요.	*Ich gucke nur abends Fernsehen.*
Partikel 도	***auch / ebenfalls***	
N + 도	저도 한국말을 해요.	*Auch ich kann Koreanisch sprechen.*
Adverb + 도	차들이 빨리도 달려요.	*Autos fahren wirklich schnell.*
Zeitangabe + 도	일요일에도 일해야 해요.	*Auch am Sonntag muss ich arbeiten.*

Die Abgrenzungspartikel 만 kann vor den Kasuspartikeln 이 (Nominativ) und 을 (Akkusativ) stehen, während die Dativpartikel 에게/한테 und deren honorative Entsprechung 께 vor der Partikel 만 stehen. Die Kasuspartikeln werden jedoch häufig ausgelassen.

N + 만	*nur*	
N + 만(이)	너만(이) 나를 사랑해.	*Nur du liebst mich.*
N + 만(을)	너만(을) 사랑해.	*Ich liebe nur dich.*
N + (에게/한테/께)만	저(에게)만 보여 주세요.	*Zeigen Sie das bitte nur mir!*

Im Gegensatz dazu kann die Partikel 도 nicht zusammen mit der Nominativpartikel 이/가 und der Akkusativpartikel 을/를 stehen, d.h. sie ersetzt diese und steht alleine. Ihr kann jedoch die Dativpartikel 에게/한테 oder 께 vorangehen.

N + 도	*auch*	
N + 도 (ersetzt 이/가)	돈도 많아요.	*Er hat auch viel Geld.*
N + 도 (ersetzt 을/를)	사과도 좋아해요?	*Mögen Sie auch Äpfel?*
N + (에게/한테/께)도	저(에게)도 보여 주세요.	*Bitte zeigen Sie das auch mir!*

Die Partikel 밖에 wird immer mit einem negierten Verb gebraucht und bedeutet 'bloß'. Im Gegensatz zu N + 만 hat N + 밖에 tendenziell eine negative Konnotation.

N + 밖에 + negiertes Verb	*bloß*
한 시간밖에 못 잤어요.	*Ich habe bloß eine Stunde geschlafen.*
두 명밖에 안 왔어요.	*Es sind bloß zwei Personen gekommen.*
책을 한 권밖에 못 읽었어요.	*Ich habe bloß ein Buch gelesen.*

14.6 N + 보다, N + 만큼, N + 처럼, N + 같이 → Komparativ

Das deutsche Vergleichswort 'als' beim Komparativ wird im Koreanischen mittels der Komparativpartikel 보다 wiedergegeben. Zur Betonung der komparativen Bedeutung kann die Partikel 보다 durch die Steigerungsadverbien 더 'mehr', 덜 'weniger' ergänzt werden, wobei 더 fakultativ und 덜 obligatorisch ist (▶ 10.3 | Steigerungsadverbien). Dem Komparativ liegt im Koreanischen folgende Struktur zugrunde.

Subjekt	Nomen + 보다	Steigerungsadverb	Verb
아들이	아버지보다	(더)	커요.
Der Sohn ist (viel) größer als der Vater.			
Subjekt	**Nomen + 보다**	**Steigerungsadverb**	**Verb**
오늘은	어제보다	덜	추워요.
Heute ist es weniger kalt als gestern.			

Weitere Komparativformen sind N + 만큼 / N + 처럼 '(genau)so ... wie' und N + 같이 'wie' / 'ebenso ... wie'. Diese drei Partikeln sind sinngemäß in vielen Kontexten miteinander austauschbar.

N + 만큼	*(genau)so ... wie*
한국말은 영어만큼 어려워요.	*Koreanisch ist genauso schwer wie Englisch.*
제주도는 하와이만큼 아름다워요.	*Die Insel Jeju ist genauso schön wie Hawaii.*

N + 처럼	*so ... wie / ebenso ... wie*
가수처럼 노래를 잘해요.	*Er singt so gut wie ein professioneller Sänger.*
영화 배우처럼 잘생겼어요.	*Er sieht so gut aus wie ein Schauspieler.*
N + 같이	***so ... wie / ebenso ... wie***
민수는 코미디언같이 재미있어요.	*Minsu ist so lustig wie ein Comedian.*
수미는 천사같이 착해요.	*Sumi ist so lieb wie ein Engel.*

14.7 N + 과/와, N + 하고, N + (이)랑 → Koordinativ und Komitativ

Die Partikeln 과(N_{KONS})/와(N_{VOK}), 하고 und 이랑(N_{KONS})/랑(N_{VOK}) haben zwei grammatische Funktionen:

1) eine koordinative Funktion mit der Bedeutung 'und'
2) eine komitative Funktion mit der Bedeutung 'zusammen mit'

N + 과/와 ist mit N + 하고 und N + (이)랑 austauschbar, wobei N + 하고 und N + (이)랑 vorzugsweise in der Umgangssprache verwendet werden.

N + 과/와, N + 하고, N + (이)랑	*koordinativ (= und)*
여권과 비행기표를 보여 주세요.	*Zeigen Sie bitte den Pass und das Flugticket!*
사과하고 오렌지를 사요.	*Kaufen wir Äpfel und Orangen!*
아침에 빵이랑 우유를 먹어요.	*Ich esse zum Frühstück Brot und Milch.*

Die komitativ gebrauchten Partikeln haben eine zusätzliche Bedeutung, je nachdem, mit welchen Verben sie verwendet werden. Mit Verben wie *heiraten* oder *streiten* drücken sie eine wechselseitige (reziproke) Bedeutung aus. Oft werden sie durch Adverbien wie 함께 oder 같이 'zusammen' / 'miteinander' ergänzt.

N + 과/와, N + 하고, N + (이)랑	*komitativ (= mit jemandem)*
어제 수미와 싸웠어요.	*Ich habe mich gestern mit Sumi gestritten.*
수미는 민수랑 통화해요.	*Sumi telefoniert mit Minsu.*
N + 과/와, N + 하고, N + (이)랑	***komitativ (= mit etwas zusammen)***
약을 물과 함께 드세요.	*Nehmen Sie die Tabletten bitte mit Wasser!*
밥을 야채랑 같이 비빌까요?	*Soll ich den Reis mit Gemüse mischen?*

Bei Verben wie 다르다 'anders sein' oder 닮다 'ähnlich sein', die einen Vergleich ausdrücken, bedeuten die komitativen Partikeln 'X ist anders als Y' oder 'X ist ähnlich wie Y'.

N + 과/와, N + 하고, N + (이)랑	*anders als / ähnlich wie*
한국은 독일과 달라요.	*Korea ist anders als Deutschland.*
수미는 엄마랑 닮았어요.	*Sumi sieht so ähnlich wie ihre Mutter aus.*

14.8 N + 쯤, N + 정도, N + (이)나 → Approximativ

Die Partikeln 쯤, 정도 'ungefähr' / 'etwa' oder 이나(N_{KONS})/나(N_{VOK}) 'so ungefähr' stehen meist hinter Zähleinheitswörtern (▶ 20 | Numeralklassifikatoren) und haben eine approximative Bedeutung. Sie werden häufig von Attributen wie 한 'etwa' und 약 'ungefähr' begleitet, um die approximative Bedeutung zu betonen. Sie stehen häufig in Fragen und Antworten, die sich auf 'wann', 'wie viel Uhr, 'wo', 'wie lange' und 'wie viel' beziehen.

N + 쯤, N + 정도, N + (이)나	*ungefähr / etwa*
A: 언제쯤 만날까요? B: (한) 일곱 시쯤 만나요.	*A: Wann treffen wir uns ungefähr?* *B: Wir treffen uns gegen 7 Uhr.*
A: 하루에 몇 시간 정도 자요? B: (약) 여덟 시간 정도 자요.	*A: Wie lange schlafen Sie am Tag etwa?* *B: Etwa 8 Stunden schlafe ich.*
A: 사과 몇 개나 필요해요? B: (한) 열 개쯤 필요해요.	*A: Wie viele Äpfel brauchen wir ungefähr?* *B: Wir brauchen ungefähr 10 Äpfel!*

Neben der approximativen Funktion kommt N + (이)나 oft in folgenden Funktionen vor:

1) N + (이)나 hat die Bedeutung 'oder', 'entweder ... oder'.

N + (이)나	*oder / entweder ... oder*
그가 오늘이나 내일 와요.	*Er kommt entweder heute oder morgen.*
택시나 버스로 갑시다.	*Nehmen wir das Taxi oder den Bus!*

2) N + (이)나 kann bei Zeit- und Mengenangaben, die über die Erwartung hinausgehen, eine Überraschung oder Betonung ausdrücken.

N + (이)나	*Überraschung / Betonung*
어제 열 시간이나 잤어요.	*Gestern habe ich (tatsächlich) 10 Stunden geschlafen.*
오늘 커피를 여섯 잔이나 마셨어요.	*Heute habe ich (wirklich) 6 Tassen Kaffee getrunken.*

3) Wenn N + (이)나 mit Fragepronomen verbunden wird, drückt es eine Verallgemeinerung aus und bedeutet 'jeder', 'alles' oder 'immer' (▶ 18 | Indefinitpronomen).

N + (이)나	Beispiele	
jeder	누구나 김밥을 좋아해요.	*Jeder isst gerne Kimbap.*
alles	그는 무엇이나 잘해요.	*Er kann einfach alles gut.*
immer	그는 언제나 일찍 집에 와요.	*Er kommt immer früh nach Hause.*

Übungen zu 14.3, 14.4 und 14.5

❶ Bilden Sie Sätze mit folgenden Angaben.

Beispiel: 서울–부산–기차 → 서울에서 부산까지 기차로 가요.

Start	Ziel	Verkehrsmittel	Antwort
1. 한국	독일	비행기	
2. 집	학교	지하철	
3. 서울	대전	고속 버스	
4. 부산	제주도	배	
5. 학교	집	자전거	

❷ Bilden Sie Zeitangaben mit 부터 und 까지 und übersetzen Sie ins Deutsche.

Beispiel: 1시– 3시→ 한 시부터 세 시까지

1. 오늘 –모레
2. 화요일 – 목요일
3. 5월 2일 – 6월 10일
4. 아침 – 저녁
5. 2008년 – 2013년
6. 내일 – 주말

❸ Übersetzen Sie die Sätze ins Deutsche.

1. 한국 음식은 숟가락과 젓가락으로 먹습니다. → ______________________
2. 여기에서 왼쪽으로 가 주십시오. → ______________________
3. 빵을 독일말로 무엇이라고 합니까? → ______________________
4. 불고기는 쇠고기와 야채로 만들어요. → ______________________
5. 교환 학생으로 한국에 갔어요. → ______________________

❹ Ergänzen Sie die Sätze mit den Partikeln 만, 도 und 밖에.

1. 모두 왔어요. 그런데 민수 씨_____ 안 왔어요.
2. 어제 두 시간_____못 잤어요. 정말 피곤해요.
3. 저는 비빔밥을 좋아해요. 그리고 김밥_____ 좋아해요.
4. 일요일에_____ 회사에 가세요?
5. 지금 지갑에 천원_____ 없어요. 은행에서 돈을 찾아야 해요.

❺ Übersetzen Sie ins Deutsche.

1. 수미 씨는 감기로 학교에 못 왔습니다.
2. 내일 한국으로 떠나요.
3. 10분만 기다리세요.
4. 월요일에만 시간이 있어요.
5. 어제 네 시간밖에 안 잤어요.

Übungen zu 14.6, 14.7 und 14.8

❶ Formulieren Sie Sätze im Komparativ. Verwenden Sie das Verb 좋아하다.

Beispiel: 축구 < 야구 → 저는 축구보다 야구를 더 좋아해요.

1. 사과 > 바나나
2. 커피 < 녹차
3. 산 > 바다
4. 밥 < 빵
5. 콜라 > 물
6. 여름 < 겨울

❷ Übersetzen Sie ins Deutsche.

1. 다니엘 씨는 한국 사람처럼 한국말을 잘해요.
2. 율리아는 요리사같이 음식을 잘 만들어요.
3. 오늘도 어제만큼 공부했어요.
4. 저는 오늘 10 시간이나 일했어요.
5. 수미는 언제나 친절해요.

❸ Verbinden Sie die beiden Nomen mit den Partikeln 과 bzw.와.

1. 빵_____ 우유
2. 어머니_____ 아버지
3. 나_____ 너
4. 술_____ 담배
5. 야채_____ 과일
6. 춤_____ 노래

❹ Verbinden Sie die beiden Nomen mit der Partikel (이)나.

1. 커피_____ 우유
2. 언니_____ 오빠
3. 지하철_____ 버스
4. 수영_____ 테니스
5. 슈퍼마켓_____ 백화점
6. 월요일_____ 화요일

❺ Bilden Sie Sätze mit den Komitativpartikeln 과/와, 하고 oder (이)랑.

Beispiel: 친구 – 영화를 보다 (과/와) → 친구와 영화를 봅니다.

1. 친구 – 전화를 하다 (이)랑 → ______________________________.
2. 동생 – 쇼핑을 하다 (하고) → ______________________________.
3. 은아 씨 – 함께 – 시험 공부를 하다 (과/와) → ______________________________.
4. 선생님 – 이야기하다 (과/와) → ______________________________.
5. 가족 – 여행을 가다 (하고) → ______________________________.

❻ Beantworten Sie die Fragen mit den gegebenen Approximativpartikeln.

Beispiel: 서울까지 몇 시간쯤 걸려요? → (ungefähr vier Stunden) 네 시간쯤 걸려요.

1. 몇 시 정도에 서울에 도착해요? → (gegen drei Uhr nachmittags)
2. 오늘은 몇 시쯤 학교에 가요? → (gegen elf Uhr)
3. 생일 파티에 몇 명이나 초대했어요? → (ca. zehn Personen)
4. 하루에 보통 몇 시간 정도 자요? → (ungefähr sieben Stunden)
5. 수업이 언제쯤 끝나요? → (gegen zwei Uhr nachmittags)

15 Personalpronomen

Die koreanischen Personalpronomen weisen im Vergleich zum Deutschen einen hierarchischen und asymmetrischen Charakter auf. Sie sind nach sozialen Parametern wie Alter, Geschlecht, Status, Bekanntheitsgrad differenziert und werden viel seltener gebraucht als im Deutschen. Wenn die Person aus dem Kontext eindeutig hervorgeht, werden die Personalpronomen häufig weggelassen. Die Auswahl der Personalpronomen korreliert nicht nur mit der der interpersonalen Sprechstufen, sondern auch mit der Wahl des Vokabulars (▶ 2 | Höflichkeitsformen).

15.1 Personalpronomen für die 1. Person Sg. / Pl.

Die Personalpronomen für die 1. Person Singular 'ich' sind 나 (neutral) und 저 (bescheiden) sowie für die 1. Person Plural 'wir' 우리 (neutral) und 저희 (bescheiden). Die Pluralformen können durch das Pluralsuffix -들 erweitert werden.

1. Person Sg.	1. Person Pl.	Beispiele	
나	우리 / 우리들	나는 한국 사람입니다.	*Ich bin Koreaner.*
		우리는 한국 사람입니다.	*Wir sind Koreaner.*
		우리들은 한국 사람입니다.	*Wir sind Koreaner.*
저	저희 / 저희들	저는 독일 사람입니다.	*Ich bin Deutscher.*
		저희는 독일 사람입니다.	*Wir sind Deutsche.*
		저희들은 독일 사람입니다.	*Wir sind Deutsche.*

나 und 저 können mit den Kasuspartikeln (이/가 für den Nominativ, 의 für den Genitiv und 에게 für den Dativ) Kontraktionsformen bilden (▶ 13 | Kasuspartikeln).

나/저 + 가 (Nominativ)	나/저 + 의 (Genitiv)	나/저 + 에게 (Dativ)
나 + 가 → 내가	나 + 의 → 내	나 + 에게 → 내게
저 + 가 → 제가	저 + 의 → 제	저 + 에게 → 제게

나 wird unter Gleichaltrigen symmetrisch verwendet bzw. zwischen Älteren und Jüngeren asymmetrisch, d.h. ältere Personen dürfen 나 jüngeren Personen gegenüber gebrauchen, jüngere aber älteren gegenüber nicht.

저 hingegen wird entweder Gleichrangigen gegenüber symmetrisch oder aber von unten nach oben gebraucht, z.B. von Kindern Eltern gegenüber, von Studenten Professoren gegenüber oder von Angestellten Vorgesetzten gegenüber.

Kontext	Verwendungen von 저 (bescheiden)	
Angestellter zum Chef	제가 거기에 가겠습니다.	*Ich werde dorthin gehen.*
Schüler zum Lehrer	제 이름은 김수미입니다.	*Mein Name ist Kim Sumi.*
unter Nachbarn	저희 집에 놀러 오세요.	*Kommen Sie zu uns zu Besuch!*

Die Genitivpartikel 의 wird in Verbindung mit 우리, 저희 häufig ausgelassen.

15.2 Personalpronomen für die 2. Person Sg. / Pl.

Im Koreanischen gibt es drei Pronomen für die 2. Person Singular: 너, 자네 und 당신.

Bezeichnung	2. Person Sg.	2. Person Pl.
informell	너	너희(들)
formell	자네	자네들
formell, aber nicht höflich	당신	당신들

너 kann mit den Kasuspartikeln 이/가 (Nominativ), 의 (Genitiv) und 에게 (Dativ) Kontraktionsformen bilden (▶ 13 | Kasuspartikeln). In der gesprochenen Sprache wird anstelle von 네가 häufig 니가 verwendet.

너 + 가 (Nominativ)	너 + 의 (Genitiv)	너 + 에게 (Dativ)
너 + 가 → 네가 (니가)	나 + 의 → 네	너 + 에게 → 네게

너 wird in symmetrischen Beziehungen von Kindern untereinander verwendet, mit zunehmendem Alter aber auf die engsten Freunde beschränkt. Die Verwendung dieser Form findet von Erwachsenen gegenüber Kindern oder von Älteren gegenüber Jüngeren statt, aber nicht umgekehrt. 자네 benutzen Ältere gegenüber Jüngeren, die nicht mehr im Kindes- bzw. Jugendalter sind (z.B. Schwiegervater gegenüber Schwiegersohn), oder ältere befreundete Erwachsene untereinander.

Kontext	2. Person Sg. 너 und 자네	
Vater zum Sohn	너 지금 학교 가니?	*Gehst du jetzt zur Schule?*
unter engen Freunden	너 오늘 뭐 하니?	*Was machst du heute?*
Vater zum Schwiegersohn	자네 지금 회사 가나?	*Gehst du jetzt in die Firma?*

Die Auswahl der Personalpronomen korreliert mit der interpersonalen Sprechstufe. So wird die informelle Variante von 'du' 너 mit der ersten, zweiten und dritten Sprechstufe verwendet, die formelle Variante von 'du' 자네 jedoch nur mit der dritten Sprechstufe. 당신 wird im Vergleich zu 너 und 자네 zwar etwas höher eingestuft, es wird jedoch nicht unter Unbekannten verwendet, d.h. es gilt nicht als Äquivalent für das deutsche 'Sie'. 당신 wird beispielsweise unter Eheleuten verwendet, es ist also eine formelle, aber vertraute Anrede. In Streitsituationen wird 당신 verwendet, um das Gegenüber zu provozieren. 당신 wird überdies in Fernsehsendungen den Zuschauern gegenüber verwendet, um sie formell und vertraut anzureden.

Kontext	Verwendungen von 당신	
unter Ehepartnern	당신, 밥 먹었어요?	*Liebling, hast du gegessen?*
in Streitsituationen	당신, 누구야?	*Wer bist du denn überhaupt?*
in der Werbung	당신은 할 수 있습니다.	*Sie können es schaffen!*

Zur höflichen und respektvollen Anrede für die 2. Person werden dagegen Berufs- bzw. Verwandtschaftsbezeichnungen am häufigsten verwendet.

Bezeichnung	höfliche Anrede für die 2. Person Sg.
Verwandtschafts-bezeichnung	할아버지 *Großvater,* 할머니 *Großmutter,* 아버지 *Vater,* 어머니 *Mutter,* 형 / 누나 *älterer Bruder / ältere Schwester aus der Sicht des jüngeren Bruders,* 오빠 / 언니 *älterer Bruder / ältere Schwester aus der Sicht der jüngeren Schwester*
berufsbezeichnende Titel + 님	사장님 *Chef,* 기사님 *Herr Fahrer,* 박사님 *Herr/Frau Dr.,* 선생님 *Herr/Frau Lehrer/in,* 경찰관님 *Herr Polizist*

15.3 Personalpronomen für die 3. Person Sg. / Pl.

Für die Bezeichnung der 3. Person gibt es im Koreanischen zwei Möglichkeiten: a) mit den Demonstrativpronomen 이 'dies hier', 그 'das da' und 저 'jenes dort' in Verbindung mit Personenbezeichnungen (▶ 16 | Demonstrativpronomen) und b) mit den Personalpronomen 그녀 'sie' und 그 'er'. Letztere werden jedoch meist nur in der geschriebenen Sprache verwendet. Das deutsche Pluralpronomen 'sie' wird im Koreanischen durch Anhängen des Pluralsuffixes –들 an die Demonstrativa oder ein Nomen gebildet.

3. Person Sg. *er/sie/es*	3. Person Pl. *sie*	
이/그/저 + Nomen	이/그/저 + 들	이/그/저 + Nomen + 들

3. Person Sg. und 3. Person Pl.	deutsche Entsprechung
이/그/저 + 사람 (*Mensch*, neutral) 이/그/저 + 사람들 (*Menschen*, neutral) 이/그/저 + 분 (*Mensch*, honorativ) 이/그/저 + 분들 (*Menschen*, honorativ)	*diese/die/jene Person* *diese/die/jene Personen* *diese/die/jene Person* *diese/die/jene Personen*
이/그/저 + 남자 *Mann* / 남자들 *Männer*	*dieser/der/jener Mann / Männer (Pl.)*
이/그/저 + 여자 *Frau* / 여자들 *Frauen*	*diese/die/jene Frau / Frauen (Pl.)*
이/그/저 + 아이 *Kind* / 아이들 *Kinder*	*dieses/das/jenes Kind / Kinder (Pl.)*

Übungen

❶ Setzen Sie die entsprechenden Personalpronomen ein.

1. _____는 독일 사람입니다. (1. Pers. Sg., neutral)
2. _____는 이지수입니다. (1. Pers. Sg., bescheiden)
3. _____는 / _____은 독일 대학생입니다. (1. Pers. Pl., neutral)
4. _____는 / _____은 일본에서 왔습니다. (1. Pers. Pl., bescheiden)
5. 저_____은 우리 어머니이십니다. (3. Pers. Sg., honorativ)
6. 이_____은 우리 부모님이십니다. (3. Pers. Pl., honorativ)
7. 그 _____은 제 친구입니다. (3. Pers. Sg., neutral)
8. 이 _____은 모두 운동을 좋아합니다. (3. Pers. Pl., neutral)

❷ Bilden Sie die richtigen Kontraktionsformen der unterstrichenen Personalpronomen und Kasusendungen.

1. <u>저 + 가</u> 가겠습니다.
2. <u>나 + 가</u> 노래를 하겠습니다.
3. <u>너 + 가</u> 이 그림을 그렸어?
4. <u>저 + 의</u> 명함입니다.
5. <u>나 + 의</u> 동생은 서울에서 입합니다.
6. <u>너 + 의</u> 생일 선물을 샀어.
7. <u>나 + 에게</u> 보여 주세요.
8. <u>저 + 에게</u> 한국어를 가르쳐 주세요.
9. 어제 <u>너 + 에게</u> 전화했어.

❸ Setzen Sie die passenden Personalpronomen ein.

1. Kim Minsu ist Student und stellt sich seinem Professor vor:
   Herr Professor, »ich« heiße Kim Minsu. → 교수님, _____는 김민수입니다.
2. Die Mutter fragt ihre Tochter:
   Hast »du« die Hausaufgaben gemacht? → _____ 숙제 다 했니?
3. Daniel fragt seinen Schulfreund:
   Magst »du« Fußball? _____ 축구 좋아해?
4. Der Schwiegervater fragt seinen Schwiegersohn Axel:
   Hast »du« zu Mittag gegessen? _____ 점심 먹었나?
5. Die Ehefrau bittet ihren Ehemann:
   Kannst »du« vom Supermarkt Milch holen? _____ 우유 좀 사 올래요?
6. Zwei Unbekannte streiten sich beim Autofahren:
   Hey »du«, fahr vorsichtig! _____, 운전 좀 똑바로 해!
7. Werbespruch: *Ihr Glück, Ihre Zukunft!*
   _____의 행복, _____ 의 미래!
8. Max fragt seine besten Freunde, ob Sie heute Abend Zeit haben:
   Habt »ihr« heute Abend Zeit? _____ 저녁에 시간 있어?

16 Demonstrativpronomen

Im Koreanischen gibt es drei Demonstrativpronomen:

- 이 'dieses hier': bezieht sich auf eine Person oder Sache, die sich nahe beim Sprecher befindet.
- 그 'das da': bezieht sich auf eine Person oder Sache, die sich näher beim Hörer befindet.
- 저 'jenes dort': bezieht sich auf eine Person oder Sache, die sowohl vom Sprecher als auch vom Hörer entfernt ist.

Demonstrativpronomen stehen immer vor den Nomen, die sie bestimmen. Sie können sich sowohl auf konkrete Gegenstände, Orte oder Personen beziehen als auch auf Formalnomen wie 것 'Ding', 곳 'Ort' und 분 'Person (honorativ)'. Letztere können mit Demonstrativpronomen zusammengeschrieben werden.

이 + Nomen *dieses hier*	그 + Nomen *das da*	저 + Nomen *jenes dort*
이 책 *dieses Buch hier*	그 책 *das Buch da*	저 책 *jenes Buch dort*
이 집 *dieses Haus hier*	그 집 *das Haus da*	저 집 *jenes Haus dort*
이 사람 *diese Person hier*	그 사람 *die Person da*	저 사람 *jene Person dort*
이 + Formalnomen	**그 + Formalnomen**	**저 + Formalnomen**
이것 *dieses Ding hier*	그것 *das Ding da*	저것 *jenes Ding dort*
이곳 *dieser Ort hier*	그곳 *der Ort da*	저곳 *jener Ort dort*
이분 *diese Person hier*	그분 *die Person da*	저분 *jene Person dort*

Demonstrativpronomen 이, 그, 저	
A: 이 책은 누구의 책이에요? B: 그것은 수미의 책이에요.	*A: Wessen Buch ist das hier?* *B: Das da ist das Buch von Sumi.*
A: 그곳은 어디예요? B: 이곳은 경복궁이에요.	*A: Welcher Ort ist das da?* *B: Das hier ist der Gyeongbok-Palast.*
A: 저 남자 분은 누구예요? B: 저분은 제 한국어 선생님이에요.	*A: Wer ist der Mann dort?* *B: Das dort ist mein Koreanisch-Lehrer.*

Wenn 이것, 그것 und 저것 mit der Nominativ- (이), Akkusativ- (을) oder Topikpartikel (은) gebraucht werden, kommen in der gesprochenen Sprache Kontraktionsformen vor.

Kontraktionsform	+ 이 (Nominativ)	+ 은 (Topik)	+ 을 (Akkusativ)
이것 *dieses hier*	이것이 → 이게	이것은 → 이건	이것을 → 이걸
그것 *das da*	그것이 → 그게	그것은 → 그건	그것을 → 그걸
저것 *jenes dort*	저것이 → 저게	저것은 → 저건	저것을 → 저걸

이것, 그것, 저것	
이것이 (= 이게) 수미의 가방이에요.	*Das hier ist die Tasche von Sumi.*
그것은 (= 그건) 제 열쇠예요.	*Das da ist mein Schlüssel.*
저것을 (= 저걸) 먹고 싶어요.	*Ich möchte jenes dort essen.*

Parallel zu den drei attributiven Demonstrativpronomen gibt es drei deiktische (räumlich hinweisende) Nomen: 여기 '(der Ort) hier' 거기 '(der Ort) da/dort' und 저기 '(der Ort) dort drüben'. Diese können ebenfalls mit den Kasuspartikeln 가 (Nominativ) und 를 (Akkusativ) sowie der Topikpartikel 는 kombiniert werden. Dabei treten in der gesprochenen Sprache Kontraktionsformen auf.

	여기 *hier*	거기 *dort/da*	저기 *dort drüben*
Topikpartikel 는	여기는 → 여긴	거기는 → 거긴	저기는 → 저긴
Akkusativpartikel 를	여기를 → 여길	거기를 → 거길	저기를 → 저길

여기, 거기, 저기	
여기가 어디예요?	*Wo bin ich hier? [Wo ist hier]?*
여기는 (→ 여긴) 경복궁이에요.	*Das hier ist der Gyeongbok-Palast.*
거기는 (→ 거긴) 민수 씨 자리예요.	*Das da ist der (Arbeits-)Platz von Minsu.*
여기를 (→ 여길) 보세요.	*Schauen Sie bitte hier hin!*
저기를 (→ 저길) 가 보세요.	*Gehen Sie bitte dort drüben hin!*

Die Demonstrativpronomen können auch mit den Lokativpartikeln (z.B. 에, 에서) verwendet werden (▶ 14.2 | Lokativpartikel).

Demonstrativa + 에 + Existenzverb	**Demonstrativa + 에서 + Aktionsverb**
여기에 민수가 없어요. *Minsu ist nicht hier.*	저는 여기에서 살아요. *Ich wohne hier.*
거기에 롯데 호텔이 있어요. *Da/dort befindet sich das Hotel Lotte.*	거기에서 점심을 먹어요. *Da/dort esse ich zu Mittag.*
저기에 무엇이 있어요? *Was gibt es (denn) dort drüben?*	수미 씨가 저기에서 무엇을 해요? *Was macht Sumi dort drüben?*

Übungen

❶ Wie heißen die folgenden Gegenstände, Personen und Orte auf Koreanisch? Bilden Sie Sätze mit den Demonstrativa 이것, 이분, 이곳 (formell-höfliche SPS).

Beispiel:  (Kaffee) → <u>이것은 커피입니다</u>.

1.		(koreanisches Wörterbuch)	3.	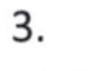	(Schreibtisch)
2.		(Bett)	4.		(Zeitung)

Beispiel:  (Großmutter von Sumi) → <u>이분은 수미의 할머니이십니다</u>.

5.	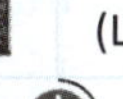	(Lehrer von Sumi)	6.		(Großvater von Sumi)

Beispiel:  (Flughafen) → <u>이곳은 공항입니다</u>.

7.		(Universität)	9.		(Café)
8.		(Bibliothek)	10.		(Supermarkt)

❷ a) Wählen Sie die passenden Demonstrativpronomen (이, 그 oder 저) und beschreiben Sie die folgenden Gegenstände je nach Entfernung von Ihnen.

hier	da	dort
가방, 한국어 책, 가족 사진	노트북,안경	한국어 사전, 연필

Beispiel: 가방 → a) <u>이것은</u> 제 가방이에요. (informell-höfliche SPS)

1. 안경
2. 한국어 책
3. 한국어 사전
4. 가족 사진
5. 노트북
6. 연필

b) Bilden Sie nun noch einmal die Sätze aus 2a) mit Kontraktionsformen.

❸ Was befindet sich hier, da und dort? Bilden Sie Sätze mit 여기, 거기, 저기.

Beispiel: hier – 회사 → <u>여기에</u> 회사가 있어요. (informell-höfliche SPS)

1. da – 백화점
2. hier – 병원
3. da – 시청
4. dort – 은행
5. da – 영화관
6. dort – 우체국

❹ Ersetzen Sie die unterstrichenen Satzteile durch die Demonstrativpronomen 여기, 거기, 저기 in Verbindung mit der Lokativpartikel 에서.

Beispiel: <u>이 회사에서</u> 일해요. → <u>여기에서</u> 일해요.

1. <u>저 커피숍에서</u> 수진 씨를 만나요.
2. <u>이 식당에서</u> 점심을 먹었어요.
3. <u>그 백화점에서</u> 옷을 샀어요.
4. <u>저 서점에서</u> 아르바이트를 해요.
5. <u>이 교실에서</u> 한국어 수업을 해요.
6. <u>그 대학교에서</u> 공부했어요.

17 Interrogativpronomen

Im Koreanischen gibt es eine Reihe von Fragewörtern, die teilweise mit denselben Kasus- und semantischen Partikeln verbunden werden können wie Substantive.

wer?	was?	wo?	wann?	wie viel?	wie?	warum?
누구	무엇	어디	언제	얼마	어떻게	왜

누구

Das Fragewort 누구 'wer' kann durch die Kopula 이다 sowie die Kasuspartikeln (Nominativ, Genitiv, Dativ, Akkusativ) ergänzt werden. Für den Nominativ gilt die Form 누가 und für den Akkusativ tritt in der gesprochenen Sprache die Kontraktionsform 누굴 auf.

Kombinationen von 누구		Formen	Funktion im Satz
Kopula	누구 + 이다	→ 누구이다	Prädikat
Nominativ	누구 + 가	→ 누가 (← 누구가)	Subjekt
Genitiv	누구 + 의	→ 누구의	Genitiv-Attribut
Dativ	누구 + 에게	→ 누구에게	indirektes Objekt
Akkusativ	누구 + 를	→ 누구를 (→ 누굴)	direktes Objekt

누구	Beispiele	
누구 + 이다 *wer ist*	누구입니까? / 누구예요?	*Wer sind Sie?*
누가 *wer*	오늘 누가 와요?	*Wer kommt heute?*
누구의 *wessen*	누구의 가방이에요?	*Wessen Tasche ist das?*
누구에게 *wem*	누구에게 보여 줘요?	*Wem soll ich das zeigen?*
누구를 *wen*	오늘 누구를 (→ 누굴) 만나요?	*Wen treffen Sie heute?*

무엇

Das Fragewort 무엇 'was' wird ebenfalls durch die Kopula 이다 sowie durch die Nominativ- bzw. Akkusativpartikeln 이 bzw. 을 ergänzt. Für alle Kombinationen treten in der gesprochenen Sprache Kontraktionsformen auf.

Kombinationen von 무엇		Formen	Funktion im Satz
Kopula	무엇 + 이다	→ 무엇이다 / 뭐다	Prädikat
Nominativ	무엇 + 이	→ 무엇이 / 뭐가	Subjekt
Akkusativ	무엇 + 을	→ 무엇을 / 뭘	direktes Objekt

무엇	Beispiele	
무엇 + 이다 *was ist*	무엇입니까? / 무엇이에요? (→ 뭡니까? / → 뭐예요?)	*Was ist das?*
무엇이 *was*	거기에 무엇이 (→ 뭐가) 있어요?	*Was gibt es da?*
무엇을 *was*	지금 무엇을 (→ 뭘) 해요?	*Was machen Sie jetzt?*

어디

Das Fragepronomen 어디 'wo' bezeichnet in Kombination mit den Lokativpartikeln 에, 에서 oder (으)로 einen Ort oder eine Richtung (▶ 14.2 | Lokativpartikeln). Die Verbindung von 어디 mit der Kopula 이다 wird als feststehender Ausdruck in der Bedeutung *'Wo bin ich?', 'Wo sind wir?'* verwendet.

Form	Beispiele	
어디 + 에 + Existenzverb	어디에 있어요?	*Wo befinden Sie sich?*
어디 + 에서 + Aktionsverb	어디에서 만나요?	*Wo treffen wir uns?*
어디 + KOP 이다	어디예요?	*Wo sind wir? [Wo ist das hier?]*

Bei 어디 + Bewegungsverb kontrastieren die Lokativpartikeln (으)로 'wohin' und 에서 'woher' zum Ausdruck der Richtung bzw. des Ausgangspunkts.

Form	Beispiele	
어디에서 + Bewegungsverb	어디에서 왔어요?	*Woher kommen Sie?*
어디로 + Bewegungsverb	어디로 가요?	*Wohin gehen Sie?*

어디	Beispiele	
wo (sich befinden)	지금 어디에 계세요?	*Wo befinden Sie sich jetzt?*
wo (Handlungsort)	어디에서 일해요?	*Wo arbeiten Sie?*
woher (Ausgangspunkt)	어디에서 출발해요?	*Von wo fahren Sie los?*
wohin (Zielpunkt)	어디로 이사해요?	*Wo ziehen Sie hin?*

언제, 얼마, 어떻게, 왜

Interrogativadverbien sind 언제 'wann', 얼마 'wie viel', 어떻게 'wie', 왜 'warum'. Sie werden weder mit Kasuspartikeln noch mit semantischen Partikeln verbunden.

Fragepronomen	Beispiele	
언제 *wann*	언제 한국에 가세요?	*Wann fliegen Sie nach Korea?*
얼마 *wie viel*	이 포도는 얼마예요?	*Wie viel kosten die Trauben?*
어떻게 *wie*	회사에 어떻게 가요?	*Wie kommen Sie zur Firma?*
왜 *warum*	아이가 왜 웁니까?	*Warum weint das Baby?*

어떤, 어느, 무슨, 몇

Die Fragepronomen können auch attributiv verwendet werden. Im Koreanischen gibt es vier attributiv gebrauchte Fragepronomen.

Fragepronomen (attributiv)	Bedeutung
어떤 *welche (-r,-s)*	fragt nach der Eigenschaft einer Person/Sache
어느 *welche (-r,-s)*	fragt nach der Auswahl von Alternativen
무슨 *was für eine (-r,-s)*	fragt nach allgemeinen Eigenschaften einer Person bzw. der Qualität einer Sache
몇 *wie viele / wie alt*	fragt nach einer Zahl, dem Maß, dem Gewicht, dem Alter einer Person oder Sache

무슨 und 어떤 werden in der gesprochenen Sprache oft unterschiedslos verwendet. Ein wesentlicher Unterschied zwischen 어느/어떤 und 무슨 besteht darin, dass hinter 어느/어떤 Formalnomen stehen können, hinter 무슨 dagegen nicht (▶ 11 | Formalnomen). Das Fragepronomen 어느/어떤 kann auch als Indefinitpronomen 'irgendjemand', 'irgendwer' verwendet werden (▶ 18 | Indefinitpronomen).

Fragewort	Formalnomen	Kombination
어느	것'Ding', 쪽'Seite', 분'Person'	어느 것, 어느 쪽, 어느 분
어떤		어떤 것, 어떤 쪽, 어떤 분

Fragewort	Beispiele	
어떤 / 어느	어떤/어느 것을 좋아해요?	*Welches Ding mögen Sie gerne?*
어떤 / 어느	어떤/어느 쪽으로 갈까요?	*In welche Richtung gehen wir?*
어느 + 분	어느 분이 김민수 씨세요?	*Welche Person ist Herr Kim Min-Su?*
어떤 + 분	어떤 분을 좋아하세요?	*Welche Person mögen Sie?*

Fragewort	Beispiele	
어떤	어떤 회사에 다니세요?	*In welcher Firma arbeiten Sie?*
어느	어느 옷을 살까요?	*Welche Kleidung sollen wir kaufen?*
어느	어느 나라에서 왔어요?	*Aus welchem Land kommen Sie?*
무슨	무슨 일을 하세요?	*Was für eine Arbeit machen Sie?*
몇	지금 몇 시예요?	*Wie viel Uhr ist es?*

📖 어느 나라에서 왔어요? ist eine feste Wendung für *'Woher kommen Sie?'* (Herkunft).

Übungen

❶ Setzen Sie die passenden Interrogativpronomen ein.

어떻게 · 어디 · 누구 · 언제 · 무엇 · 얼마 · 왜

1. A: 사과가 1kg 에 __________예요? B: 1kg 에 15.000 원이에요.
2. A: __________ 한국에 가요? B: 내년에 가요.
3. A: __________을 주문하시겠어요? B: 스파게티로 주세요.
4. A: 어제 __________ 학교에 안 왔어요? B: 아파서 못 갔어요.
5. A: 유미 씨, 지금 __________에 있어요? B: 집에 있어요.
6. A: 학교에 보통 __________ 가요? B: 걸어서 가요.
7. A: 주말에 __________와 영화를 봤어요? B: 민우 씨와 같이 봤어요.

❷ Setzen Sie die passenden Interrogativpronomen ein.

어느 · 어떤 · 몇 · 무슨

1. A: __________ 사람이 좋아요? B: 친절한 사람이 좋아요.
2. A: __________ 나라에서 왔어요? B: 프랑스에서 왔어요.
3. A: __________ 시에 만날까요? B: 두 시에 만나요.
4. A: __________ 명이세요? B: 다섯 명입니다.
5. A: __________ 책을 좋아해요? B: 소설책을 좋아해요.

❸ Setzen Sie die passenden Interrogativpronomen ein.

Beispiel: 지금 어디에서 공부해요? 도서관에서 공부해요.

1. A: 동생은 __________ 살아요? B: 제 동생은 서울에서 살아요.
2. A: __________ 한국에 가요? B: 내년에 한국에 가요.
3. A: __________ 소포가 왔어요. B: 한국에서 소포가 왔어요.
4. A: 다니엘 씨는 __________ 일해요? B: 다니엘 씨는 한국 회사에서 일해요.
5. A: __________이사하세요? B: 부산으로 이사해요.
6. A: 여기가 __________? B: 여기는 서울역이에요.

❹ Setzen Sie die passenden Interrogativpronomen ein.

Beispiel: 오늘 시내에서 누구를 만났어요. → 오늘 시내에서 수미를 만났어요?

1. A: __________ 케이크를 만들었어요? B: 제가 케이크를 만들었어요.
2. A: 오늘 __________ 전화를 했어요? B: 오늘 율리아에게 전화를 했어요.
3. A: 점심에 __________ 먹었어요? B: 점심에 햄버거를 먹었어요.
4. A: 이것은 __________ 가방이에요? B: 이것은 우리 선생님의 가방이에요.
5. A:생일 파티에 __________ 초대했어요? B: 생일 파티에 막스를 초대했어요.
6. A: 저분은 __________? B: 저 분은 수미의 아버지예요.
7. A: 이것은 __________? B: 이것은 한국 녹차예요.

18 Indefinitpronomen

Indefinitpronomen implizieren, dass Personen oder Sachen unbestimmt sind. Im Koreanischen werden sie auf drei Arten gebildet:

1) mit den Fragepronomen 어느/어떤

Die Fragepronomen 어느 und 어떤 'welche' können attributiv zu einem Nomen als Indefinitpronomen mit der Bedeutung 'irgendein/irgendeine' stehen und dabei durch das Zahlwort 한 ergänzt werden.

Fragepronomen 어느/ 어떤	*irgendein / irgendjemand*
어느 (한) 남자가 따라와요.	*Irgendein Mann folgt mir.*
어떤 (한) 아이가 소리쳐요.	*Irgendein Kind schreit.*

2) durch Ableitung des Indefinitpronomens von Fragepronomen

Die Fragepronomen 누구 'wer', 무엇 'was', 어디 'wo', 언제 'wann', 얼마 'wie viel' können in Kombination mit den Partikeln (이)나 'oder', (이)든지 'egal was' oder (이)라도 'auch' Indefinitpronomen bilden.

누구 + 나/든지/라도		*jeder / wer auch immer*	
누구 + 나	→ 누구나	누구나 할 수 있어요.	*Jeder kann das machen.*
누구 + 든지	→ 누구든지	누구든지 할 수 있어요.	
누구 + 라도	→ 누구라도	누구라도 할 수 있어요.	
무엇 + 이나/이든지/이라도		***alles / was auch immer***	
무엇 + 이나	→ 무엇이나	무엇이나 할 수 있어요.	*Egal was, ich kann alles tun.*
무엇 + 이든지	→ 무엇이든지	무엇이든지 할 수 있어요.	
무엇 + 이라도	→ 무엇이라도	무엇이라도 할 수 있어요.	
어디 + 나/든지/라도		***überall / wo auch immer***	
어디 + 나	→ 어디나	어디나 사람이 많아요.	*Überall sind viele Leute.*
어디 + 든지	→ 어디든지	어디든지 사람이 많아요.	
어디 + 라도	→ 어디라도	어디라도 사람이 많아요.	
언제 + 나/든지/라도		***jederzeit / wann auch immer***	
언제 + 나	→ 언제나	언제나 전화하세요.	*Rufen Sie mich jederzeit an!*
언제 + 든지	→ 언제든지	언제든지 전화하세요.	
언제 + 라도	→ 언제라도	언제라도 전화하세요.	
얼마 + 든지/라도		***wie viel auch immer***	
얼마 + 든지	→ 얼마든지	얼마든지 드세요.	*Essen Sie nach Herzenslust!*
얼마 + 라도	→ 얼마라도	얼마라도 드세요.	

3) durch die Kombination des Indefinitpronomens 아무 + Formalnomen

Das Indefinitpronomen 아무 'irgendein' kann ebenfalls in Kombination mit den semantischen Partikeln 나, 든지, 라도 verwendet werden. 아무 drückt mit der semantischen Partikel 도 und negiertem Verb zusammen das Negativpronomen 'niemand' aus. Es steht attributiv zu einem Formalnomen, das die Bedeutung festlegt.

Bezieht sich das Indefinitpronomen 아무 z.B. auf Gegenstände, dann wird es mit dem Formalnomen 것 'Ding' zusammen gebraucht: 아무 것 'irgendetwas'. Entsprechend werden die Formalnomen 곳 bzw. 데 für Ort und 때 für Zeit verwendet (아무 곳 bzw. 아무 데 'irgendwo', 아무 때 'irgendwann'). In diesem Fall fungiert 아무 als Attribut des folgenden Nomens. Die so gebildeten Indefinitpronomen werden dann mit den Partikeln 이나, 이든지, 이라도 (positiv) sowie 도 (negativ) kombiniert.

아무 + 나/든지/라도	*wer auch immer / jeder*	
아무 + 나 → 아무나	아무나 올 수 있어요.	*Wer auch immer, jeder kann kommen.*
아무 + 든지 → 아무든지	아무든지 올 수 있어요.	
아무 + 라도 → 아무라도	아무라도 올 수 있어요.	
아무 것 + 이나/이든지/이라도	*was auch immer / alles*	
아무 것 + 이나 → 아무 것이나	아무 것이나 잘 먹어요.	*Ich esse alles gerne (was auch immer).*
아무 것 + 이든지 → 아무 것이든지	아무 것이든지 잘 먹어요.	
아무 것 + 이라도 → 아무 것이라도	아무 것이라도 잘 먹어요.	

📖 In der gesprochenen Sprache werden häufig die Kontraktionsformen 아무거나, 아무거든지, 아무거라도 verwendet.

아무 곳/아무 데 + (이)나	*wo auch immer / irgendwo*	
아무 곳 + 이나 → 아무 곳이나	아무 곳이나 앉아요.	*Setzen wir uns irgendwo hin!*
아무 데 + 나 → 아무 데나	아무 데나 앉아요.	
아무 때 + 나/든지/라도	*wann auch immer / jederzeit*	
아무 때 + 나 → 아무 때나	아무 때나 오세요.	*Kommen Sie jederzeit!*
아무 때 + 든지 → 아무 때든지	아무 때든지 오세요.	
아무 + 도 + negiertes Verb	*niemand / nichts / nirgendwo*	
아무 + 도 → 아무도	아무도 없어요.	*Niemand ist da.*
아무 것 + 도 → 아무 것도	아무 것도 안 사요.	*Ich kaufe nichts.*
아무 데 + 도 → 아무 데도	아무 데도 안 가요.	*Wir gehen nirgendwo hin.*

Übungen

1 Setzen Sie die passenden Indefinitpronomen ein.

누구든지 · 얼마든지 · 무엇이든지 · 언제든지 · 어디든지

1. 무슨 음식을 잘 먹어요? → ___________ 잘 먹어요.
2. 언제 만날까요? → ___________ 괜찮아요.
3. 남산에 갈까요, 북한산에 갈까요? → ___________ 괜찮아요.
4. 누구를 초대할까요? → ___________ 좋아요.
5. 운동을 30 분 할까요, 한 시간 할까요? → ___________ 괜찮아요.

2 Setzen Sie die passenden Indefinitpronomen ein und übersetzen Sie die Sätze ins Deutsche.

아무 데나 · 얼마든지 · 누구나 · 어디나 ·
아무 데도 · 언제나 · 아무 것이나 · 아무 것도

1. 민수 씨는___________ 기분이 좋아요.
2. 율리아는 ___________ 맛있게 잘 먹어요.
3. 주말에는 ___________ 사람이 많아요.
4. 정말 ___________ 기타를 잘 칠 수 있어요?
5. 더 먹고 싶으면 ___________ 더 드세요.
6. 다리가 아파요. ___________앉지요.
7. 지금 돈이 없어요. ___________ 살 수 없어요.
8. 올 여름에는 바빠서 ___________ 갈 수 없어요.

3 Verbinden Sie die passenden Teile miteinander.

1. 커피나 녹차,
2. 영어나 독일어,
3. 한국 음식이나 독일 음식,
4. 이번 주나 다음 주,
5. 영화관이나 미술관,

a. 아무 것이든지 잘 먹어요.
b. 언제든지 연락하세요.
c. 아무 것이나 주세요.
d. 어디든지 괜찮아요.
e. 무엇이든지 잘해요.

4 Übersetzen Sie ins Deutsche.

1. 누구든지 생일 파티에 올 수 있어요.
2. 독일에 오면 언제든지 연락하세요.
3. 아무거나 사 오세요.
4. 어떤 한 아이가 밖에서 울어요.
5. 어떤 한 남자가 제게 말을 걸어요.
6. 이 식당은 언제나 사람이 많아요.
7. 다음 주는 아무 때나 좋아요.

Vokabelhilfe

말을 걸다 *ansprechen*
연락하다 *sich melden*

19 Grundzahlen und Ordnungszahlen

Wie das Deutsche unterscheidet auch das Koreanische zwischen Grundzahlen (Kardinalzahlen: 1, 2, 3 usw.), die zum Zählen und Rechnen gebraucht werden, und Ordnungszahlen (Ordinalzahlen: 1., 2., 3. usw.), die zur Angabe von Rang- und Reihenfolgen gebraucht werden. Das Koreanische verfügt über zwei Zahlensysteme: das rein-koreanische und das auf dem Chinesischen basierende sino-koreanische Zahlensystem. Die Zahlen beider Systeme werden unterschiedlich gebildet und in den meisten Fällen in unterschiedlichen Kontexten verwendet. Unterschiede bestehen auch hinsichtlich der Kombinierbarkeit beider Zahlensysteme mit verschiedenen Numeralklassifikatoren (NKK), die zur Zählung von Nomen verwendet werden (▶ 20 | Numeralklassifikatoren).

19.1 Grundzahlen

Die Zahlenreihe der rein-koreanischen Grundzahlen (RKG) ist geschlossen und umfasst nur die Zahlen von 1 bis 99. Zahlen ab 100 sowie die Zahl 0 müssen mit sino-koreanischen Grundzahlen (SKG) angegeben werden. Die Einer- und Zehnerzahlwörter der RKG lauten wie folgt.

1	2	3	4	5	6	7	8	9	10
하나 한	둘 두	셋 세	넷 네	다섯	여섯	일곱	여덟	아홉	열
11	**12**	**13**	**14**	**15**	**16**	**17**	**18**	**19**	**20**
열하나 열한	열둘 열두	열셋 열세	열넷 열네	열다섯	열여섯	열일곱	열여덟	열아홉	스물 스무
21		**30**	**40**	**50**	**60**	**70**	**80**	**90**	**99**
스물하나 스물한		서른	마흔	쉰	예순	일흔	여든	아흔	아흔아홉

Zur Bildung der RKG ab 11 werden die Einerzahlen von 1 bis 9 an die jeweiligen Zehnerzahlwörter angehängt. Dementsprechend werden z.B. die Zahlen 11 als 열하나 = 10(+)1 und 99 als 아흔아홉 = 90(+)9 wiedergegeben. Die Zahlen 1, 2, 3, 4 und 20 werden auch in zusammengesetzten Zahlen wie 11 oder 31 in den Kurzformen 한, 두, 세, 네 und 스무 gebraucht, wenn sie vor einem Numeralklassifikator oder einem Nomen stehen (▶ 20 | Numeralklassifikatoren).

Nomen + Zahlen + NKK		Zahlen + Nomen	
커피 세 잔	*drei Tassen Kaffee*	두 아들	*zwei Söhne*

Die Reihe der SKG ist offen, hier können alle Zahlen gebildet werden. Die Zahlen von 11 bis 19 werden durch das Nachstellen des Einerzahlwortes hinter das Zehnerzahlwort 십 gebildet: 11 십일 = 10(+)1. Die Vielfachen von 10 werden durch das Voranstellen der Einerzahlen vor 십 gebildet: 20 이십 = 2(x)10. Die zusammengesetzten Zahlen der SKG-Reihe ab 21 werden in absteigender Größe der entsprechenden Zahlwörter mit voranstehender Anzahl der Einheiten und Nachstellen der weiteren Komponenten gebildet: 31 삼십일 = 3(x)10(+)1. Die Bildung von Hunderter-, Tausender-, Zehntausenderzahlen usw. ist regelmäßig und folgt demselben Muster: 80.754 = 팔만칠백오십사 = 8(x)10.000 (+) 7(x)100 (+) 5(x)10 (+) 4.

0	1	2	3	4	5	6	7	8	9	10
공/영	일	이	삼	사	오	육	칠	팔	구	십
	11	12	13	14	15	16	17	18	19	20
	십일	십이	십삼	십사	십오	십육	십칠	십팔	십구	이십
	30	40	50	60	70	80	90	99	100	1.000
	삼십	사십	오십	육십	칠십	팔십	구십	구십구	백	천

10.000	100.000	1 Million	1 Milliarde	1 Billion
만	십만	백만	십억	일조

Die Zahl 0 der SKG-Reihe hat zwei Varianten: 공 wird zum Zählen und bei der Angabe von Nummern gebraucht, 영 zum Rechnen. Für 10.000 gibt es im Koreanischen ein eigenes Zahlwort 만, das für die Bildung der Vielfachen von 10.000 bis 1.000.000 benutzt wird. Die SKG werden i.d.R. verwendet, um größere Zahlen ab 100 wiederzugeben und um Mengen-, Maß- und Währungseinheiten oder Preise anzugeben: z.B. 오십 킬로그램 '50 kg', 천 유로 '1.000 Euro'. Sie können ebenso zur Angabe von Nummern wie Telefonnummern, Hausnummern, Nummern für Verkehrsmittel sowie zum Rechnen und für Bruchzahlen gebraucht werden.

Tel. 954-2870	Gebäude 110	Haus-Nr. 25
구오사 – 이팔칠공번	백십동	이십오번지
Zimmer-Nr. 361	**U-Bahnlinie 4**	**Busnummer 63**
삼백육십일호실	지하철 사호선	육십삼번 버스

Der Bindestrich in Telefonnummern wird /에/ ausgesprochen und steht anstelle einer Sprechpause im Deutschen.

2 + 2 = 4	7 – 4 = 3	7 x 1 = 7
이 (+) 이는 사	칠 (–) 사는 삼	칠 (x) 일은 칠
6 ÷ 3 = 2	**½**	**0.36**
육 (÷) 삼은 이	이분의 일	영점 삼육

Die Grundrechenarten lauten 더하기(+), 빼기(–), 곱하기(x) und 나누기 (÷).

19.2 Ordnungszahlen

Koreanische Ordnungszahlen markieren die Rang- bzw. Reihenfolge (erster Platz, zweiter Platz, dritte Straße) oder Nummer (Nr. 1, Nr. 2 usw.). RK-Ordnungszahlen werden aus den RKG + Suffix –째 gebildet, SK-Ordnungszahlen mit dem Präfix 제– + SKG. Ausnahmen sind die RK-Ordnungszahlwörter 첫째 'erstens' und 첫 번째 'der/die/das erste'.

RKG + Suffix –째		Präfix 제– + SKG	
첫째	*erstens*	제일	*(der/die/das) erste*
둘째	*zweitens*	제이	*(der/die/das) zweite*
셋째	*drittens*	제삼	*(der/die/das) dritte*
RKG + Suffix (–번)째		**(제) + SKG + Suffix (번)**	
첫 (번)째	*(der/die/das) erste*	(제) 일번	*Nr. 1*
두 (번)째	*(der/die/das) zweite*	(제) 이번	*Nr. 2*
세 (번)째	*(der/die/das) dritte*	(제) 삼번	*Nr. 3*
열한 번째	*(der/die/das) elfte*	(제) 십일번	*Nr. 11*

Der Numeralklassifikator 번 für Nummern kann mit RKG und SKG kombiniert werden, wobei er eine unterschiedliche Bedeutung hat. In Kombination mit einer RKG bedeutet 번 Mal: 한 번 'einmal', 두 번 'zweimal', 세 번 'dreimal', mit einer SKG dagegen bezeichnet 번 Nummern: 일번 'Nr. 1', 이번 'Nr. 2', 삼번 'Nr. 3'. Wird 번 zusammen mit dem Suffix –째 gebraucht, markiert er eine Reihenfolge oder eine Häufigkeit, während er zusammen mit 제 Nummern bezeichnet.

RKG + 번째		(제) + SKG + 번	
첫 번째 출구	*der erste Ausgang*	(제) 일번 출구	*Ausgang Nr. 1*
세 번째 버스	*der dritte Bus*	(제) 삼번 버스	*Bus Nummer 3*

🕮 Bei den SK-Ordnungszahlen wird das Attribut 제 häufig ausgelassen und meist nur in formalen Kontexten und Publikationen gebraucht.

Die SK-Ordnungszahlen werden i.d.R. in Verbindung mit Numeralklassifikatoren wie 회 'Xte Serienfolge', 차 'Xte Reihenfolge', 과 'Xte Lektion', 등 'Xte(r) Grad / Rangfolge' usw. verwendet.

(제) + SKG + NKK		
(제) + SKG + 과	(제) 6 과	*die sechste Lektion / Lektion 6*
(제) + SKG + 회	드라마 (제) 5 회	*die fünfte Folge (einer TV-Serie)*
(제) + SKG + 차	제 2 차 시험	*die zweite Prüfung*
SKG + 등	1 등 / 일등	*der/die Beste (beim Examen, im Wettkampf)*

Übungen

❶ Geben Sie folgende Zahlen mit rein-koreanischen Grundzahlen wieder.

2 · 5 · 8 · 14 · 16 · 20 · 23 · 25 · 36 · 19 · 38 · 41 · 47 · 63 · 52 · 55 · 60 · 76 · 81 · 89 · 92 · 94

❷ Geben Sie folgende Zahlen mit sino-koreanischen Grundzahlen wieder.

0 · 3 · 14 · 52 · 64 · 87 · 99 · 120 · 376 · 412 · 925 · 1.216 · 7.323 · 8.469 · 43.625 · 587.633

❸ Geben Sie folgende Zahlen in Ziffern an.

열일곱 · 삼 · 팔십오 · 오십칠 · 예순둘 · 아흔넷 · 칠백삼십구 · 오천이백사십팔 · 칠천팔백 · 만 사천이백삼십 · 십일만 천백육십 · 백이십만 · 스물다섯 · 마흔여섯 · 육백이십만 · 이십삼만 오천 · 공

❹ Geben Sie die Größe und das Gewicht der jeweiligen Personen in Worten wieder.

Beispiel: 이소연 (135cm, 29kg) → 백삼십오 센티미터, 이십구 킬로그램

1. 이은진 (165cm, 56kg)
2. 이민아 (154cm, 48kg)
3. 김영우 (182cm, 90kg)
4. 신민수 (179cm, 63kg)

❺ Schreiben Sie die Zahlen in den Sätzen aus.

Beispiel: 제 전화 번호는 950-4789 예요. → 제 전화 번호는 구오공-사칠팔구예요.

1. 제 휴대전화 번호는 011-7140-6325 예요. → ______________________.
2. 630 번 버스를 타세요. → ______________________.
3. 지하철 3 호선을 타세요. → ______________________.
4. 쌀 20 킬로그램을 샀어요. → ______________________.
5. 저희 집 주소는 1105 동 302 호입니다. → ______________________.
6. 9 곱하기 0 은 0, 21 더하기 5 는 26 입니다. → ______________________.

❻ Geben Sie die Preise auf Koreanisch an.

Beispiel: 청바지가 얼마예요? (35.000 Won) → 청바지는 삼만 오천 원이에요.

1. 시계 (53.200 Won)
2. 운동화 (59,90 Euro)
3. 치마 (41.000 Won)
4. 안경 (89,00 Dollar)
5. 컴퓨터 (950.000 Won)
6. 커피 (2,50 Euro)

❼ Vervollständigen Sie die Sätze anhand der Übersetzung und schreiben Sie die Ordnungszahlen in Worten.

1. 한국의 __________ 대통령은 누구입니까? *Wer ist der erste Präsident von Korea?*
2. _____________ 를 펴 주세요. *Schlagen Sie bitte Lektion 6 (die sechste Lektion) auf!*
3. 저는 ____________ 아들입니다. *Ich bin der dritte Sohn.*
4. 그는 _____________ 손님입니다. *Er ist der vierte Kunde.*
5. __________ 버스를 타세요. *Nehmen Sie bitte den Bus Nummer 5!*

20 Numeralklassifikatoren

Normalerweise stehen Zahlen im Koreanischen nicht alleine, sondern treten mit Numeralklassifikatoren (NKK) auf. NKK werden verwendet, wenn Mengen- oder Maßangaben gemacht werden. Je nach Art des Nomens werden unterschiedliche NKK verwendet, beispielsweise für Menschen, Gegenstände oder Tiere. Numeralklassifikatoren können nicht alleine stehen, sondern werden in Kombination mit einem dazugehörigen Nomen und einem Zahlwort verwendet. In den folgenden Tabellen sind die gebräuchlichsten NKK mit den RKG und SKG angegeben. Die Beispiele in beiden Tabellen sind nach dem häufigsten Bildungstyp Nomen + Zahlwort + NKK gebildet.

Numeralklassifikatoren mit RKG

NKK	Nomenkategorie	Beispiele	
사람	Personen/Menschen	고객 한 사람	*ein Kunde*
명	Personen/Menschen	독일 사람 한 명	*ein Deutscher*
분	Personen (honorativ)	선생님 두 분	*zwei Lehrer*
개	generell für Dinge	사과 두 개	*zwei Äpfel*
권	Bücher, Buchbände	책 여섯 권	*sechs Bücher*
병	Flaschen	맥주 다섯 병	*fünf Flaschen Bier*
잔	Tassen, Gläser	커피 두 잔	*zwei Tassen Kaffee*
장	Papierblätter, Tickets	우표 세 장	*drei Briefmarken*
마리	Tiere	고양이 세 마리	*drei Katzen*
대	Fahrzeuge, Maschinen	자동차 한 대	*ein Auto*
자루	lange Stöcke, Stifte	연필 두 자루	*zwei Bleistifte*
그릇	Schüsseln, Gefäße	국 한 그릇	*eine Schüssel Suppe*

Numeralklassifikatoren mit SKG

NKK	Nomenkategorie	Beispiele	
층	Etagen	3층 / 삼 층	*dritte Etage*
인분	Portionen	불고기 사 인분	*vier Portionen Bulgogi*
원	Won (kor. Währung)	10,000원 / 만 원	*10.000 Won*
유로	Euro	용돈 50유로	*50 Euro Taschengeld*
달러/불	Dollar	20달러 / 20불	*20 Dollar*
쪽/페이지	Seiten	16쪽 / 16페이지	*Seite 16*
번	Nummern	일 번, 이 번	*Nr. 1, Nr. 2*

Insgesamt gibt es vier unterschiedliche Bildungstypen mit Zahlwörtern.

Bildungstypen	Beispiele	
1) Nomen + Numeralia	학생 셋이 와요.	*Drei Studenten kommen.*
2) Nomen + Numeralia + NKK	학생이 세 명 와요.	
3) Numeralia + Nomen	세 학생이 와요.	
4) Numeralia + NKK + 의 (Genitiv) + Nomen	세 명의 학생이 와요	

Typ 1) ist i.d.R. in Verbindung mit belebten Nomen, besonders Personen gebräuchlich, wobei er nur mit rein-koreanischen Zahlen verwendet wird. Eine Ausnahme ist das Bestellen von Getränken oder Essen.

Gebrauch	Nomen + Numeralia	
belebte Nomen	경찰 넷이 와요.	*Vier Polizisten kommen.*
Essen bestellen	비빔밥 하나 주세요!	*Eine Portion Bibimbap, bitte!*
Getränke bestellen	커피 셋 주세요!	*Drei Tassen Kaffee, bitte!*

Typ 2) wird im Alltag am häufigsten verwendet. Dabei werden die Kasuspartikeln 이/가 und 을/를 entweder an ein Nomen oder an den NKK angehängt.

Kasuspartikeln	Nomen + Numeralia + NKK	
N + 이/가 (Nominativ)	좋은 친구가 두 명 있어요. 좋은 친구 두 명이 있어요.	*Ich habe zwei gute Freunde.*
N + 을/를 (Akkusativ)	하루에 사과를 두 개 먹어요. 하루에 사과 두 개를 먹어요.	*Ich esse zwei Äpfel pro Tag.*

Typ 3) ist heutzutage nicht mehr so gebräuchlich, kommt aber dennoch in der gesprochenen Sprache vor.

Numeralia + Nomen	
두 차로 갑시다.	*Lasst uns mit zwei Autos fahren!*
민수와 수미, 두 사람이 친해요.	*Minsu und Sumi, die beiden sind befreundet.*

Typ 4) wird in formellen Kontexten und in der Schriftsprache verwendet.

Numeralia + NKK + 의 (Genitiv) + Nomen	
열 권의 잡지를 샀어요.	*Ich habe zehn Zeitschriften gekauft.*
아침마다 한 잔의 커피를 마셔요.	*Jeden Morgen trinke ich eine Tasse Kaffee.*

Übungen

❶ Fügen Sie die passenden Numeralklassifikatoren ein.

마리 잔 장 개 병 대 그릇 층

1. 사무실은 삼 _______에 있어요.
2. 사과 여섯 _______ 주세요.
3. 우유 한 _______을 마셨어요.
4. 사진 다섯 _______을 찾았어요.
5. 냉면 한 _______ 주세요.
6. 강아지 두 _______가 달려 와요.
7. 냉장고가 두 _______ 있어요.
8. 맥주 세 _______ 주세요.

❷ Bilden Sie Sätze mit passenden Zahlen und Numeralklassifikatoren. Achten Sie auf die Stellung der Kasuspartikeln!

Beispiel: 커피(drei Tassen Kaffee) → 커피가 세 잔 있어요. 커피 세 잔이 있어요.

1. 고양이 (vier Katzen)
2. 자전거 (drei Fahrräder)
3. 기차표 (acht Zugfahrkarten)
4. 사전 (zwei Wörterbücher)
5. 손님 (zwanzig Gäste)
6. 연필 (fünf Bleistifte)

❸ Kreuzen Sie an: richtig oder falsch?

	R	F
1. 와인 네 잔을 마시고 있어요.	□	□
2. 수미는 책 셋을 읽어요.	□	□
3. 커피를 여섯 권 주문했어요.	□	□
4. 토마토 다섯 개를 사요.	□	□
5. 한국에 세 번 갔어요.	□	□
6. 종이 두 자루가 필요해요.	□	□
7. 한 컵의 물을 마십니다.	□	□
8. 새 두 마리가 날고 있어요.	□	□

❹ Bestellen Sie die folgenden Gerichte und Getränke in den angegebenen Mengen.

Beispiel: 녹차 (eine Tasse grüner Tee) → 녹차 한 잔 주세요. 녹차 하나 주세요.

1. 비빔밥 (zwei Schüsseln Bibimbap)
2. 불고기 (drei Portionen Bulgogi)
3. 라면 (drei Schüsseln Ramen)
4. 콜라 (vier Flaschen Cola)

❺ Ergänzen Sie die passenden Zahlen und Numeralklassifikatoren zu den Bildern.

Beispiel: 사과가 한 개, 그리고 고양이가 한 마리 있어요.

1. 우표가 ___________, 그리고 책이 ___________ 있어요.
2. 생선이 ___________, 그리고 컵이 ___________ 있어요.
3. 연필이 ___________, 그리고 음료수가 ___________ 있어요.
4. 사람이 ___________, 그리고 바나나가 ___________ 있어요.
5. 포크가 ___________, 그리고 접시가 ___________ 있어요.

21 Zeit-, Datums- und Altersangabe

Zeitangabe

Für die Angabe der Uhrzeit können sowohl RKG als auch SKG verwendet werden. Die Angabe der Stunden 시 (Uhr) erfolgt mit RKG, die Angabe der Minuten 분 sowie Sekunden 초 dagegen mit SKG.

Stunden	1 Uhr	2 Uhr	3 Uhr	4 Uhr	9 Uhr	12 Uhr
RKG	한 시	두 시	세 시	네 시	아홉 시	열두 시

Std. + Min.	1:30	3:50	4:20	7:05
RKG + SKG	한 시 삼십 분	세 시 오십 분	네 시 이십 분	일곱 시 오 분

Min. + Sek.	11 Min. 46 Sek.	5 Min. 13 Sek.	6 Min. 27 Sek.
SKG + SKG	십일 분 사십육 초	오 분 십삼 초	육 분 이십칠 초

Die Angabe der Zeitdauer in Stunden 시간 wird mit RKG gezählt.

Stunden	1 Std.	2 Std.	3 Std.	4 Std.	5 Std.	12 Std.
RKG	한 시간	두 시간	세 시간	네 시간	다섯 시간	열두 시간

Monatsangabe

Monate 월 werden mit SKG gezählt. Die koreanischen Monatsnamen für Juni und Oktober haben eine unregelmäßige Form: 유월 und 시월.

Monat	Januar	Februar	März	April	Mai	Juni
SKG	일월	이월	삼월	사월	오월	유월
Monat	**Juli**	**August**	**September**	**Oktober**	**November**	**Dezember**
SKG	칠월	팔월	구월	시월	십일월	십이월

Um die Monatsdauer auszudrücken, benutzt man entweder RKG oder SKG. Der NKK 달 'Monat' (wörtl. 'Mond') wird nur mit RKG gebraucht, während der NKK 개월 (wörtl. 'Stück Monat') nur mit den SKG verwendet wird.

Monate	1 Monat	2 Monate	3 Monate	4 Monate	12 Monate
RKG	한 달	두 달	세 달 (석 달)	네 달 (넉 달)	열두 달
SKG	일 개월	이 개월	삼 개월	사 개월	십이 개월

📖 Bei einer Dauer von drei und vier Monaten kann 세 달, 네 달 jeweils durch 석 달 und 넉 달 ersetzt werden.

Datumsangabe (Jahr, Monat ,Tag)

Bei der Datumsangabe für das Jahr 년, den Monat 월 und den Tag 일 werden nur SKG verwendet, wobei sie in der Reihenfolge Jahr – Monat – Tag stehen.

1945 년 8 월 15 일 (15. August 1945)	2013 년 5 월 6 일 (6. Mai 2013)
천구백사십오년 팔월 십오일	이천십삼년 오월 육일

Altersangabe

In der Regel wird das Alter mit den RKG in Verbindung mit dem Numeralklassifikator 살 angegeben. Wird das Alter mit den SKG angegeben, muss der NKK 세 gebraucht werden.

Altersangabe	18 Jahre alt	23 Jahre alt	51 Jahre alt	60 Jahre alt	70 Jahre alt
RKG	열여덟 살	스물세 살	쉰한 살	예순 살	일흔 살
SKG	십팔 세	이십삼 세	오십일 세	육십 세	칠십 세

In offiziellen Dokumenten wird meist 세 verwendet, in der gesprochenen Sprache 살.

Übungen

❶ Übersetzen Sie folgende Datumsangaben (Jahr – Monat – Tag) ins Koreanische.

1. August
2. 17. Juli
3. 30. Juni 1987
4. 3. Oktober
5. 24. September
6. 8. Januar 2014

❷ Beantworten Sie die Fragen. Schreiben Sie die Zeitangaben in Worten aus.

Beispiel: 몇 시에 학교에 가요? (아침 7:30) → 아침 일곱 시 삼십 분에 가요.

1. 지금은 몇 시예요? (2:13:32)
2. 영화는 몇 시에 시작해요? (저녁 7:40)
3. 몇 시에 서울에 도착해요? (오후 3:14)
4. 몇시에 병원에 가요? (오전 11:15)
5. 몇 시에 일어나요? (아침 6:30)
6. 수업이 몇 시에 있어요? (오전 9 시)

❸ Fügen Sie die in Klammern stehenden Angaben auf Koreanisch ein.

1. 제 생일은 ____________입니다. (9. Oktober)
2. 서울에서 부산까지 기차로____________ 걸립니다. (vier Stunden)
3. ____________에 민수 씨와 약속이 있습니다. (12 Uhr 30)
4. ____________에 독일로 출장을 갑니다. (Mai)
5. ____________ 동안 한국을 여행했습니다. (drei Monate)

❹ Geben Sie das Alter in rein-koreanischen und sino-koreanischen Worten an.

Beispiel: 이연정 (9 Jahre alt) → 아홉 살 (rein-koreanisch), 구 세 (sino-koreanisch)

1. 이수연 (45 Jahre alt)
2. 김영우 (32 Jahre alt)
3. 박민주 (14 Jahre alt)
4. 최민수 (27 Jahre alt

22 Passivsätze

Anders als im Aktivsatz, in dem das handelnde Subjekt – der Urheber – hervorgehoben wird, steht im Passivsatz der Vorgang im Mittelpunkt. Dabei ist die handelnde Person weniger wichtig und bleibt oft unerwähnt. Bei der Transformation von einem Aktiv- in einen Passivsatz verändert sich die grammatische Beziehung zwischen Subjekt und Objekt. Im Passivsatz wird das Objekt des Aktivsatzes zum Subjekt und wird dementsprechend durch die Nominativpartikel 이 bzw. 가 markiert. Das Subjekt des Aktivsatzes hingegen wird zum Urheber im Passivsatz, der durch die Dativpartikel 에게 bzw. 한테 markiert wird (▶ 13–14 | Partikeln). Aktiv- und Passivsätze haben folgende Strukturen:

Aktivsatz			Passivsatz		
Subjekt$_{NP1}$	**Objekt$_{NP2}$**	**Verb$_{Aktiv}$**	**Subjekt$_{NP2}$**	**Urheber$_{NP1}$**	**Verb$_{Passiv}$**
개가	수미를	물었어요.	수미가	개에게/한테	물렸어요.
Der Hund hat Sumi gebissen.			*Sumi wurde von dem Hund gebissen.*		

Im Koreanischen gibt es zwei Möglichkeiten, Passivsätze zu bilden:

1) durch das Anfügen der Passivsuffixe –이, –기, –리, –히 an den Verbstamm,
2) durch die Verwendung von Passivverben.

22.1 Verbstamm + Passivsuffixe –이, –기,–리, –히

Die Passivform von Verben wird durch das Anfügen der Passivsuffixe –이, –기, –리, –히 an den Verbstamm gebildet. Die Auswahl der Suffixe folgt zwar keinen festen Regeln, orientiert sich jedoch an den folgenden Kriterien:

1) –이 wird an Verben angeschlossen, deren Stamm auf einen Vokal oder auf ㅎ endet.
2) –기 wird meist an Verben angeschlossen, deren Stamm auf einen Nasal bzw. Nasal + ㅎ auslautet, oft auch auf ㅅ, ㅈ.
3) –리 wird an Verben angeschlossen, deren Stamm auf ㄹ auslautet.
4) –히 wird an Verben angeschlossen, deren Stamm auf andere Vokale oder Konsonanten auslautet als in 1), 2) oder 3) erwähnt.

Infinitiv	Passivsuffixe	Passivform
보다 *sehen*	–이	보이다 *gesehen / sichtbar werden*
쫓다 *jagen / verfolgen*	–기	쫓기다 *gejagt / verfolgt werden*
팔다 *verkaufen*	–리	팔리다 *verkauft werden*
닫다 *schließen*	–히	닫히다 *geschlossen werden*

Die Tabelle zeigt einige mittels der obigen Passivsuffixe gebildete Passivverben:

VS + Passivsuffix -이			VS + Passivsuffix -기		
쌓다 *anhäufen*	→	쌓이다 *angehäuft werden*	끊다 *abbrechen*	→	끊기다 *abgebrochen werden*
쓰다 *benutzen*	→	쓰이다 *benutzt werden*	씻다 *waschen*	→	씻기다 *gewaschen werden*
파다 *graben*	→	파이다 *gegraben werden*	안다 *umarmen*	→	안기다 *umarmt werden*
VS + Passivsuffix -리			**VS + Passivsuffix -히**		
듣다 *hören*	→	들리다 *gehört werden*	먹다 *essen*	→	먹히다 *gegessen werden*
물다 *beißen*	→	물리다 *gebissen werden*	업다 *tragen*	→	업히다 *getragen werden*
열다 *öffnen*	→	열리다 *geöffnet werden*	잡다 *fangen*	→	잡히다 *gefangen werden*

22.2 Passivverben

Passivsätze können auch durch die Verwendung von Passivverben, d.h. von Verben, die eine intrinsisch passivische Bedeutung tragen, gebildet werden. Diese Verben werden durch die Kombination aus einem Nomen und Verben wie 당하다 'erleiden', 되다 'werden', 받다 'erhalten', 듣다 'hören' gebildet und als Suffixe behandelt, d.h. sie werden direkt mit dem Nomen als Einheit geschrieben.

Nomen + Passivverben	dt. Entsprechungen
사고 + 당하다 → 사고당하다	*einen Unfall erleiden*
해고 + 당하다 → 해고당하다	*entlassen werden*
등록 + 되다 → 등록되다	*registriert werden*
보호 + 되다 → 보호되다	*geschützt werden*
꾸중 + 듣다 → 꾸중듣다	*getadelt werden [Tadel hören]*
칭찬 + 듣다 → 칭찬듣다	*gelobt werden [Kompliment hören]*
사랑 + 받다 → 사랑받다	*geliebt werden [Liebe bekommen]*
초대 + 받다 → 초대받다	*eingeladen werden [Einladung erhalten]*

Die oben beschriebene Konstruktion Nomen + Passivverb wird zum Ausdruck des Passivs für die meisten Verben verwendet, die aus Nomen + 하다 gebildet sind. Die Tabelle zeigt die Aktiv- und Passivformen für diese Verben.

Aktiv = Nomen + 하다	Passiv = Nomen + Passivverben
사장이 저를 해고했어요. *Der Chef hat mich entlassen.*	사장한테 해고당했어요. *Ich bin vom Chef entlassen worden.*
그는 수미를 사랑해요. *Er liebt Sumi.*	수미는 그에게 사랑받아요. *Sumi wird von ihm geliebt.*
어머니께서 저를 꾸중하셨어요. *Meine Mutter hat mich getadelt.*	어머니께 꾸중들었어요. *Ich wurde von meiner Mutter getadelt.*

Übungen

❶ Bilden Sie die Passivformen mit den Suffixen -이 und -히.

Beispiel: 산 – 보다 → 산이 보여요.

1. 스트레스 – 쌓다
2. 경찰에게 도둑 – 잡다
3. 문 – 닫다
4. 한국 요리에 간장 – 잘 쓰다
5. 엄마에게 아이 – 업다
6. 매운 음식 – 잘 먹다

❷ Bilden Sie Passivsätze mit den in Klammern stehenden Verben. Benutzen Sie als Zeitform die Vergangenheit.

Beispiel: 도둑이 경찰에게 ________(쫓다 *jagen*). → 도둑이 경찰에게 쫓겼어요.

1. 범인이 경찰에게 ____________________(잡다 *fangen*).
2. 작년부터 친구와 연락이 ____________________(끊다 *abbrechen*).
3. 동생이 강아지한테 ____________________(물다 *beißen*).
4. 저녁 8 시에 백화점 문이 ____________________(닫다 *schließen*).
5. 일이 많아서 피로가 많이 ____________________(쌓다 *häufen*).

❸ Bilden Sie Passivsätze mit den Suffixen -리 und -기 mit den angegebenen Zeitformen. Achten Sie auf die Kasuspartikeln.

Beispiel: 전화벨 소리 – 듣다 (Präsens) → 전화벨 소리가 들려요.

1. 사과 – 손님들 – 잘 팔다 (Präsens)
2. 수미 – 모기 – 물다 (Präteritum)
3. 문 – 열다 (Präteritum)
4. 도둑 – 경찰 – 쫓다 (Präsens)
5. 아이 – 아빠 – 안다 (Präsens)
6. 전화 – 끊다 (Präteritum)

❹ Übersetzen Sie ins Deutsche.

1. 형이 오늘 아버지께 꾸중들었어요.
2. 병원에서 검사받았어요.
3. 학교에서 오늘 선생님께 칭찬받았어요.
4. 회사에서 해고당했어요.
5. 저녁 식사에 초대받았어요.

23 Kausativsätze

Das Kausativ drückt das Veranlassen einer Handlung oder eines Zustands aus. Im Koreanischen werden drei Formen der Kausativbildung unterschieden:

1) durch Anfügen der Kausativsuffixe –이, –기, –리, –히, –우 an den Verbstamm
2) durch die Kombination des Adverbialsuffixes –게 mit dem Hilfsverb 하다 'tun'
3) durch das Kausativverb 시키다 'veranlassen, etwas zu tun'

23.1 Verbstamm + Kausativsuffixe –이, –기, –리, –히, –우

Die Kausativform von Verben wird durch das Anfügen der Kausativsuffixe –이, –기, –리, –히, –우 an den Verbstamm gebildet. Die Auswahl des Kausativsuffixes folgt keinen festen Regeln, so dass für jedes einzelne Verb das entsprechende Kausativsuffix separat gelernt werden muss. Nach Verbstämmen, die auf den Konsonanten ㄹ auslauten, steht jedoch immer das Kausativsuffix –리.

Infinitiv	Kausativsuffix	Kausativform
죽다 *sterben*	–이	죽이다 *jemanden töten*
웃다 *lachen*	–기	웃기다 *jemanden zum Lachen bringen*
울다 *weinen*	–리	울리다 *jemanden zum Weinen bringen*
입다 *sich anziehen*	–히	입히다 *jemanden anziehen*
깨다 *aufwachen*	–우	깨우다 *jemanden wecken*

Die Tabelle zeigt einige der durch Suffixe gebildeten Kausativverben.

VS + Kausativsuffix –이			VS + Kausativsuffix –기		
먹다 *essen*	→	먹이다 *füttern*	남다 *übrig bleiben*	→	남기다 *übrig lassen*
속다 *sich täuschen*	→	속이다 *täuschen*	숨다 *sich verstecken*	→	숨기다 *etwas/jmdn. verstecken*
보다 *sehen*	→	보이다 *zeigen*	신다 *Schuhe tragen*	→	신기다 *jmdm. Schuhe anziehen*
VS + Kausativsuffix –리			**VS + Kausativsuffix –히**		
알다 *wissen*	→	알리다 *mitteilen*	앉다 *sitzen*	→	앉히다 *jmdn. hinsetzen*
날다 *fliegen*	→	날리다 *fliegen lassen*	읽다 *lesen*	→	읽히다 *lesen lassen*

VS + Kausativsuffix -리		VS + Kausativsuffix -히	
얼다 → *frieren*	얼리다 *einfrieren*	넓다 → *breit sein*	넓히다 *verbreitern*
울다 → *weinen*	울리다 *zum Weinen bringen*	눕다 → *sich hinlegen*	눕히다 *jmdn. hinlegen*
VS + Kausativsuffix -우			
깨다 → *aufwachen*	깨우다 *wecken*	자다 → *schlafen*	재우다 *in den Schlaf wiegen*
서다 → *halten*	세우다 *anhalten*	타다 → *brennen*	태우다 *brennen lassen*

📖 Einige Verben wie 자다, 서다, 타다 bilden unregelmäßige Kausativformen, wenn sie mit dem Kausativsuffix -우 verwendet werden: 재우다, 세우다, 태우다.

Kausativsätze haben die folgende Struktur:

N + 이/가 + Verb	N + 을/를 + Kausativverb
쥐가 죽었어요. *Die Maus ist tot.*	고양이가 쥐를 죽였어요. *Die Katze hat die Maus getötet.*
수미가 웃어요. *Sumi lacht.*	민수가 수미를 웃겨요. *Minsu bringt Sumi zum Lachen.*
어머니가 울어요. *Die Mutter weint.*	아이가 어머니를 울려요. *Das Kind bringt seine Mutter zum Weinen.*
음식이 남았어요. *Das Essen ist übrig geblieben.*	유미가 음식을 남겼어요. *Yumi hat ihr Essen übrig gelassen.*

N + 이/가 + Verb	N + 에게 N + 을/를 + Kausativverb
아이가 빵을 먹어요. *Das Kind isst Brot.*	엄마가 아이에게 빵을 먹여요. *Die Mutter gibt dem Kind Brot zu essen.*
학생들이 책을 읽어요. *Die Schüler lesen Bücher.*	선생님이 학생들에게 책을 읽혀요. *Der Lehrer lässt die Schüler Bücher lesen.*
아이가 옷을 입어요. *Das Kind zieht sich an.*	엄마가 아이에게 옷을 입혀요. *Die Mutter zieht dem Kind die Kleidung an.*

Einige kausative Verben 안기다, 읽히다 können je nach Kontext auch eine passive Bedeutung haben.

Kausativ: 안다 → 안기다	Passiv: 안다 → 안기다
어머니가 아기를 수미에게 안겼어요. *Die Mutter ließ Sumi das Baby tragen.*	아기가 수미에게 안겼어요. *Das Baby wurde von Sumi getragen.*

Kausativ: 읽다 → 읽히다	Passiv: 읽다 → 읽히다
어머니가 수미에게 책을 읽혔어요. *Die Mutter ließ Sumi das Buch lesen.*	이 책은 잘 읽혀요. *Dieses Buch lässt sich gut lesen.*

23.2 Kausativverb 시키다 'veranlassen'

Die Kausativform der mit 하다 'tun' gebildeten Aktionsverben (AV) wird durch Ersetzung von 하다 durch 시키다 'veranlassen' gebildet. Genau wie 하다 wird auch 시키다 entweder als Suffix oder als Vollverb verwendet (▶ 3 | Verbarten und Negation).

AV mit 하다	Aktionsnomen + 을/를 시키다	Aktionsnomen + 시키다
일하다 *arbeiten*	일을 시키다 *arbeiten lassen*	일시키다 *arbeiten lassen*
공부하다 *lernen*	공부를 시키다 *lernen lassen*	공부시키다 *lernen lassen*
청소하다 *putzen*	청소를 시키다 *putzen lassen*	청소시키다 *putzen lassen*
목욕하다 *baden*	목욕을 시키다 *baden lassen*	목욕시키다 *baden lassen*
요리하다 *kochen*	요리를 시키다 *kochen lassen*	요리시키다 *kochen lassen*
노래하다 *singen*	노래를 시키다 *singen lassen*	노래시키다 *singen lassen*

N + 이/가 + Verb	Aktionsnomen + 을/를 + 시키다
딸이 목욕해요. *Die Tochter badet.*	어머니가 딸에게 목욕을 시켜요. *Die Mutter lässt die Tochter baden.*
수미가 빨래해요. *Sumi wäscht die Wäsche.*	어머니가 수미에게 빨래를 시켜요. *Die Mutter lässt Sumi Wäsche waschen.*
민수가 노래해요. *Minsu singt.*	친구들이 민수에게 노래를 시켜요. *Die Freunde lassen Minsu ein Lied singen.*

23.3 Hilfsverbkonstruktion VS –게 하다

Die kausative Bedeutung kann auch mit der Konstruktion VS–게 하다 (Adverbialsuffix –게 + Hilfsverb 하다 'tun') ausgedrückt werden. In Verbindung mit Aktionsverben bezeichnet diese Konstruktion ein indirektes Kausativ im Sinne von *'jemanden veranlassen, etwas zu tun'* bzw. *'jemanden dazu bringen, etwas zu tun'*. In Verbindung mit qualitativen Verben kann diese Konstruktion etwa mit *'jemanden in einen bestimmten Zustand versetzen'* übersetzt werden.

AV-게 하다	jemanden veranlassen, etwas zu tun
아버지가 딸에게 노래를 부르게 했어요.	*Der Vater hat seine Tochter singen lassen.*
교수님이 학생들을 기다리게 했어요.	*Der Professor hat die Studenten warten lassen.*
어머니가 딸에게 편지를 쓰게 해요.	*Die Mutter lässt ihre Tochter einen Brief schreiben.*
QV -게 하다	***jemanden in einen Zustand versetzen***
수미가 나를 기쁘게 했어요.	*Sumi hat mir Freude bereitet.*
그가 유미를 슬프게 했어요.	*Er hat Yumi traurig gemacht.*
그가 나를 화나게 해요.	*Er macht mich ärgerlich.*

In den meisten Fällen können die durch die Suffixe gebildeten Kausativformen durch die Kausativkonstruktion VS-게 하다 ersetzt werden. Die beiden Formen weisen jedoch unterschiedliche Bedeutungsnuancen auf. Die durch die Suffixe gebildeten Kausativformen drücken eine direkte Veranlassung durch das Subjekt aus. In der Konstruktion VS-게 하다 hingegen veranlasst das Subjekt eine andere Person dazu, etwas zu unternehmen, ohne dabei selbst beteiligt zu sein.

Kausativ: 울다 → 울리다	Kausativ: 울다 → 울게 하다
민수가 수미를 울렸어요. *Minsu hat Sumi zum Weinen gebracht.*	민수가 수미를 울게 했어요. *Minsu hat Sumi dazu gebracht, zu weinen.*
Kausativ: 입다 →입히다	**Kausativ: 입다 →입게 하다**
어머니가 수미에게 옷을 입혀요. *Die Mutter zieht Sumi die Kleidung an.*	어머니가 수미에게 옷을 입게 해요. *Die Mutter lässt Sumi die Kleidung anziehen.*

Übungen

1 Bilden Sie die Kausativformen der Ausdrücke mit den Suffixen -이 oder -히 und formulieren Sie anschließend Kausativsätze in der informell-höflichen Sprechstufe.

Beispiel: 옷 - 입다 → 옷을 입히다 → 옷을 입혀요.

1. 책 - 읽다 → __________ → __________.
2. 방 - 넓다 → __________ → __________.
3. 아이 - 눕다 → __________ → __________.
4. 밥 - 먹다 → __________ → __________.
5. 친구 - 속다 → __________ → __________.
6. 아이- 앉다 → __________ → __________.

❷ Bilden Sie die Kausativformen der Ausdrücke mit den Suffixen –리, –기, –우. Schreiben Sie anschließend Kausativsätze in der formell-höflichen Sprechstufe.

Beispiel: 동생 – 웃다 → 동생을 웃기다 →동생을 웃깁니다.

1. 음식 – 남다 → ________________ → ________________
2. 양말 – 벗다 → ________________ → ________________
3. 소식 – 알다 → ________________ → ________________
4. 형 – 깨다 → ________________ → ________________
5. 아이 – 자다 → ________________ → ________________
6. 자동차 – 서다 → ________________ → ________________

❸ Setzen Sie die Kausativform der in Klammern stehenden Verben ein.

Beispiel: 어머니는 아침 8 시에 딸을 깨웁니다 (*wecken*).

1. 어머니는 딸에게 우유를 ________________ (*füttern*).
2. 어머니는 딸에게 바지를 ________________ (*Hose anziehen*).
3. 딸에게 양말을 ________________ (*Socken anziehen*).
4. 딸이 어머니를 ________________ (*zum Lachen bringen*).
5. 저녁 7 시에 딸을 침대에 ________________ (*ins Bett legen*).

❹ Beantworten Sie die Fragen mit Kausativformen. Benutzen Sie Kausativsuffixe.

Beispiel: 동생이 자요? → 네, 누나가 동생을 재웠어요.

1. 동생이 울어요? → 네, 형이 ________________.
2. 수미가 차에 탔어요? → 네, 엄마가 ________________.
3. 민수가 의자에 앉았어요? → 네, 누나가 ________________.
4. 막스가 일찍 깼어요? → 네, 제가 ________________.
5. 음식이 남았어요? → 네, 동생이 ________________.

❺ Formen Sie die Aktivsätze ins Kausativ um. Benutzen Sie dabei Kausativsuffixe.

Beispiel: 동생이 사과를 먹었어요. → 누나가 동생에게 사과를 먹였어요.

1. 친구들이 소식을 알았어요. → 민수가 ________________.
2. 딸이 치마를 입었어요. → 엄마가 ________________.
3. 동생이 신발을 신었어요. → 언니가 ________________.
4. 학생들이 책을 읽었어요. → 선생님께서 ________________.
5. 아이가 빵과 우유를 먹어요. → 아빠가 ________________.

❻ Übersetzen Sie die Sätze ins Deutsche oder ins Koreanische (informell-höfliche SPS). Achten Sie auf die Kausativformen.

1. 엄마가 민수에게 과일을 많이 먹게 했어요.
2. 아버지가 형에게 소포를 보내게 했어요.
3. 음악 선생님께서 저에게 피아노 연습을 시키셨어요.
4. Die Mutter ließ das Kind Hausaufgaben machen.
5. Sumi macht mich glücklich.

24 Direkte Rede

Die direkte Rede wird dazu verwendet, etwas Gesagtes oder Gedachtes wörtlich wiederzugeben. Äußerungen werden durch die Quotativmarkierungen –하고 oder –라고 als direkte Rede gekennzeichnet. Die Tabelle zeigt die Satzstruktur der direkten Rede.

Äußerung von Sumi	direkte Rede		
"머리가 아파요."	**Subjekt**	**"Zitat" 하고/라고**	**Prädikat**
	수미가	"머리가 아파요."라고	말했어요.
„Ich habe Kopfschmerzen."	*Sumi sagte: „Ich habe Kopfschmerzen."*		

Dabei wird die wiedergegebene Rede in Anführungszeichen ("...") gesetzt. Unmittelbar im Anschluss an die Quotativmarkierung folgen Mitteilungsverben.

Zitat + Quotativ	Mitteilungsverben	
"Zitat" + 하고/라고	이야기하다 *erzählen,* 말하다 *sagen,* 대답하다 *antworten,* 전하다 *mitteilen,* 물어보다 *fragen,* 생각하다 *denken*	→ 하다 / 그러다

Äußerung von Minsu	direkte Rede mit Mitteilungsverb
"시험이 어려워요." *„Die Prüfung ist schwer."*	"시험이 어려워요."라고 대답했어요. *Minsu antwortete: „Die Prüfung ist schwer."*
"내일 시간이 있어요?" *„Haben Sie morgen Zeit?"*	민수가 "내일 시간 있어요?"라고 물어봤어요. *Minsu fragte: „Haben Sie morgen Zeit?"*

Normalerweise stehen die Mitteilungsverben, welche die Äußerung abschließen, in der Vergangenheit. Sie können aber auch im Präsens stehen, wenn die Äußerung kurz zuvor getan wurde oder noch in der Gegenwart gültig ist.

Äußerung von Sumi	direkte Rede
"언제 시간이 있어요?" *„Wann haben Sie Zeit?"*	수미가 "언제 시간이 있어요?"하고 물어봐요. *Sumi fragt: „Wann haben Sie Zeit?"*

Alle oben genannten Mitteilungsverben können durch die Kurzformen 하다, die in diesem Fall aus 말하다 'sagen' entstanden ist, und 그러다 'so sagen' ersetzt werden. Die verkürzten Quotativverben 하다 und 그러다 können jedoch nicht mit der quotativen Markierung 하고 kombiniert werden.

Äußerung von Minsu	direkte Rede
"술을 적게 드세요." *„Trinken Sie bitte nicht so viel!“*	민수 씨가 "술을 적게 드세요."라고 했어요. *Minsu sagte: „Trinken Sie bitte nicht so viel!“*
"영화가 재미있어요." *„Der Film ist interessant.“*	"영화가 재미있어요."라고 그랬어요. *Minsu sagte: „Der Film ist interessant.“*

Um zu erfragen, was gesagt oder geschrieben wird bzw. wurde, wird der Ausdruck 뭐라고, gebildet aus dem Fragewort 뭐 (← 무엇 'was') und der Quotativmarkierung 라고, verwendet.

무엇 + 이라고 → 뭐 + 라고	Übersetzung
A: 민수가 카드에 뭐라고 썼어요? B: "고맙습니다."라고 썼어요.	*A: Was hat Minsu auf die Karte geschrieben?* *B: Er hat „Danke!“ [darauf] geschrieben.*
A: 저기에 뭐라고 써 있어요? B: "주차 금지!"라고 써 있어요.	*A: Was steht da [auf dem Schild geschrieben]?* *B: Darauf steht: „Parken verboten!“*
A: 수미가 뭐라고 했어요? B: "사랑해요."라고 말했어요.	*A: Was hat Sumi gesagt?* *B: Sie hat gesagt: „Ich liebe dich.“*

Übungen

❶ Geben Sie die Äußerungen von Sumi in der direkten Rede wieder. Verwenden Sie das Mitteilungsverb 말하다 wie im Beispiel. Übersetzen Sie ins Deutsche.

Beispiel: "피곤해요." → 수미가 "피곤해요."라고 말했어요.
Sumi sagte: „Ich bin müde.“

1. "배가 고파요." → ____________. → ____________.
2. "독일에 가고 싶어요." → ____________. → ____________.
3. "민수 씨를 만나야 해요." → ____________. → ____________.
4. "주말에 시간이 있어요." → ____________. → ____________.
5. "시험이 어려웠어요." → ____________. → ____________.

❷ Beantworten Sie die Fragen von Minsu in der direkten Rede. Verwenden Sie dabei die gegebenen Mitteilungsverben.

Beispiel: A: 민수 씨가 뭐라고 <u>말했어요</u>?
B: "피곤해요." → 민수 씨가 "피곤해요."라고 <u>말했어요</u>.

1. 민수 씨가 뭐라고 <u>했어요</u>? "저녁에 전화할게요."
2. 민수 씨가 뭐라고 <u>물어봤어요</u>? "독일어를 할 줄 알아요?"
3. 민수 씨가 뭐라고 <u>대답했어요</u>? "네, 독일어를 할 줄 알아요."
4. 민수 씨가 편지에 뭐라고 <u>썼어요</u>? "친구들이 보고 싶어요."
5. 민수 씨가 뭐라고 <u>인사했어요</u>? "만나서 반가워요."

25 Indirekte Rede

Die indirekte Rede wird zur Wiedergabe von Äußerungen eines Sprechers benutzt, d.h. jemand gibt indirekt und distanziert wieder, was der eigentliche Sprecher gesagt hat. Bei der indirekten Rede werden die Äußerungen des Sprechers oft verkürzt. Im Gegensatz zum Deutschen werden die in der direkten Rede verwendeten Verben dabei nicht verändert, sondern lediglich durch den Quotativ -고 markiert; es gibt also kein Äquivalent zum Konjunktiv I oder II, welche im Deutschen für die indirekte Rede verwendet werden.

Die indirekte Rede wird gebildet, indem an das Hauptverb der zitierten Äußerung die quotative Konjunktionalform -고 angehängt und ein Mitteilungsverb nachgestellt wird. Dieses kann – ebenso wie in der direkten Rede – durch 하다 (aus 말하다 'sagen') oder 그러다 'so sagen' ersetzt werden.

Quotativ -고	Mitteilungsverben	
Quotativ -고 +	이야기하다 *erzählen,* 대답하다 *antworten,* 생각하다 *denken,* 제안하다 *vorschlagen,* 물어보다 *fragen,* 말하다 *sagen*	→ 하다 / 그러다

📖 Das Verb 듣다 'hören' wird ebenfalls als Mitteilungsverb gebraucht.

Die Quotativform steht grundsätzlich in der 2. Sprechstufe (▶ 2 | Höflichkeitsformen). Die Form der indirekten Rede ändert sich dabei entsprechend dem Satztyp und der Verbart.

Satztyp	2. Sprechstufe		Quotativ -고	Mitteilungsverb
	AV	QV, EV, KOP		
Aussage	-는/ㄴ다	-다	-고	(말)하다 물어보다 제안하다 전하다 usw.
Frage	-(느)냐	-(으)냐	-고	
Imperativ	-아/어라	-	-고	
Aufforderung	-자	-	-고	

Aussageformen der indirekten Rede

Die Aussageform des Quotativs wird durch das Anhängen der Endung -는/ㄴ (bei Aktionsverben) und -다 (bei qualitativen Verben, Existenzverben und Kopula 이다) an den Verbstamm gebildet.

Infinitiv	VS	2. SPS	Quotativ -고	Mitteilungsverb
읽다 *lesen*	읽	-는다	-고	(말)하다, 대답하다 etc.
하다 *tun*	하	-ㄴ다	-고	

Infinitiv	Verbstamm	2. SPS	Quotativ –고	Mitteilungsverb
아프다 *krank sein*	아프	–다	–고	(말)하다, 대답하다 etc.
있다 *sich befinden*	있	–다	–고	
이다 *sein*	이	–다	–고	

Äußerung von Sumi	indirekte Rede
"소설책을 읽어요." *„Ich lese einen Roman."*	수미 씨가 소설책을 읽는다고 대답했어요. *Sumi antwortete, sie lese einen Roman.*
"지금 요리해요." *„Ich koche jetzt."*	수미 씨가 지금 요리한다고 말했어요. *Sumi sagte, sie koche jetzt.*
"오늘 많이 바빠요." *„Ich habe heute viel zu tun."*	수미 씨가 오늘 많이 바쁘다고 했어요. *Sumi sagte, sie habe heute viel zu tun.*

Die Quotativform der Kopula hat folgende Struktur: Prädikatsnomen + (이)라고 하다.

N_{KONS} + –이라고 하다	N_{VOK} + –라고 하다
생일 + –이라고 → 생일이라고 해요	의사 + –라고 → 의사라고 해요
민수는 오늘 수미가 생일이라고 했어요. *Minsu sagte, Sumi habe heute Geburtstag.*	민수는 그가 의사라고 말했어요. *Minsu sagte, er sei Arzt.*

<u>Frageformen der indirekten Rede</u>

Die Frageform des Quotativs wird mit der Endung –(느)냐 (bei Aktionsverben) bzw. –(으)냐 (bei qualitativen Verben) gebildet.

Infinitiv	Verbstamm	2. SPS	Quotativ –고	Mitteilungsverb
읽다 *lesen*	읽	(–느)냐	–고	물어보다 하다 그러다 etc.
가다 *gehen*	가	–냐	–고	
좋다 *gut sein*	좋	(–으)냐	–고	
고프다 *hungrig sein*	고프	–냐	–고	

Äußerung von Sumi	indirekte Rede im Fragesatz
"한국에 가요?" *„Fahren Sie nach Korea?"*	수미가 한국에 가냐고 물었어요. *Sumi fragte, ob ich nach Korea fahre.*
"책을 읽어요?" *„Lesen Sie ein Buch?"*	수미가 책을 읽(느)냐고 물어봤어요. *Sumi fragte, ob ich ein Buch lese.*
"배가 많이 고파요?" *„Haben Sie viel Hunger?"*	민수 씨가 배가 많이 고프냐고 물어봤어요. *Sumi fragte, ob ich viel Hunger habe.*

Imperativformen in der indirekten Rede

Die Imperativformen in der direkten Rede werden mit der Endung –어라 oder –라 gebildet. Im Gegensatz dazu werden die zitierten Imperativformen in der indirekten Rede mit der Endung –(으)라 gebildet.

Infinitiv	Verbstamm	2. SPS	Quotativ –고	Mitteilungsverb
읽다 *lesen*	읽	–으라	–고	(말)하다 제안하다
하다 *tun*	하	–라	–고	
말다 *aufhören*	말	–라	–고	

In der Regel wird der zitierte Imperativ des Koreanischen im Deutschen durch das Modalverb 'sollen' wiedergegeben.

Äußerung von Sumi	indirekte Rede im Imperativ
"잠깐만 기다리세요."	수미 씨가 잠깐만 기다리라고 했어요.
„Warten Sie bitte einen Moment!"	*Sumi sagte, dass ich einen Moment warten solle.*
"운동하세요."	수미 씨가 (저에게) 운동하라고 했어요.
„Machen Sie bitte Sport!"	*Sumi sagte, dass ich Sport machen solle.*

Um die negative Form des Imperativs in der indirekten Rede auszudrücken, wird die Form VS–지 말라고 하다 verwendet.

direkte Rede	indirekte Rede: VS–지 말라고 하다
의사 선생님께서 "담배를 피우지 마세요."라고 하셨어요.	의사 선생님께서 담배를 피우지 말라고 하셨어요.
Der Arzt sagte: „Rauchen Sie nicht!"	*Der Arzt sagte, dass ich nicht rauchen solle.*

Aufforderungsformen in der indirekten Rede

Die Aufforderungsform in der indirekten Rede wird mit der Endung –자 gebildet.

Infinitiv	Verbstamm	2. SPS	Quotativ –고	Mitteilungsverb
만나다 *treffen*	만나	–자	–고	(말)하다 제안하다
말다 *aufhören*	말	–자	–고	

Äußerung von Minsu	indirekte Rede in der Aufforderung
"오늘 만납시다."라고 말했어요.	민수 씨가 오늘 만나자고 말했어요.
„Wollen wir uns heute treffen?"	*Minsu schlug vor, dass wir uns heute treffen.*
"여행갑시다."라고 했어요.	민수 씨가 여행가자고 했어요.
„Lasst uns eine Reise machen!"	*Minsu schlug vor, eine Reise zu machen.*

Um die negative Form der Aufforderung in der indirekten Rede auszudrücken, wird die Form VS-지 말자고 하다 verwendet.

Äußerung von Sumi	indirekte Rede VS-지 말자고 하다
"늦지 맙시다."라고 했어요. *„Lasst uns nicht zu spät kommen!“*	그가 늦지 말자고 했어요. *Sumi ermahnte uns, nicht zu spät zu kommen.*

Übungen

❶ Geben Sie die Äußerungen von Daniel in der indirekten Rede wieder. Verwenden Sie dabei das Quotativverb 하다.

Beispiel: "독일에서 공부해요." → 다니엘이 독일에서 공부한다고 했어요.

1. "지금 한국에서 일해요." → 다니엘이 ____________________.
2. "대학생이에요." → 다니엘이 ____________________.
3. "비빔밥이 맛있어요." → 다니엘이 ____________________.
4. "지금 학교에 있어요." → 다니엘이 ____________________.
5. "저녁에 친구를 만나요." → 다니엘이 ____________________.

❷ Geben Sie in der indirekten Rede wieder, was Sumi Sie gefragt hat. Verwenden Sie dabei das Mitteilungsverb 물어보다.

Beispiel: "지금 어디에 가세요?" → 수미가 지금 어디에 가냐고 물어봤어요.

1. "무슨 음식을 좋아해요?" → 수미가 ____________________.
2. "몇 살이에요?" → 수미가 ____________________.
3. "몇 시에 친구를 만나요?" → 수미가 ____________________.
4. "언제 집에 가요?" → 수미가 ____________________.
5. "이번 주말에 무엇을 해요?" → 수미가 ____________________.

❸ Geben Sie in der indirekten Rede wieder, was der Sprecher gesagt hat.

Beispiel: 다니엘: "한국어를 배우세요." → 다니엘이 한국어를 배우라고 했어요.

1. 수미: "운동을 열심히 하세요." → ____________________.
2. 수미: "한국에 가 보세요." → ____________________.
3. 민수 씨: "오늘은 불고기를 먹읍시다." → ____________________.
4. 민수 씨: "결혼합시다." → ____________________.
5. 의사 선생님: "술을 많이 마시지 마세요." → ____________________.

❹ Übersetzen Sie ins Koreanische. Verwenden Sie die informell-höfliche Sprechstufe.

1. Sumi hat gesagt, dass ich heute früher nach Hause kommen solle.
2. Minsu hat gefragt, ob ich diese Woche Zeit habe.
3. Der Arzt hat gesagt, dass ich nicht rauchen solle.
4. Minsu hat vorgeschlagen, dass wir eine Rucksackreise machen.

26 Konjunktionale Adverbien und Konjunktionalformen

Sätze lassen sich im Koreanischen auf zweierlei Weise verbinden: erstens durch konjunktionale Adverbien und zweitens durch Konjunktionalformen. Konjunktionale Adverbien dienen dazu, zwei grammatisch gleichwertige und unabhängige Hauptsätze miteinander zu verbinden. Sie stehen stets am Anfang des zweiten Hauptsatzes und stellen eine koordinative, kausale, konditionale oder temporale Relation zum ersten, vorangehenden Hauptsatz her.

Konjunktionale Adverbien	Funktion	dt. Entsprechung
그리고	koordinativ	*und*
그러나, 그렇지만, 그런데	adversativ	*aber*
그래서, 그러므로, 그러니까	kausal	*daher / deshalb*
그러면 / 그럼	konditional	*wenn ..., dann*
그럼에도 (불구하고), 그런데도, 그래도	konzessiv	*trotzdem / dennoch*

Die konjunktionalen Adverbien sind von dem Verb 그렇다 (← 그러하다) bzw. 그러다 (← 그리하다) 'so sein' abgeleitet und werden durch Anfügen von Konjunktionalformen bzw. Suffixen an den Verbstamm 그렇 gebildet. So ist z.B. das konjunktionale Adverb 그렇지만 'aber' durch Anfügung der adversativen Konjunktionalform –지만 an den Verbstamm 그렇다 gebildet. Im Koreanischen stehen diese Adverbien am Satzanfang und leiten einen neuen Satz ein, während sie im Deutschen zwei Teilsätze direkt miteinander verbinden.

Konjunktionalformen können koordinativ oder subordinativ sein und werden durch Suffixe gebildet. Erstere verbinden Teilsätze mit grammatisch gleichwertigem Status miteinander. Letztere werden an das Prädikat eines vorangehenden Nebensatzes angehängt und drücken logische, temporale und konditionale Relationen der Nebensatzprädikate zum Hauptsatz aus: z.B. VS + –아/어서 'weil' (▶ 27–32 | Konjunktionalformen).

Konjunktionales Adverb (koordinativ)	koordinative Konjunktionalform –고
바람이 불어요. 그리고 비가 와요.	바람이 불고 비가 와요.
Der Wind weht. Und der Regen kommt.	*Der Wind weht und der Regen kommt.*
Konjunktionales Adverb (adversativ)	**adversative Konjunktionalform –지만**
김치가 매워요. 그렇지만 맛있어요.	김치가 맵지만 맛있어요.
Kimchi ist scharf. Aber es ist lecker.	*Kimchi ist scharf, aber es ist lecker.*
Konjunktionales Adverb (kausal)	**kausale Konjunktionalform –아/어서**
머리가 아파요. 그래서 집에 있어요.	머리가 아파서 집에 있어요.
Ich habe Kopfschmerzen. Deshalb bleibe ich zu Hause.	*Weil ich Kopfschmerzen habe, bleibe ich zu Hause.*

Konjunktionales Adverb (kausal)	kausale Konjunktionalform –(으)니까
시간이 없어요. 그러니까 내일 만나요.	시간이 없으니까 내일 만나요.
Ich habe keine Zeit. Deshalb treffen wir uns morgen!	*Weil ich keine Zeit habe, treffen wir uns morgen!*
Konjunktionales Adverb (konditional)	**konditionale Konjunktionalform –(으)면**
기분이 나빠요. 그러면 청소를 해요.	기분이 나쁘면 청소를 해요.
Ich habe schlechte Laune. Dann putze ich.	*Wenn ich schlechte Laune habe, putze ich.*
Konjunktionales Adverb (konzessiv)	**konzessive Konjunktionalform –아/어도**
배가 불러요. 그래도 계속 먹어요.	배가 불러도 계속 먹어요.
Ich bin satt. Dennoch esse ich weiter.	*Obwohl ich satt bin, esse ich weiter.*

Übungen

1 Setzen Sie die passenden konjunktionalen Adverbien ein.

그러면/그럼 · 그리고 · 그래서 · 그렇지만 · 그런데 · 그래도 · 그러니까

1. 저는 비빔밥을 잘 먹어요. __________ 불고기도 잘 먹어요.
2. 바지가 좀 작습니다. __________ 바꾸고 싶어요.
3. 아프세요? __________ 오늘은 집에서 쉬세요.
4. 승민 씨는 수영을 잘 해요. __________ 저는 수영을 잘 못해요.
5. 생선이 비싸요. __________ 살까요?
6. 친구와 약속이 있었어요. __________ 바빠서 못 만났어요.
7. 늦었어요. __________ 택시를 타고 갑시다.

2 Übersetzen Sie ins Deutsche.

1. 나는 키가 작아요. 그렇지만 우리 언니는 키가 커요.
2. 밖에 비가 많이 와요. 그러니까 우산을 가져가세요.
3. 자주 피곤해요? 그럼 인삼차를 드세요.
4. 오늘은 바빠요. 그러나 내일은 시간이 있어요.
5. 내일은 오전 9 시에 수업이 있어요. 그래서 일찍 일어나야 해요.

3 Übersetzen Sie die Sätze mit den passenden konjunktionalen Adverbien ins Koreanische. Verwenden Sie die informell-höfliche Sprechstufe.

그러면/그럼 · 그리고 · 그래서 · 그렇지만

1. Gestern war ich krank. Deshalb konnte ich nicht zur Schule gehen.
2. Ich bin Deutscher. Und Sumi (수미) ist Koreanerin.
3. Bibimbap ist lecker. Aber es ist scharf.
4. Sind Sie krank? Dann gehen Sie bitte ins Krankenhaus [zum Arzt]!

27 Koordinative Konjunktionalformen

Die koordinativen Konjunktionalformen verbinden zwei selbstständige Sätze mit gleichwertigem grammatischem Status, z.B. VS-고 'und', VS-지만 'aber'. Die Tabelle gibt eine Übersicht über die geläufigsten koordinativen Konjunktionalformen.

Koordinative Konjunktionalformen	dt. Entsprechung
-고, -(으)며	*und / gleichzeitig / anschließend*
N + 도 VS-고 N + 도	*sowohl ... als auch*
N + 도 VS-고 N + 도 + negiertes Verb	*weder ... noch*
-을/ㄹ 뿐만 아니라 N + 도	*nicht nur ... sondern auch*
-지만	*zwar ... aber / aber*
-는데, -은/ㄴ데	*aber / also / und / da*
-거나	*oder / entweder ... oder*

27.1 VS-고

Die koordinative Konjunktionalform -고 'und' wird an den Verbstamm des ersten Teilsatzes angehängt und hat mehrere Bedeutungen.

a) Aneinanderreihung von zwei oder mehreren Zuständen

Wenn zwei Sätze mit VS-고 verknüpft werden, kann das Subjekt der beiden Teilsätze identisch oder verschieden sein. Ist das Subjekt in beiden Teilsätzen gleich, kann es im zweiten Teilsatz ausgelassen werden. Wenn die Subjekte verschieden sind, wird zum Ausdruck des Kontrastes in beiden Teilsätzen häufig die Topikpartikel 은/는 verwendet.

VS-고	*Aneinanderreihung: und*
김밥은 싸고 맛있어요.	*Kimbap ist günstig und lecker.*
한국어는 쉽고 독일어는 어려워요.	*Koreanisch ist leicht und Deutsch ist schwer.*

b) Gleichzeitigkeit von Handlungen (verschiedene Subjekte)

Die Konjunktionalform -고 wird verwendet, um zwei gleichzeitig verlaufende Handlungen zu verbinden. Die Subjekte der beiden Teilsätze müssen dabei verschieden sein.

VS-고	*Gleichzeitigkeit: und*
민수는 축구를 하고 필립은 자요.	*Minsu spielt Fußball und Philipp schläft.*
수미는 요리하고 민수는 청소해요.	*Sumi kocht und Minsu putzt.*

c) Zeitliche Abfolge von Handlungen (gleiches Subjekt)

Hier muss das Subjekt im ersten und zweiten Teilsatz identisch sein. Bevor die Handlung im zweiten Satz beginnt, muss die Handlung im ersten Satz abgeschlossen sein. Dies entspricht 'und dann' bzw. 'anschließend'. Da die Handlungen unmittelbar aufeinander folgen, wird das Tempus nur im zweiten Satz markiert.

VS-고	*zeitliche Abfolge: und dann*
아침을 먹고 학교에 가요.	*Ich frühstücke und dann gehe ich zur Schule.*
민수는 책을 읽고 잤어요.	*Minsu las das Buch und ging danach ins Bett.*
수미가 문을 열고 들어왔어요.	*Sumi machte die Tür auf und kam dann herein.*

27.2 VS-(으)며

Die Konjunktionalform -(으)며 kann mit allen Verbarten verwendet werden und hat je nach Kontext zwei Bedeutungen:

a) Aneinanderreihung von zwei oder mehreren Zuständen

In dieser Funktion werden zwei oder mehrere Zustände aneinandergereiht, dabei können die Subjekte gleich oder verschieden sein. In dieser Bedeutung sind -(으)며 und -고 'und' austauschbar.

VS-(으)며(← VS-고)	*koordinativ: und*
고기가 연하며 (← 연하고) 맛있어요.	*Das Fleisch ist zart und lecker.*
이 커피숍은 조용하며 (← 조용하고) 커피 맛도 좋아요.	*Das Café ist ruhig und der Kaffee schmeckt gut.*

b) Gleichzeitigkeit von Handlungen (gleiches Subjekt)

Die Konjunktionalform -(으)며 drückt die Gleichzeitigkeit von zwei oder mehreren Handlungen im Sinne von 'während' aus, wenn die dadurch verbundenen Teilsätze dasselbe Subjekt haben. In der temporalen Bedeutung kann anstatt der Konjunktionalform -(으)며 auch die temporale Konjunktionalform -(으)면서 verwendet werden.

VS-(으)며 (← VS-(으)면서)	*temporal: während*
수미는 신문을 읽으며(← 읽으면서) 커피를 마셔요.	*Sumi trinkt Kaffee, während sie Zeitung liest. (Sumi trinkt beim Zeitunglesen Kaffee.)*
사라는 음악을 들으며(← 들으면서) 요리해요.	*Sara kocht, während sie Musik hört. (Sara hört beim Kochen Musik.)*

🕮 Die Konjunktionalformen -(으)며 und -(으)면서 werden meist in der geschriebenen Sprache verwendet, -고 dagegen eher in der gesprochenen Sprache.

27.3 N + 도 VS–고 N + 도 und VS–을/ㄹ 뿐만 아니라 N + 도

Die zweiteilige konnektive Konjunktionalform N + 도 VS–고 N + 도 'sowohl ... als auch' (mit negierten Verben 'weder ... noch') wird verwendet, um zwei oder mehrere Aussagen in Bezug auf das gleiche Subjekt auszudrücken. In dieser Bedeutung kann anstatt der Konjunktionalform –고 auch die Konjunktionalform –(으)며 verwendet werden.

N + 도 VS–고 N+도	*sowohl ... als auch*
차도 좋아하고 커피도 좋아해요.	*Ich mag sowohl Tee als auch Kaffee.*
유미는 노래도 잘 부르고 춤도 잘 춰요.	*Yumi kann sowohl gut singen als auch gut tanzen.*
N + 도 neg. VS–고 N + 도 + neg. Verb	***weder ... noch***
차도 안 좋아하고 커피도 안 좋아해요.	*Ich mag weder Tee noch Kaffee.*
유미는 노래도 못 부르고 춤도 못 춰요.	*Yumi kann weder gut singen noch gut tanzen.*

Eine weitere zweiteilige konnektive Konjunktionalform ist VS–을/ㄹ 뿐만 아니라 N + 도. Sie hat die Bedeutung 'nicht nur ..., sondern auch ...' und kann mit allen Verbarten gebraucht werden.

VS–을/ㄹ 뿐만 아니라 N + 도	*nicht nur ..., sondern auch*
저는 고기를 좋아할 뿐만 아니라 생선도 좋아해요.	*Ich mag nicht nur Fleisch, sondern auch Fisch.*
유미는 한국어를 잘할 뿐만 아니라 일본어도 잘 해요.	*Yumi spricht nicht nur gut Koreanisch, sondern auch gut Japanisch.*

27.4 VS–지만, VS–는데 bzw. VS–은/ㄴ데

Konjunktionalform –지만

Die Konjunktionalform –지만 hat eine adversativ-konzessive Bedeutung und wird im Deutschen mit 'zwar ... aber' oder 'obwohl' übersetzt. Sie wird direkt an den Verbstamm angehängt und kann mit allen Verbarten in allen Zeitformen gebraucht werden.

VS–지만	*adversativ-konzessiv: (zwar) ..., aber*
한국말은 어렵지만 재미있어요.	*Koreanisch ist zwar schwer, aber interessant.*
집이 편하지만 좀 시끄러워요.	*Obwohl die Wohnung bequem ist, ist sie ein wenig zu laut.*
사라는 동생이 있지만 나는 동생이 없어요.	*Sara hat jüngere Geschwister, aber ich habe keine.*

Konjunktionalform -는데 bzw. -은/ㄴ데

Bei Aktions- und Existenzverben wird die Konjunktionalform -는데 verwendet, bei qualitativen Verben und bei der Kopula 이다 dagegen steht die Konjunktionalform -은/ㄴ데.

AV-는데	EV-는데	QV-은/ㄴ데	KOP-ㄴ데
가는데	있는데	작은데	인데

Die Konjunktionalform -는데 bzw. -은/ㄴ데 hat drei Hauptbedeutungen:

a) Überleitung von Hintergrund- zu Hauptinformation

Die Konjunktionalform -는데 bzw. -은/ㄴ데 wird verwendet, wenn der erste Teilsatz eine allgemeine Erklärung, Hintergrundinformation oder Begründung für die Aussage des zweiten Teilsatzes enthält. Somit bildet der erste Teilsatz mit -는데 oder -은/ㄴ데 den Rahmen für das Verständnis des zweiten Teilsatzes. Die Bedeutung von -는데 bzw. -은/ㄴ데 entspricht je nach Kontext deutschen Konjunktionen wie 'und', 'also' oder 'da'.

VS-는데 bzw. VS-은/ㄴ데	*Überleitung: Hintergrundinformation*
여름에 한국에 가는데 정말 좋아요.	*Im Sommer fliege ich nach Korea und darauf freue ich mich sehr.*
집에 고양이가 있는데 참 귀여워요.	*Ich habe eine Katze zu Hause und sie ist wirklich süß.*

b) Hintergrundinformation für Fragen, Vorschläge und Befehle

Die Konjunktionalform -는데 bzw. -은/ㄴ데 wird häufig dazu verwendet, Fragen, Vorschläge oder Befehle zu formulieren, wobei der erste Teilsatz die Hintergrundinformation beinhaltet. Mit -는데 bzw. -은/ㄴ데 verbundene Sätze werden im Deutschen meist durch zwei Hauptsätze übersetzt.

VS-는데 bzw. VS-은/ㄴ데	*Hintergrundinformation*
추운데 창문을 닫을까요?	*Es ist kalt. Soll ich das Fenster zumachen?*
시내에 가는데 같이 갈까요?	*Ich fahre in die Stadt. Wollen Sie mitkommen?*
비가 오는데 우산 가지고 가세요.	*Es regnet. Nehmen Sie bitte einen Regenschirm mit!*

c) inhaltlicher Gegensatz

Die Konjunktionalform -는데 bzw. -은/ㄴ데 kann einen inhaltlichen Gegensatz zwischen dem ersten und zweiten Teilsatz bezeichnen. In dieser Bedeutung ist sie mit den adversativen Konjunktionalformen -지만 oder -(으)나 austauschbar.

VS-는데 bzw. VS-은/ㄴ데	*adversativ-konzessiv: zwar ..., aber*
열심히 공부했는데 시험에서 떨어졌어요.	*Ich habe zwar fleißig gelernt, aber ich bin bei der Prüfung durchgefallen.*
이 옷을 사고 싶은데 돈이 없어요.	*Ich möchte dieses Kleid zwar kaufen, aber ich habe kein Geld.*

27.5 VS-거나

Die Konjunktionalform -거나 hat eine disjunktive Bedeutung 'oder' / 'entweder ... oder' und kann mit allen Verbarten verwendet werden. Sie wird an den Verbstamm im Präsens oder Präteritum angehängt. An das Präteritum angehängt, drückt -거나 jedoch eine Vermutung aus.

VS-거나	*oder / entweder...oder*
아침에 차를 마시거나 커피를 마셔요	*Ich trinke Tee oder Kaffee zum Frühstück.*
저는 맵거나 짠 음식을 안 좋아해요.	*Ich mag kein scharfes oder salziges Essen.*
콘서트가 수요일이었거나 목요일이었을 거예요.	*Ich glaube, das Konzert war entweder am Mittwoch oder am Donnerstag.*

Übungen

❶ Bilden Sie Sätze mit der Konjunktionalform -고.

Beispiel: 멀다 - 가깝다 → 한국은 멀고 프랑스는 가깝습니다.

1. 어렵다 - 쉽다 → 영어는 ___________ 독일어는 ___________.
2. 달다 - 시다 → 딸기는 ___________ 오렌지는 ___________.
3. 두껍다 - 얇다 → 사전은 ___________ 한국어 책은 ___________.
4. 싸다 - 비싸다 → 운동화는 ___________ 티셔츠는 ___________.
5. 무겁다 - 가볍다 → 가방은 ___________ 지갑은 ___________.

❷ Ersetzen Sie die Konjunktionalform -고 aus der Übung 1 durch -지만 und übersetzen Sie die Sätze ins Deutsche.

Beispiel: 멀다 - 가깝다 → 한국은 멀지만 프랑스는 가깝습니다.
Korea ist weit (von hier), aber Frankreich ist nah.

1. ____.
2. ____.
3. ____.
4. ____.
5. ____.

❸ **Verknüpfen Sie die Sätze mit der Konjunktionalform –고.**

Beispiel: 샤워를 했어요. + 아침을 먹었어요. → 샤워를 하고 아침을 먹었어요.

1. 아침을 먹었어요. + 학교에 갔어요.
2. 1 시까지 수업을 들었어요. + 점심을 먹었어요.
3. 점심을 먹었어요. + 친구들과 커피를 마셨어요.
4. 도서관에서 공부를 했어요. + 5 시부터 아르바이트를 했어요.
5. 집에서 숙제를 했어요. + 텔레비전을 봤어요.

❹ **Bilden Sie Sätze mit der Konjunktionalform N + 도 VS–고 N + 도.**

Beispiel: 좋아하다 – 차, 커피 → 저는 차도 좋아하고 커피도 좋아해요.

1. 잘 마시다 – 맥주, 소주
2. 잘하다 – 한국어, 독일어
3. 좋아하다 – 한국 음악, 한국 영화
4. 잘 먹다 – 밥, 빵
5. 안 좋아하다 – 산, 바다
6. 잘 못하다 – 축구, 수영

❺ **Bilden Sie Sätze mit der Konjunktionalform VS–을/ㄹ 뿐만 아니라 N + 도.**

Beispiel: 여행을 좋아하다 – 등산을 좋아하다
→ 저는 여행을 좋아할 뿐만 아니라 등산도 좋아해요.

1. 비빔밥을 잘 먹다 – 불고기를 잘 먹다
2. 그림을 잘 그리다 – 사진을 잘 찍다
3. 한국 음식을 잘 만들다 – 독일 음식을 잘 만들다
4. 커피를 잘 마시다 – 차를 잘 마시다
5. 운동을 좋아하다 – 공부를 좋아하다

❻ **Bilden Sie Sätze mit der disjunktiven Konjunktionalform –거나.**

Beispiel: 책을 읽다 oder 숙제를 하다 → 책을 읽거나 숙제를 해요.

1. 산책을 가다 oder 운동을 하다
2. 친구를 만나다 oder 쇼핑을 하다
3. 숙제를 하다 oder 책을 읽다
4. 청소를 하다 oder 빨래를 하다
5. 음악을 듣다 oder 책을 읽다
6. 영화를 보다 oder 텔레비전을 보다

❼ **Ordnen Sie die inhaltlich passenden Sätze einander zu und verbinden Sie diese mit der Konjunktionalform –는데 bzw. –은/ㄴ데.**

1. 언니는 노래를 잘 불러요.
2. 축구는 재미있어요.
3. 어제는 날씨가 좋았어요.
4. 한국에 가요.
5. 친구가 있어요.

a. 아주 똑똑해요.
b. 오늘은 비가 와요.
c. 골프는 재미없어요.
d. 필요한 것 있어요?
e. 나는 잘 못 불러요.

28 Temporale Konjunktionalformen

Temporale Konjunktionalformen ordnen Handlungen und Zustände in ein bestimmtes Zeitverhältnis zu den im Hauptsatz genannten Handlungen bzw. Zuständen ein. Im Folgenden werden die geläufigsten temporalen Konjunktionalformen im Koreanischen und deren deutsche Entsprechungen zusammengefasst.

Konjunktionalformen	Entsprechung	Konjunktionalformen	Entsprechung
-기 전에	*bevor*	-(으)면서	*während*
-은/ㄴ 후에 -고 나서	*nachdem*	-는 동안에	*während*
-을/ㄹ 때	*wenn*	-자마자	*sobald / kaum*
-았/었을 때	*als*	-은/ㄴ 지	*seit*

Bei den genannten temporalen Konjunktionalformen (außer -았/었을 때) werden Tempus und Negation nur am Verb des Hauptsatzes ausgedrückt, nicht aber am Verb des Nebensatzes.

28.1 VS-기 전에, VS-은/ㄴ 후에, VS-고 나서

Die Konjunktionalform -기 전에 setzt sich aus dem Verbalnomen -기, dem Formalnomen 전 'Vorderseite' und der Lokativpartikel -에 zusammen. Sie entspricht im Deutschen der temporalen Konjunktion 'bevor'.

VS-기 전에	*bevor*
아침을 먹기 전에 샤워를 해요.	*Bevor ich frühstücke, dusche ich.*
말하기 전에 생각을 많이 했어요.	*Bevor ich redete, hatte ich gut nachgedacht.*
잠자기 전에 음악을 들을 거예요.	*Bevor ich schlafen gehe, werde ich Musik hören.*

Die Konjunktionalform -은/ㄴ 후에 setzt sich aus dem Partizip Präteritum -은/ㄴ, dem Formalnomen 후 'Rückseite' sowie der Lokativpartikel -에 zusammen. Sie drückt die Vorzeitigkeit der Handlung gegenüber dem Geschehen im Hauptsatz aus und entspricht der deutschen Konjunktion 'nachdem'. Dementsprechend wird diese Konjunktionalform nur in Verbindung mit Aktionsverben verwendet.

VS-은/ㄴ 후에	*nachdem*
퇴근한 후에 친구를 만나요.	*Nachdem ich Feierabend gemacht habe, treffe ich einen Freund.*
점심을 먹은 후에 커피를 마셨어요.	*Nachdem ich zu Mittag gegessen hatte, trank ich Kaffee.*

Die Konjunktionalform –고 나서 entspricht ebenfalls der deutschen temporalen Konjunktion 'nachdem'. Der zeitliche Abstand zwischen den Handlungen in Haupt- und Nebensatz ist jedoch geringer als bei –은/ㄴ 후에.

VS–고 나서	*(gleich) nachdem*
공부하고 나서 TV 를 봐요.	*Nach dem Lernen gucke ich Fernsehen.*
아침을 먹고 나서 학교에 갔어요.	*Gleich nach dem Frühstück bin ich zur Schule gegangen.*

28.2 VS–을/ㄹ 때, VS–았/었을 때, VS–을/ㄹ 때마다

Die temporale Konjunktionalform –을/ㄹ 때 besteht aus dem Partizip Futur –을/ㄹ und dem Formalnomen 때 'Zeit'. Die Bedeutung von VS–을/ㄹ 때 entspricht je nach Zeitform (Präsens oder Präteritum) den deutschen Konjunktionen 'wenn' oder 'als'.

VS–을/ㄹ 때 (Präsens)	*wenn*
기분이 좋을 때 음악을 들어요.	*Wenn ich gut gelaunt bin, höre ich Musik.*
시간이 있을 때 오세요.	*Wenn Sie Zeit haben, kommen Sie bitte!*
VS–았/었을 때 (Präteritum)	***als***
한국에 있었을 때 날씨가 아주 무더웠어요.	*Als ich in Korea war, war das Wetter sehr schwül.*
저는 어렸을 때 책을 많이 읽었어요.	*Als ich klein war, habe ich viele Bücher gelesen.*

Zum Ausdruck wiederholter Handlungen oder Gewohnheiten wird die Konjunktionalform –을/ㄹ 때마다 'jedes Mal wenn', 'immer wenn' gebraucht. Das Nominalsuffix –마다 bedeutet 'jedes (einzelne) Mal'.

VS–을/ㄹ 때마다	*jedes Mal wenn / immer wenn*
그를 볼 때마다 행복해요.	*Jedes Mal wenn ich ihn sehe, bin ich glücklich.*
날씨가 좋을 때마다 조깅을 해요.	*Immer wenn das Wetter schön ist, jogge ich.*

28.3 VS–는 동안(에), VS–(으)면서

Die temporale Konjunktionalform –는 동안(에) besteht aus dem Partizip Präsens –는 und dem Formalnomen 동안 'Zeitspanne' und drückt gleichzeitig ablaufende Handlungen aus. In der gleichen Bedeutung kann auch die Konjunktionalform –(으)면서 verwendet werden. Beide Konjunktionalformen können mit 'während' übersetzt werden und werden ausschließlich mit Aktionsverben und Existenzverben im Präsens verwendet.

Bei der Konjunktionalform –(으)면서 ist das Subjekt im Haupt-und Nebensatz gleich, während es bei der Konjunktionalform –는 동안(에) verschieden sein kann. Die Verwendung der Partikel 에 ist bei –는 동안(에) fakultativ.

VS–(으)면서	*während (gleiches Subjekt)*
밥을 먹으면서 TV 를 봐요.	*Ich sehe fern, während ich esse.*
라디오를 들으면서 요리를 해요.	*Ich höre Radio, während ich koche.*
VS–는 동안(에)	***während (gleiches Subjekt)***
학교에 가는 동안(에) 음악을 들어요.	*Während ich zur Schule gehe (auf dem Weg zur Schule), höre ich Musik.*
친구를 기다리는 동안(에) 책을 읽어요.	*Während ich auf einen Freund warte, lese ich ein Buch.*
VS–는 동안(에)	***während (verschiedene Subjekte)***
막스가 운동하는 동안(에) 저는 자요.	*Während Max Sport treibt, schlafe ich.*
제가 요리하는 동안(에) 수미는 일해요.	*Während ich koche, arbeitet Sumi.*

28.4 VS–자마자

Die Konjunktionalform –자마자 drückt aus, dass zwei Handlungen unmittelbar aufeinander folgen. Ihre Bedeutung entspricht den deutschen Konjunktionen 'sobald' und 'kaum dass'. Mit VS–자마자 kann auch Gleichzeitigkeit der Handlungen in Haupt- und Nebensatz ausgedrückt werden. Das Subjekt im Haupt- und Nebensatz kann identisch oder verschieden sein. VS–자마자 kann nicht mit qualitativen Verben stehen.

VS–자마자	*sobald / kaum dass (gleiches Subjekt)*
집에 오자마자 손을 씻어요.	*Sobald ich nach Hause komme, wasche ich mir die Hände.*
지갑을 사자마자 잃어 버렸어요.	*Kaum dass ich das Portemonnaie gekauft hatte, hatte ich es auch schon verloren.*
VS–자마자	***sobald (verschiedene Subjekte)***
영화가 시작하자마자 동생이 자요.	*Sobald der Film beginnt, schläft meine jüngere Schwester ein.*
엄마가 나가자마자 아기가 울어요.	*Sobald die Mutter weggeht, fängt das Baby an zu weinen.*

📖 Das Element –마자 von VS–자마자 kann ausgelassen werden, wenn der Hauptsatz in der Aussageform steht.

28.5 VS-은/ㄴ 지

Die Konjunktionalform -은/ㄴ 지 besteht aus dem Partizip Präteritum von Aktionsverben -은/ㄴ und dem Formalnomen 지 'Zeitspanne' (▶ 11 | Formalnomen). Sie drückt Handlungen aus, die in der Vergangenheit begonnen haben und bis in die Gegenwart andauern (vgl. dt. 'seit' / 'seitdem'). Auf den ersten Teilsatz mit der Konjunktionalform -은/ㄴ 지 folgen i.d.R. Zeitangaben. Im Hauptsatz stehen v.a. die Verben 되다 'werden', 지나다 'vergehen' oder 넘다 'einen Zeitraum überschreiten'.

VS-은/ㄴ 지	*seit*
담배를 끊은 지 한 달 정도 되었어요..	*Ich habe seit ungefähr einem Monat mit dem Rauchen aufgehört.*
한국에 온 지 3 년이 지났어요.	*Es sind schon 3 Jahre vergangen, seitdem ich nach Korea gekommen bin.*
결혼한 지 11 년이 넘었어요.	*Seit meiner Heirat sind schon über 11 Jahre vergangen.*

Übungen

❶ Verbinden Sie die Sätze mit der Konjunktionalform -은/ㄴ 후에.

Beispiel: 아침에 일어나요. 그리고 샤워를 해요. → 아침에 일어난 후에 샤워를 해요.

1. 아침을 먹어요. 그리고 뉴스를 봐요.
2. 뉴스를 봐요. 그리고 학교에 가요.
3. 수업을 들어요. 그리고 친구들과 점심을 먹어요.
4. 점심을 먹어요. 그리고 커피를 마셔요.
5. 아르바이트를 해요. 그리고 집에 와요.

❷ Vervollständigen Sie die Sätze mit den gegebenen Informationen. Setzen Sie die richtigen Konjunktionalformen -기 전에 oder -고 나서 ein.

레나: 일어나다 → 샤워를 하다 → 아침을 먹다 → 뉴스를 보다 → 회사에 가다

1. 레나는 7 시에 일어났어요. 그리고 샤워를 했어요. ____________(-고 나서) 아침을 먹었어요. ____________(-기 전에) 뉴스를 봤어요.

마이클: 점심을 먹다 → 도서관에 가다 → 슈퍼에서 우유를 사다 → 집에 오다

2. 마이클은 오늘 도서관에 갔습니다. ______________(-기 전에) 친구들과 학교 식당에서 점심을 먹었습니다. ______________(-기 전에) 슈퍼에 갔습니다. 슈퍼에서 ______________(-고 나서) 집에 왔습니다.

❸ Bilden Sie Temporalsätze mit VS–을/ㄹ 때 und übersetzen Sie diese ins Deutsche.

1. ____________ (조깅을 하다) 음악을 들어요.
2. 집에서 ____________ (출발하다) 전화하세요.
3. ____________ (운전하다) 항상 조심하세요.
4. 커피를 ____________ (마시다) 우유를 넣어요.

❹ Bilden Sie Temporalsätze mit VS–았/었을 때.

1. 그 이야기를____________(듣다) 깜짝 놀랐어요.
2. 생일 파티를 ____________(하다) 친구들이 많이 왔어요.
3. 시험이 ____________(끝나다) 기분이 좋았어요.
4. 저는 ____________(어리다) 책을 아주 좋아했어요.

❺ Bilden Sie Temporalnebensätze mit der Konstruktion VS–을/ㄹ 때마다.

Beispiel: 친구를 만나다 – 기분이 좋다 → 친구를 만날 때마다 기분이 좋아요.

1. 잠이 오다 – 커피를 마시다
2. 기분이 좋다 – 노래를 부르다
3. 스트레스가 많다 – 운동을 하다
4. 날씨가 좋다 – 산책을 하다

❻ Verbinden Sie die Sätze miteinander. Verwenden Sie dabei VS–(으)면서.

Beispiel: 영화를 봐요. + 팝콘을 먹어요. → 영화를 보면서 팝콘을 먹어요.

1. 신문을 봐요. + 아침 식사를 해요.
2. 커피를 마셔요. + 이야기를 해요.
3. 요리를 해요. + 노래를 불러요.
4. 라디오를 들어요. + 운전을 해요.

❼ Verbinden Sie die Sätze miteinander. Verwenden Sie dabei VS–는 동안에.

Beispiel: 잠을 잡니다. + 꿈을 꿉니다. → 잠을 자는 동안에 꿈을 꿉니다.

1. 친구를 기다립니다. + 커피를 마십니다.
2. 학교에 갑니다. + 버스에서 책을 읽습니다.
3. 다이어트를 합니다. + 술을 안 마십니다.
4. 대학교를 다닙니다. + 아르바이트를 많이 했습니다.

❽ Verbinden Sie die Sätze mit der Konstruktion VS–자마자.

1. 오늘은 퇴근하다 + 집으로 가야 해요.
2. 수업이 끝나다 + 아르바이트를 하러 가요.
3. 한국에 도착하다 + 전화 드리겠습니다.
4. 이메일을 보내다 + 답장이 왔어요.

❾ Formulieren Sie die unterstrichenen Satzteile mit VS–은/ㄴ 지 um.

Beispiel: 2 년 전에 독일에 왔어요. → 독일에 온 지 2 년이 되었어요.

1. 1 년 전에 한국어 공부를 시작했어요. → ______________ 1 년이 되었어요.
2. 3 년 전부터 한국에서 살아요. → ______________ 3 년이 넘었어요.
3. 6 개월 전에 서울로 이사왔어요. → ______________ 6 개월이 되었어요.
4. 1 년 전에 대학교를 졸업했어요. → ______________ 1 년이 지났어요.

29 Kausale Konjunktionalformen

Kausale Konjunktionalformen stellen eine kausale Beziehung zwischen dem Haupt- und Nebensatz her. Begründungen und Ursachen werden dabei im Nebensatz angegeben. Die folgende Tabelle zeigt einige geläufige kausale Konjunktionalformen im Koreanischen. Die kausalen Konjunktionalformen –아/어서 und –(으)니까 können auch eine temporale Bedeutung haben.

Konjunktionalformen	dt. Entsprechung (kausal)	dt. Entsprechung (temporal)
–아/어서	*weil / da / denn*	*danach / anschließend*
–(으)니까	*weil / da / denn*	*als (Hintergrundinformation)*
–기 때문에	*weil / wegen*	

29.1 VS–아/어서

Die Konjunktionalform –아/어서 hat je nach Kontext eine kausale oder temporale Bedeutung. Nebensätze, die mit –아/어서 angeschlossen werden, tragen keine Tempusmarkierung. Das Tempus wird durch das Verb im Hauptsatz ausgedrückt.

a) kausale Bedeutung

VS–아/어서	*weil / da*
밥을 많이 먹어서 배가 불러요.	*Ich bin satt, weil ich viel gegessen habe.*
배가 아파서 병원에 갔어요.	*Ich bin zum Arzt gegangen, da ich Bauchschmerzen hatte.*
피곤해서 일찍 잘 거예요.	*Ich werde heute früh ins Bett gehen, weil ich müde bin.*

b) temporale Bedeutung

Die Konjunktionalform –아/어서 kann auch als temporale Konjunktionalform verwendet werden, um eine zeitliche Folge 'und dann' bzw. 'anschließend' auszudrücken. Im Nebensatz müssen immer Aktionsverben stehen, während im darauffolgenden Hauptsatz alle Verbarten vorkommen können.

VS–아/어서	*danach / und dann / anschließend*
도서관에 가서 공부를 해요.	*Ich gehe in die Bibliothek und dann lerne ich dort.*
사라가 일어나서 책을 읽어요.	*Sara steht auf und liest danach ein Buch.*
친구를 만나서 커피를 마셔요.	*Ich treffe einen Freund und anschließend trinke ich mit ihm Kaffee.*

Die Konjunktionalform -아서/어서 kann auch in Floskeln mit Verben wie 반갑다 'sich freuen', 고맙다 'dankbar sein' oder 죄송하다 'sich schuldig fühlen' verwendet werden.

VS-아/어서	*Floskeln*
만나서 반갑습니다.	*Es freut mich, Sie kennenzulernen!* *[Ich bin erfreut, weil ich Sie getroffen habe.]*
도와 주셔서 고맙습니다.	*Vielen Dank für Ihre Hilfe!* *[Ich bin dankbar, weil Sie mir geholfen haben.]*
늦어서 죄송합니다.	*Entschuldigung für die Verspätung!* *[Ich fühle mich schuldig, weil ich mich verspätet habe.]*

29.2 VS-(으)니까

Die Konjunktionalform -(으)니까 hat – wie die Konjunktionalform -아/어서 – sowohl eine kausale als auch eine temporale Bedeutung. In der kausalen Bedeutung 'weil', 'da' begründet -아/어서 einen Sachverhalt objektiv, während -(으)니까 eine subjektive Einstellung des Sprechers ausdrückt. Nach den mit -(으)니까 eingeleiteten Kausalsätzen steht daher häufig die Imperativ- oder Aufforderungsform.

VS -(으)니까	*weil / da*
날씨가 좋으니까 산책을 갑시다.	*Da das Wetter schön ist, lasst uns spazieren gehen!*
내일은 일요일이니까 일을 안 할 거예요.	*Da morgen Sonntag ist, arbeite ich nicht.*
오늘 추우니까 옷을 따뜻하게 입으세요.	*Ziehen Sie sich bitte warm an, weil es heute kalt ist!*

In temporaler Bedeutung 'als' folgt auf den Nebensatz mit -(으)니까 häufig ein Hauptsatz, der ein unerwartetes Ereignis oder eine überraschende Entdeckung ausdrückt. Wie bei -아서/어서 wird auch bei -(으)니까 kein Tempus markiert. Das Tempus wird durch das Verb des Hauptsatzes ausgedrückt.

VS-(으)니까	*als ..., (damit habe ich nicht gerechnet)*
역에 도착하니까 기차가 벌써 떠났어요.	*Als ich am Bahnhof ankam, war der Zug schon weg.*
집에 오니까 엄마가 문 앞에 서 계셨어요.	*Als ich nach Hause kam, stand meine Mutter vor der Tür.*

29.3 VS-기 때문에

Die Konjunktionalform -기 때문에 'weil' / 'da' setzt sich aus dem Verbalnomen 기, dem Formalnomen 때문 'Grund' und der Lokativpartikel 에 zusammen. Sie kann mit allen Verbarten gebraucht werden.

VS-기 때문에	*weil / da*
방학이기 때문에 수업이 없어요.	*Weil Ferien sind, habe ich keinen Unterricht.*
내일 시험이 있기 때문에 공부해야 해요.	*Da ich morgen eine Prüfung habe, muss ich lernen.*

Die kausale Konjunktionalform -기 때문에 kann an Verben im Präsens oder im Präteritum angeschlossen werden und einen gleichzeitigen, vorzeitigen oder nachzeitigen Bezug zum Verb des Hauptsatzes ausdrücken.

Nebensatz	Hauptsatz	*weil / da*
Präsens 피곤하기 때문에	Präsens 집에 일찍 가요.	*Weil ich müde bin, gehe ich früher nach Hause.*
Präsens 피곤하기 때문에	Präteritum 집에 일찍 갔어요.	*Weil ich müde bin, bin ich früher nach Hause gegangen.*
Präteritum 피곤했기 때문에	Präteritum 집에 일찍 갔어요.	*Weil ich müde war, bin ich früher nach Hause gegangen.*
Präsens 피곤하기 때문에	Futur 집에 일찍 갈 거예요.	*Weil ich müde bin, werde ich früher nach Hause gehen.*

Die Konjunktionalform -기 때문 kann neben der Partikel 에 auch von der Kopula 이다 gefolgt werden: -기 때문이다. Sie drückt eine Begründung aus und bedeuet wörtlich 'es ist, weil ...' oder 'der Grund ist ...'.

VS-기 때문이다	*weil / da*
A: 왜 민수 씨를 좋아해요? B: 민수 씨가 착하기 때문이에요.	*A: Warum mögen Sie Minsu?* *B: [Der Grund ist, weil er lieb ist.]*
A: 왜 한국에서 살았어요? B: 한국에서 일을 했기 때문이에요.	*A: Warum haben Sie in Korea gelebt?* *B: [Es ist, weil ich dort gearbeitet habe.]*
A: 왜 술을 많이 마셨어요? B: 스트레스가 많았기 때문이에요.	*A: Warum hat er viel Alkohol getrunken?* *B: [Es ist, weil er viel Stress hatte.]*

Übungen

❶ Bilden Sie Kausalsätze mit der Konjunktionalform –아/어서.

Grund	Folge	Kausalsatz im Präteritum
Beispiel: 많이 아프다	병원에 가다	→ 많이 아파서 병원에 갔어요.
1. 어제는피곤하다	집에 일찍 가다	→
2. 감기에 걸리다	학교에 못 가다	→
3. 머리가 아프다	두통약을 먹다	→
4. 커피를 많이 마시다	잠을 못 자다	→
5. 늦잠을 자다	수업에 지각하다	→

❷ Ordnen Sie die passenden Sätze einander zu und verbinden Sie diese mit der Konjunktionalform –(으)니까.

1. 비가 옵니다.
2. 날씨가 좋습니다.
3. 피곤합니다.
4. 이번 주는 바쁩니다.
5. 공기가 안 좋습니다.

a. 창문을 열어 주세요.
b. 우산을 가지고 가세요.
c. 같이 등산을 갑시다.
d. 다음 주에 만납시다.
e. 집에 가서 쉬세요.

❸ Vervollständigen Sie die Nebensätze mit der Konjunktionalform –아/어서.

1. ____________________(극장에 가다) 영화를 봤어요.
2. ____________________(선물을 사다) 동생에게 줬어요.
3. ____________________(아침에 일어나다) 세수를 해요.
4. ____________________(여기에 앉다) 조금 기다리세요.
5. ____________________(요리를 하다) 같이 먹어요.

❹ Geben Sie in der Antwort eine Begründung mit VS–기 때문에 an.

Beispiel: A: 왜 수업이 없어요? B: 방학이다 (Präsens) → 방학이기 때문에 없어요.

1. A: 왜 회사에 안 가요? B: 지금 휴가이다 (Präsens)
2. A: 왜 음식을 많이 준비했어요? B: 손님이 오다 (Präsens)
3. A: 어떻게 이렇게 한국말을 잘해요? B: 한국에서 오래 살았다 (Präteritum)
4. A: 왜 이렇게 잠을 못 자요? B: 커피를 너무 많이 마셨다 (Präteritum)
5. A: 어제 왜 서울에 갔어요? B: 회사 미팅이 있었다(Präteritum)

❺ Beantworten Sie die Fragen mit der Konstruktion VS–기 때문이다.

Beispiel: A: 왜 회사에 안 가요? B: 휴가이다 (Präsens) → 휴가이기 때문이에요.

1. A: 왜 수업이 없어요? B: 방학이다 (Präsens)
2. A: 내일은 왜 못 만나요? B: 다른 약속이 있다 (Präsens)
3. A: 어제 왜 집에 일찍 갔어요? B: 많이 피곤했다 (Präteritum)
4. A: 왜 이렇게 늦었어요? B: 늦잠을 잤다 (Präteritum)

30 Konditionale Konjunktionalformen

Konditionale Konjunktionalformen dienen dazu, Bedingungen, Annahmen und reale oder irreale Wünsche auszudrücken. Die beiden geläufigsten konditionalen Konjunktionalformen im Koreanischen sind –(으)면 'wenn' und –(으)려면 'wenn man X möchte/will'.

30.1 VS–(으)면

Die konditionale Konjunktionalform –(으)면 'wenn ... (dann)' kann mit allen Verbarten gebraucht werden. Sie verbindet zwei Teilsätze, wobei das Subjekt im Haupt- und Nebensatz identisch oder verschieden sein kann.

VS–(으)면	*Bedingung*
기분이 좋으면 노래를 불러요.	*Wenn ich gut gelaunt bin, (dann) singe ich.*
피곤하면 커피를 마셔요.	*Wenn ich müde bin, (dann) trinke ich Kaffee.*
운동을 하면 기분이 좋아요.	*Wenn ich Sport mache, (dann) fühle ich mich gut.*

–(으)면 kann auch zum Ausdruck eines realen oder irrealen Wunsches verwendet werden. In dieser Funktion tritt –(으)면 häufig mit der Futurform 좋겠다 in der Konstruktion VS–(으)면 좋겠다 *'Es wäre gut/schön, wenn ...'* auf.

VS–(으)면 좋겠다	*realer und irrealer Wunsch*
차가 있으면 좋겠어요.	*Es wäre schön, wenn ich ein Auto hätte.*
하루가 30 시간이(라)면 좋겠어요.	*Es wäre gut, wenn der Tag 30 Stunden hätte.*

📖 Die konditionale Konjunktionalform für die Kopula 이다 lautet –이(라)면 (N_{KONS}) und –(라)면 (N_{VOK}).

Zum Ausdruck einer irrealen Annahme wird die Konjunktionalform –(으)면 häufig mit der Futurkonstruktion –을/ㄹ 거다 oder der Satzschlussendung –을/ㄹ 텐데 *'es ist schade, dass X nicht ist / nicht ausgeführt werden kann'* gebraucht.

VS–(으)면 + –을/ㄹ 거다/텐데	*irreale Bedingung*
내가 새라면 너에게 날아갈 텐데.	*Wenn ich ein Vogel wäre, würde ich zu dir fliegen.*
백만 장자가 되면 비행기를 살 거예요.	*Wenn ich Millionär wäre, würde ich ein Flugzeug kaufen.*

30.2 VS-(으)려면 und VS-고 싶으면

Die Konjunktionalform -(으)려면 ist eine verkürzte Form von -(으)려 하면. Hier werden die Strukturen für Absicht (-(으)려 하다) und Bedingung (-(으)면) kombiniert. Dies kann etwa mit *'wenn man X machen möchte/will, dann'* übersetzt werden.

Auf Nebensätze mit -(으)려면 folgt meist ein Hauptsatz mit der modalen Hilfsverbkonstruktion -아/어야 하다 bzw. -아/어야 되다 mit der Bedeutung *'etwas tun müssen'*. Alternativ steht oft auch die höfliche Aufforderungsform -(으)세요 oder -(으)십시오 (▶ 3 | Verbarten und Negation).

VS-(으)려면 VS-아/어야 하다	*Wenn Sie X möchten, müssen Sie Y machen*
장학금을 받으려면 공부를 열심히 해야 해요.	*Wenn Sie ein Stipendium bekommen möchten, müssen Sie fleißig lernen.*
담배를 끊으려면 많이 노력을 해야 돼요.	*Wenn Sie mit dem Rauchen aufhören möchten, müssen Sie sich enorm anstrengen.*
여기에서 일하려면 컴퓨터를 잘해야 돼요.	*Wenn Sie hier arbeiten möchten, müssen Sie gut mit Computern umgehen können.*

VS-(으)려면 VS-(으)세요	*Machen Sie X, wenn Sie Y möchten/wollen*
유럽 여행을 가려면 돈을 모으세요.	*Sparen Sie Geld, wenn Sie eine Europareise machen möchten!*
한국에서 살려면 한국어를 열심히 공부하세요.	*Wenn Sie in Korea leben wollen, lernen Sie fleißig Koreanisch!*
책을 빌리려면 학생증을 보여 주세요.	*Wenn Sie ein Buch ausleihen möchten, zeigen Sie bitte Ihren Studentenausweis!*

In der gleichen Bedeutung kann anstelle von VS-(으)려면 auch die Konstruktion VS-고 싶으면 verwendet werden, die aus der Hilfsverbkonstruktion VS-고 싶다 'wollen' / 'wünschen' und der Konjunktionalform -(으)면 gebildet wird.

VS-고 싶으면	*Wenn Sie X machen möchten/wollen*
자동차를 사고 싶으면 돈을 모아야 합니다.	*Wenn Sie ein Auto kaufen möchten, dann müssen Sie Geld sparen.*
한국어를 배우고 싶으면 한국에 가 보십시오.	*Wenn Sie Koreanisch lernen wollen, versuchen Sie nach Korea zu gehen!*
좋은 직장을 얻고 싶으면 영어를 잘해야 합니다.	*Wenn Sie eine gute Arbeit haben möchten, müssen Sie gut Englisch sprechen.*

Übungen

❶ Bilden Sie Konditionalsätze mit -(으)면.

Beispiel: 배가 고프다 – 밥을 먹다 → 배가 고프면 밥을 먹어요.

1. 노래를 부르다 – 기분이 좋아지다 → ____________________.
2. 기분이 나쁘다 – 노래를 듣다 → ____________________.
3. 바쁘지 않다 – 친구들을 만나다 → ____________________.
4. 날씨가 좋다 – 등산을 가다 → ____________________.
5. 비가 오다 – 집에서 쉬다 → ____________________.
6. 커피를 많이 마시다 – 잠이 안 오다 → ____________________.

❷ Ordnen Sie die passenden Sätze einander zu und verbinden Sie diese mit -(으)면.

1. 한국말을 잘하고 싶다
2. 머리가 많이 아프다
3. 단어를 모르다
4. 김 선생님과 이야기하고 싶다
5. 피곤하다

a. 한국 영화나 드라마를 보세요.
b. 집에 쉬세요.
c. 두통약을 드세요.
d. 잠깐 기다리세요.
e. 사전에서 찾아 보세요.

❸ Verbinden Sie die Sätze mit -(으)려면 und übersetzen Sie diese ins Deutsche.

Beispiel: 서울역에 가다 - 버스를 타세요. → 서울역에 가려면 버스를 타세요.

1. 서울 호텔에서 저녁을 드시다 – 미리 예약하십시오.
2. 이 회사에 취직하다 – 영어를 잘해야 해요.
3. 책을 빌리다 – 학생증이 필요해요.
4. 한국에 가고 싶다 – 한국어 공부를 열심히 해야 해요.
5. 한국말을 잘하고 싶다 – 한국 친구들을 많이 사귀세요.

❹ Bilden Sie Sätze mit der Konstruktion VS -(으)면 좋겠어요.

1. 한국으로 유학을 가다
2. 남자 친구가 술을 안 마시다
3. 돈을 많이 벌다
4. 방학이 빨리 오다
5. 한국 사람처럼 한국말을 잘하다

❺ Übersetzen Sie ins Koreanische bzw. ins Deutsche.

1. Wenn Sie Zeit haben, dann versuchen Sie mal ein koreanisches Buch zu lesen!
2. Wenn dieses Buch interessant ist, dann kaufen Sie es!
3. Wenn es morgen regnet, dann bleiben wir zu Hause!
4. 내가 너라면 세계 여행을 할 텐데.
5. 돈이 많으면 집을 살 거예요.

31 Finale Konjunktionalformen

Finale Konjunktionalformen geben den Zweck, die Absicht oder das Ziel einer Handlung an. Die Tabelle zeigt einige der wichtigsten finalen Konjunktionalformen im Koreanischen.

Finale Konjunktionalformen	dt. Entsprechung
–기 위해(서)	*um … zu / damit*
–(으)러	*um … zu / damit*
–(으)려고	*zwecks / um … zu / damit*

31.1 VS–기 위해(서)

Die Konstruktion VS–기 위해서 mit dem Verbalnomen auf 기 + 위해 + (서) wird verwendet, um Absicht, Wunsch oder Willen des Subjekts auszudrücken. Sie wird meistens mit Aktionsverben verwendet, wobei 서 ausgelassen werden kann.

VS–기 위해(서)	*um … zu / damit*
운동하기 위해(서) 일찍 일어나요.	*Ich stehe früh auf, um Sport zu machen.*
돈을 벌기 위해(서) 열심히 일해요.	*Ich arbeite fleißig, um Geld zu verdienen.*
좋은 성적을 받기 위해 열심히 공부해요.	*Ich lerne fleißig, damit ich gute Noten bekomme.*

Die Konjunktionalform –기 위해서 kann nicht unmittelbar an qualitative Verben angehängt werden, sondern muss dazu mit der Hilfsverbkonstruktion –아/어지다 verbunden werden.

QV + –아/어지다 + –기 위해서	
건강하다 *gesund sein*	건강하다 + –아/어지다 → 건강해지다
건강해지다 *gesund werden*	건강해지다 + –지기 위해서 → 건강해지기 위해서

VS–아/어지기 위해(서)	*um … zu / damit*
건강해지기 위해서 운동을 해요.	*Ich mache Sport, damit ich gesund bleibe.*
날씬해지기 위해 다이어트를 해요.	*Ich mache Diät, um schlank zu werden.*
행복해지기 위해 매일 웃어요.	*Ich lache jeden Tag, um glücklich zu sein.*

31.2 VS-(으)러 und VS-(으)려고

Die finalen Konstruktionen VS-(으)러 und VS-(으)려고 drücken in Verbindung mit Aktionsverben Zweck oder Ziel einer Handlung oder eine Absicht des Subjekts aus. Sie entsprechen der deutschen finalen Konstruktion mit 'um ... zu' oder 'damit'.

Die gleichbedeutenden Konjunktionalformen -(으)러 und -(으)려고 werden hinsichtlich der Verbart, Zeitform und Satzart unterschiedlich gebraucht:

a) Beide Formen können nur mit Aktionsverben im Präsens verwendet werden. Wenn das Verb im Hauptsatz ein Bewegungsverb wie z.B. 가다 'gehen', 오다 'kommen' ist, wird ausschließlich -(으)러 verwendet.

b) Nach Finalsätzen mit VS-(으)러 können im Hauptsatz alle Tempusformen stehen, bei VS-(으)려고 hingegen nur Präsens und Präteritum, jedoch nicht das Futur.

Tempus	VS-(으)러	*um ... zu*
Präsens	머리를 자르러 미용실에 가요.	*Ich gehe zum Friseur, um meine Haare schneiden zu lassen.*
Präteritum	수미는 책을 사러 서점에 갔어요.	*Sumi ist zur Buchhandlung gegangen, um ein Buch zu kaufen.*
Futur	친구를 만나러 시내에 갈 거예요.	*Ich werde in die Stadt gehen, um meine Freunde zu treffen.*

Tempus	VS-(으)려고	*um ... zu / damit*
Präsens	여행을 하려고 돈을 모아요.	*Ich spare Geld, damit ich eine Reise machen kann.*
Präteritum	한국말을 배우려고 한국에 왔어요.	*Ich bin nach Korea gekommen, um Koreanisch zu lernen.*

c) Im Gegensatz zu finalen Nebensätzen mit -(으)려고, auf die keine Imperativ- oder Aufforderungssätze im Hauptsatz folgen können, ist dies nach -(으)러 möglich.

Satzart	VS-(으)러	*um ... zu*
Imperativ	점심을 먹으러 식당에 가세요.	*Gehen Sie bitte ins Restaurant, um zu Mittag zu essen!*
Aufforderung	점심을 먹으러 식당에 갑시다.	*Lasst uns zum Mittagessen ins Restaurant gehen!*

Übungen

❶ Bilden Sie Finalsätze mit -(으)러 가다 im Präsens (informell-höfliche SPS).

Beispiel: 슈퍼마켓 – 우유를 사다 → 우유를 사러 슈퍼마켓에 가요.

1. 회사 – 일을 하다
2. 서울역 – 기차표를 사다
3. 도서관 – 책을 빌리다
4. 은행 – 돈을 찾다
5. 미용실 – 머리를 자르다
6. 서점 – 책을 사다

❷ Machen Sie Vorschläge! Bilden Sie Finalsätze mit -(으)러 갈까요?.

Beispiel: 커피숍 – 차를 마시다 → 차를 마시러 커피숍에 갈까요?

1. 극장 – 영화를 보다
2. 노래방 – 노래를 부르다
3. 백화점 – 옷을 사다
4. 스키장 – 스키를 타다
5. 부산 – 바다를 보다
6. 제주도 – 여행을 하다

❸ Bilden Sie finale Nebensätze mit -(으)려고 im Präteritum (informell-höfliche SPS).

Beispiel: 조카에게 선물을 하다 – 책을 사다 → 조카에게 선물을 하려고 책을 샀어요.

1. 한국으로 유학을 가다 – 한국어를 열심히 공부하다
2. 유럽 여행을 하다 – 열심히 아르바이트를 하다
3. 조깅을 하다 – 아침에 일찍 일어나다
4. 가족을 보다 – 한국에 가다

❹ Kreuzen Sie an! Sind die finalen Konjunktionalformen richtig eingesetzt?

	R	F
1. 시험 공부를 <u>하려고</u> 도서관에 갑시다.	□	□
2. 선물을 <u>사러</u> 백화점에 갈 거예요.	□	□
3. 밥을 <u>먹으러</u> 학교 식당에 갔어요.	□	□
4. 약을 <u>사려고</u> 약국에 갈까요?	□	□
5. 책을 <u>찾으려고</u> 도서관에 갈 거예요.	□	□

❺ Übersetzen Sie ins Deutsche.

1. 한국의 문화를 배우기 위해서 한국에 왔어요.
2. 카메라를 사려고 돈을 모았어요.
3. 요리를 더 잘 하려고 요리 학원에다녀요.
4. 건강해지기 위해서 열심히 운동해요.
5. 음악을 공부하러 독일에 왔어요.

32 Konzessive Konjunktionalformen

Die konzessive Konjunktionalform –아/어도 drückt die Bedeutung 'obwohl', 'selbst wenn' sowie 'auch wenn' aus.

VS–아/어도	*obwohl / selbst wenn / auch wenn*
잠을 많이 자도 피곤해요.	*Obwohl ich viel schlafe, bin ich müde.*
밥을 많이 먹어도 배가 고파요.	*Auch wenn ich viel esse, habe ich Hunger.*
옷이 많이 비싸도 사고 싶어요.	*Selbst wenn das Kleid teuer ist, will ich es kaufen!*

📖 Wenn die konzessive Konjunktionalform –아/어도 mit den Verben 좋다 'gut sein', 되다 'werden', 괜찮다 'in Ordnung sein' kombiniert wird, bildet sie eine Konstruktion mit modaler Bedeutung, die Erlaubnis ausdrückt: z.B. 집에 가도 좋아요. '*Sie können/dürfen nach Hause gehen*' (▶ 7.5 | Modalität).

Die konzessive Konjunktionalform –아/어도 kann durch das Adverb 아무리 'wie sehr' / 'viel' / 'oft auch' verstärkt werden. In diesem Fall ist der Hauptsatz immer negiert.

아무리 + VS–아/어도	*so viel / oft / sehr*
아무리 말해도 듣지를 않아요.	*So viel ich auch rede, er hört einfach nicht auf mich!*
아무리 전화해도 받지를 않아요.	*So oft ich auch anrufe, es geht einfach keiner ans Telefon!*

Übungen

1 Ordnen Sie die passenden Teile einander zu. Übersetzen Sie die Sätze ins Deutsche.

1. 비가 많이 와도
2. 약을 먹어도
3. 더 먹고 싶어도
4. 아무리 바빠도
5. 아무리 전화해도

a. 감기가 낫지 않아요.
b. 민수 씨가 전화를 안 받아요.
c. 일주일에 한 번은 운동을 해요.
d. 소풍을 갈 거예요.
e. 배가 불러서 못 먹겠어요.

2 Bilden Sie konzessive Nebensätze mit der Konjunktionalform –아/어도.

1. 김밥은 자주 ______________ (먹다) 늘 맛있어요.
2. 아무리 ____________(피곤하다) 숙제를 하고 자야 해요.
3. 벌써 9 시예요. ____________(택시를 타다) 지각이에요.
4. 죄송해요. 15 분 정도 ____________(늦다) 괜찮아요?
5. 민수는 공부를 ______________ (안 하다) 성적이 좋아요.

Lösungsschlüssel

2 Höflichkeitsformen *S. 15*

❶ 1. 아버지께서는 회사에서 일하십니다. | 2. 부모님께서 독일에 오십니다. | 3. 선생님께서 한국어를 가르치십니다. | 4. 교수님께서는 책을 쓰십니다. | 5. 어머니께서는 텔레비전을 보세요. | 6. 사장님께서 독일에 가세요. | 7. 할아버지께서 신문을 읽으세요.| 8. 할머니께서는 꽃을 좋아하세요.

❷ 1. 회사에 계십니다 | 2. 말씀하십니다 | 3. 차를 드십니다 | 4. 과일을 드십니다 / 과일을 잡수십니다 | 5. 주무십니다

❸ 1. 생신 | 2. 댁 | 3. 진지 | 4. 성함 | 5. 연세 | 6. 분

❹ 1. 께서 | 2. 께 | 3. 께서는 | 4. 께 | 5. 께서

❺ 1. 저는 한국 사람입니다. | 2. 저희는/저희들은 독일 사람입니다. | 3. 저는 대학생입니다. | 4. 저희는/저희들은 교환학생입니다. | 5. 저는 지금 한국에서 공부합니다. | 6. 저희는/저희들은 지금 한국어를 배웁니다.

3 Verbarten und Negation

3.1 *S. 19*

❶ 1. 제니퍼는 영국 사람입니까? – 네, 영국 사람입니다. | 2. 와타나베는 일본 사람입니까? – 네, 일본 사람입니다. | 3. 요한나는 독일 사람입니까? – 네, 독일 사람입니다. | 4. 다니엘은 호주 사람입니까? – 네 호주 사람입니다. | 5. 왕링은 중국 사람입니까? – 네, 중국 사람입니다. | 6. 헬렌은 미국 사람입니까? – 네, 미국 사람입니다.

❷ 1. 마이클은 가수예요. | 2. 민수는 경찰관이에요. | 3. 마틴은 대학생이에요. | 4. 다니엘은 요리사예요. | 5. 수미는 간호사예요. | 6. 나오코는 일본어 선생님이에요.

❸ 1. 아니요, 독일어 사전이 아닙니다. 한국어 사전입니다. | 2. 아니요, 커피가 아닙니다. 차입니다. | 3. 아니요, 라디오가 아닙니다. 텔레비전입니다. | 4. 아니요, 책이 아닙니다. 신문입니다. | 5. 아니요, 소파가 아니에요. 침대예요. | 6. 아니요, 책상이 아니에요. 의자예요. | 7. 아니요, 바나나가 아니에요. 사과예요. | 8. 아니요, 연필이 아니에요. 볼펜이에요.

❹ 1. 미국 사람이 아니에요 | 2. 친구가 아니에요 | 3. 수요일이 아니에요 | 4. 열한 시가 아니에요

❺ 1. 이십니까 | 2. 아니십니다 | 3. 이십니다 | 4. 이세요 | 5. 이세요 | 6. 아니세요

3.2 *S. 22*

❶ 1. 수미는 도서관에 있습니다. | 2. 교수님께서는 독일에 계십니다. | 3. 사장님께서는 부산에 계십니다. | 4. 누나는 사무실에 있습니다. | 5. 다니엘은 극장에 있습니다. | 6. 부모님께서는 집에 계십니다.

❷ 1. 수미는 도서관에 있어요. | 2. 교수님께서는 독일에 계세요. | 3. 사장님께서는 부산에 계세요. | 4. 누나는 사무실에 있어요. | 5. 다니엘은 극장에 있어요. | 6. 부모님께서는 집에 계세요.

❸ 1. 여권이 책상 위에 있어요. | 2. 연필이 신문 밑에/아래에 있어요. | 3. 전화기가 꽃병 앞에 있어요. | 4. 사전이 가방 안에 있어요. | 5. 가방이 의자 뒤에 있어요. | 6. 책상이 책장 옆에 있어요.

❹ 1. 있어요 | 2. 있으세요 | 3. 계세요 | 4. 없으세요 | 5. 없어요 | 6. 계세요

❺ 1. 아니요, 주말에 시간이 없어요. | 2. 아니요, 김 선생님께서 학교에 안 계세요. | 3. 아니요, 내일 한국어 수업이 없어요. | 4. 아니요, 우유가 냉장고에 없어요. | 5. 아니요, 오늘 저녁에 약속이 없어요. | 6. 아니요, 할머니께서 집에 안 계세요.

3.3 *S. 27*

❶ Aktionsverben: 기다리다 *warten* | 오다 *kommen* | 하다 *machen/tun* | 좋아하다 *mögen* | 읽다 *lesen* | 만나다 *treffen* | 사다 *kaufen* | 듣다 *hören* | 살다 *leben/wohnen* | 마시다 *trinken*
Qualitative Verben: 맛있다 *lecker sein* | 많다 *viel sein* | 재미없다 *nicht unterhaltsam/uninteressant sein* | 싸다 *billg/preiswert sein* | 예쁘다 *hübsch/schön sein* | 크다 *groß sein* | 바쁘다 *beschäftigt sein/viel zu tun haben* | 어렵다 *schwer sein* | 아프다 *krank sein*

❷ 1. Frage | 2. Aufforderung | 3. Aussage | 4. Aussage | 5. Imperativ | 6. Imperativ | 7. Frage | 8. Aussage

❸ 1. 주말에 조깅을 해요. | 2. 레스토랑에서 식사를 해요. | 3. 학교에서 공부를 해요. | 4. 노래방에서 노래를 해요. | 5. 집에서 숙제를 해요. | 6. 공원에서 산책을 해요.

❹ 1. 과일이 비쌉니다. | 2. 책이 좋습니다. | 3. 영화가 재미없습니다. | 4. 가방이 작습니다. | 5. 방이 깨끗합니다. | 6. 날씨가 따뜻합니다. | 7. 불고기가 맛있습니다. | 8. 수미가 건강합니다.

❺ 1. 잠깐만 기다리세요. *Warten Sie bitte einen Augenblick!* | 2. 조용히 하세요. *Seien Sie bitte ruhig!* | 3. 항상 건강하세요. *Bleiben Sie immer gesund! / Ich wünsche Ihnen viel Gesundheit!* | 4. 빨리 오세요. *Kommen Sie bitte schnell!* | 5. 늘 행복하세요. *Bleiben Sie immer glücklich! / Ich wünsche Ihnen viel Glück!*

3.4 *S. 30*

❶ 1. 신문을 안 읽어요. / 신문을 읽지 않아요. | 2. 뉴스를 안 봐요. / 뉴스를 보지 않아요. | 3. 술을 안 마셔요. / 술을 마시지 않아요. | 4. 김치를 안 먹어요. / 김치를 먹지 않아요. | 5. 날씨가 안 좋아요. / 날씨가 좋지 않아요.

❷ 1. 안 좋아해요 | 2. 요리 안 해요 | 3. 일 안 해요 | 4. 안 피곤해요 | 5. 운동 안 해요

❸ 1. 매운 음식을 잘 못 먹어요. 매운 음식을 잘 먹지 못해요. | 2. 피아노를 못 쳐요. 피아노를 치지 못해요. | 3. 술을 잘 못 마셔요. 술을 잘 마시지 못해요. | 4. 잠을 못 잤어요. 잠을 자지 못했어요. | 5. 아침을 못 먹었어요. 아침을 먹지 못했어요.

❹ 1. Ich kann scharfe Speisen nicht gut essen. / Ich vertrage scharfes Essen nicht gut. | 2. Ich kann kein Klavier spielen. | 3. Ich kann nicht gut Alkohol trinken. / Ich vertrage Alkohol nicht gut. | 4. Ich konnte nicht schlafen. | 5. Ich konnte nicht frühstücken.

❺ 1. 안 바빠요 | 2. 못 마셔요 | 3. 못 만나요 | 4. 잘하지 못해요 | 5. 못 가요 | 6. 오지 않아요 | 7. 많지 않아요

4 Tempus und Aspekt

4.1 S. 34–35

❶ 1. 커피를 마십니까? 커피를 마십니다. | 2. 친구를 기다립니까? 친구를 기다립니다. | 3. 신문을 봅니까? 신문을 봅니다. | 4. 햄버거를 먹습니까? 햄버거를 먹습니다. | 5. 방을 청소합니까? 방을 청소합니다. | 6. 청바지를 삽니까? 청바지를 삽니다. | 7. 친구를 만납니까? 친구를 만납니다. | 8. 비빔밥을 요리합니까? 비빔밥을 요리합니다. | 9. 노래를 부릅니까? 노래를 부릅니다. | 10. 이메일을 보냅니까? 이메일을 보냅니다.

❷ 1. 점심을 먹어요. | 2. 숙제를 해요. | 3. 커피를 만들어요. | 4. 동생과 같이 놀아요. | 5. 텔레비전을 봐요. | 6. 한국말을 연습해요.

❸ 1. 과일이 비싸요? | 2. 비빔밥이 맛있어요? | 3. 자전거를 타요. | 4. 학생들이 많아요? | 5. 한국 영화를 좋아해요? | 6. 날씨가 좋아요? | 7. 매일 신문을 읽어요. | 8. 기타를 잘 쳐요?|

❹ 1. 청바지를 사요. | 2. 녹차를 마셔요? | 3. 태권도를 배워요? | 4. 그림을 잘 그려요? | 5. 생일 선물을 줘요. | 6. 한국어 단어를 외워요. | 7. 버스를 기다려요? | 8. 편지를 보내요. | 9. 책을 빌려요. | 10. 친구를 기다려요.

❺ 1. 배워요 | 2. 살아요 | 3. 일어나요 | 4. 마셔요 | 5. 가요

4.2 | 4.3 S. 37–38

❶ 있었습니다 | 일어났습니다 | 했습니다 | 먹었습니다 | 갔습니다 | 책을 읽었습니다 | 아르바이트를 했습니다 | 왔습니다 | 봤습니다 | 잤습니다

❷ 1. 기차표를 샀어요? – 네 샀어요. | 2. 민수 씨를 만났어요? – 네, 만났어요. | 3. 영화를 봤어요? – 네, 봤어요. | 4. 피자를 주문했어요? – 네, 주문했어요. | 5. 숙제를 했어요? – 네, 숙제를 했어요.

❸ 1. 영화가 재미있었습니까? | 2. 머리가 아팠습니까? | 3. 날씨가 안 좋았습니까? | 4. 어제가 생일이었습니까? | 5. 비가 많이 왔습니까? | 6. 손님이 많았습니까? | 7. 콘서트가 재미없었습니까? | 8. 기분이 나빴습니까?

❹ 1. 한국어를 배웠습니다. | 2. 오늘은 집에서 쉬었습니다. | 3. 도서관에서 책을 빌렸어요. | 4. 인터넷에서 책을 주문했어요. | 5. 슈퍼마켓에서 우유를 샀습니다. | 6. 시험이 월요일이었어요. | 7. 시내에서 친구들을 만났습니다. | 8. 오늘 아침에 커피를 안 마셨어요. | 9. 비빔밥이 정말 맛있었어요. | 10. 이메일을 읽었습니다.

❺ 1. Ich habe Koreanisch gelernt. | 2. Heute habe ich mich zu Hause ausgeruht. | 3. In der Bibliothek habe ich ein Buch ausgeliehen. | 4. Ich habe im Internet ein Buch bestellt. | 5. Im Supermarkt habe ich Milch gekauft. | 6. Die Prüfung war am Montag. | 7. In der Stadt habe ich Freunde getroffen. | 8. Heute Morgen habe ich keinen Kaffee getrunken. | 9. Das Bibimbap war wirklich lecker. | 10. Ich habe die E-Mail gelesen.

❻ 1. 마셨었어요 | 2. 길었었어요 | 3. 안 읽었었어요 | 4. 작았었어요 | 5. 여행을 갔었어요 | 6. 다녔었어요 | 7. 살았었어요

4.4 *S. 41–42*

❶ 1. Der Apfelkuchen schmeckt bestimmt gut! | 2. Dieses Wort kenne ich nicht (ganz) genau. | 3. Wollen/Möchten Sie Kaffee trinken? | 4. Heute werde/will ich kochen. | 5. Können/Würden Sie mir bei den Hausaufgaben helfen?

❷ 1. 따뜻하겠습니다 | 2. 흐리겠습니다| 3. 출발하겠습니다 | 4. 시작하겠습니다 | 5. 있겠습니다 | 6. 좋아지겠습니다

❸ 1. 먹겠습니다 | 2. 가겠습니다 | 3. 가져오겠습니다 | 4. 잘 먹겠습니다 | 5. 같이 가겠습니다

❹ 1. 여행을 갈 겁니다 | 2. 살 겁니다 | 3. 예약할 겁니다 | 4. 이메일을 쓸 겁니다 | 5. 살 겁니다

❺ 1. 바쁠 거예요 | 2. 있을 거예요 | 3. 올 거예요 | 4. 알 거예요| 5. 늦을 거예요

❻ 1. (우리는/저희는) 내일 수영장에 갈 거예요. | 2. 집에서 쉴 거예요. | 3. 여름 방학에 일할 거예요. | 4. 내일 무엇을/뭘 할 거예요? / 내일 뭐할 거예요? | 5. 주말에 설악산으로 등산을 갈 거예요/등산갈 거예요?

4.5 *S. 44–45*

❶ 1. 다니엘은 한국어를 공부하고 있어요. | 2. 동생은 친구에게 이메일을 쓰고 있어요. | 3. 어머니는/어머니께서는 음식을 만들고 계세요. | 4. 언니는 방에서 청소하고 있어요. | 5. 아버지는/아버지께서는 신문을 보고 계세요. | 6. 민수는 텔레비전을 보고 있어요.

❷ 1. 텔레비전을 보고 있었어요. *Ich war gerade dabei, Fernsehen zu schauen.* | 2. 저녁을 만들고 있었어요. *Ich war gerade dabei, Abendessen zuzubereiten.* | 3. 밥을 먹고 있었어요. *Ich war gerade beim Essen.* | 4. 잠을 자고 있었어요. *Ich war gerade beim Schlafen.* | 5. 영화를 보고 있었어요. *Ich war gerade dabei, mir einen Film anzusehen* | 6. 숙제를 하고 있었어요. *Ich war gerade dabei, Hausaufgaben zu machen.*

❸ 1. 수미는 안경을 썼어요. | 2. 막스는 청바지를 입었어요. | 3. 다니엘은 모자를 썼어요. | 4. 유미는 구두를 신었어요. | 5. 아버지는 넥타이를 맸어요. | 6. 어머니는 반지를 꼈어요.

❹ 1. a. | 2. b. | 3. b. | 4. a. | 5. b.

❺ 1. 열려 있습니다 | 2. 닫혀 있습니다 | 3. 꺼져 있습니다 | 4. 켜져 있습니다 | 5. 책상 위에 놓여 있습니다

❻ 1. 막스는 (지금) 자고 있어요. | 2. 민수는 (지금) 운동을 하고 있어요. / 민수는 (지금) 운동하고 있어요. | 3. 수미의 아버지(께서)는/수미의 아버님은/수미의 아버님께서는 신문을 읽고 계셨어요. | 4. 불이 켜져 있어요. | 5.방문이 열려 있어요.

5 Partizipialformen *S. 49–50*

❶ 1. 부르는 | 2. 치료하는 | 3. 그리는 | 4. 가르치는 | 5. 공부하는

❷ 1. 비싼 시계 *eine teure Uhr* | 2. 높은 산 *ein hoher Berg* | 3. 큰 가방 *eine große Tasche* | 4. 따뜻한 날씨 *ein warmes Wetter* | 5. 재미있는 이야기 *eine interessante/spannende Geschichte* | 6. 조용한 음악 *ruhige Musik* | 7. 친절한 사람 *ein freundlicher Mensch* | 8. 맛없는 음식 *kein leckeres Essen*

❸ 1. 맵거나 짠 음식 *ein scharfes oder salziges Essen* | 2. 맛있고 건강한 차 *ein leckerer und gesunder Tee* | 3. 작지만 예쁜 정원 *ein kleiner, aber hübscher Garten* | 4. 좋거나 나쁜 영화 *ein guter oder schlechter Film*

❹ 1. 어제 만난 사람 *die Person, die ich gestern getroffen habe* | 2. 지난 주에 간 병원 *das Krankenhaus, das ich letzte Woche besucht habe* | 3. 어제 주문한 컴퓨터 *der Computer, den ich gestern bestellt habe* | 4. 어제 입은 옷 *die Kleidung, die ich gestern getragen habe* | 5. 백화점에서 산 가방 *die Tasche, die ich im Kaufhaus gekauft habe* | 6. 한국에서 찍은 사진 *die Fotos, die ich in Korea gemacht habe*

❺ 1. 만날 | 2. 입을 | 3. 초대할 | 4. 만들 | 5. 읽을

❻ 1. 입던 | 2. 알던 | 3. 가던 | 4. 마시던 | 5. 있던

❼ 1. Minsu ist der Mann, den ich (früher einmal) geliebt hatte. | 2. Das Gericht, das ich gestern gegessen habe, war Bibimbap. | 3. Der Berg, auf den wir letzten Sommer gewandert sind, war der Seoraksan. | 4. Die Person, die ich gestern getroffen habe, war Sumi. | 5. Wer war der Lehrer, der Sara in Koreanisch unterrichtet hatte?

6 Hilfsverbkonstruktionen

6.1 | 6.2 *S. 53*

❶ 1. 마셔 보세요 | 2. 방문해 보세요 | 3. 가 보세요 | 4. 먹어 보세요 | 5. 등산해 보세요

❷ 1. 불고기를 먹어 봤어요. *Ich habe schon mal Bulgogi gegessen.* | 2. 경주 박물관을 방문해 봤어요. *Ich habe schon mal das Museum in Gyeongju besucht.* | 3. 한국에서 일 년 동안 살아 봤어요. *Ich habe schon mal ein Jahr in Korea gelebt.* | 4. 비빔밥을 만들어 봤어요. *Ich habe schon mal Bibimbap gemacht/gekocht.* | 5. 배낭 여행을 해 봤어요. *Ich habe schon mal eine Rucksackreise gemacht.* | 6. 소주를 마셔 봤어요. *Ich habe schon mal Soju probiert.* | 7. 그 소설책을 읽어 봤어요. *Ich habe den Roman schon mal gelesen.* | 8. 노래방에 가 봤어요. *Ich habe schon mal ein Noraebang (koreanische Karaokebar) besucht.*

❸ 1. 잃어 버렸어요 | 2. 떨어지고 말았어요 | 3. 자고 말았어요 | 4. 해 냈어요

6.3–6.6 *S. 57*

❶ 1. 창문을 닫아 주시겠어요? | 2. 조용히 해 주시겠어요? | 3. 켜 주세요. | 4. 가르쳐 주세요. 5. 빌려 주세요.

❷ 1. 들어 드릴까요? | 2. 빌려 드릴까요? | 3. 찾아 드릴까요? | 4. 읽어 드릴까요? | 5. 도와 드릴까요?

❸ 1. 비행기 표를 미리 사 두세요. | 2. 숙제를 해 놓으세요. | 3. 창문을 닫아 놓으세요. | 4. 기차표를 미리 예약해 두세요.

❹ 1. 날씨가 따뜻해졌어요. *Es ist wärmer geworden.* | 2. 날이 길어졌어요. *Die Tage sind länger geworden.* | 3. 밤이 짧아졌어요. *Die Nächte sind kürzer geworden.* | 4. 이 자동차가 한국에서 만들어졌어요. *Dieses Auto wurde in Korea hergestellt.* | 5. 자전거가 고쳐졌어요. *Das Fahrrad wurde repariert.* | 6. 이메일이 보내졌어요. *Die E-Mail wurde versandt.*

❺ 1. 회사 때문에 부산으로 이사를 가게 되었어요. | 2. 내년부터 한국에서 일하게 되었어요. | 3. 어제 친구와 이야기를 하게 되었어요. | 4. 오늘 몸이 아파서 회사에 못 가게 되었어요.

7 Modalität

7.1–7.4 *S. 62*

❶ 1. 가고 싶어요 | 2. 먹고 싶어해요 | 3. 보고 싶어해요 | 4. 잘하고 싶어요 | 5. 부르고 싶어해요

❷ 1. 시간이 많으면/많았으면 좋겠습니다. | 2. 외국어를 잘하면/잘했으면 좋겠습니다. | 3. 시험을 잘 보면/잘 봤으면 좋겠습니다. | 4. 한국에서 살면/살았으면 좋겠습니다.

❸ 1. 한국어를 배우려고 해요. / 한국어를 배우고자 해요. | 2. 내일 친구를 만나려고 해요. / 내일 친구를 만나고자 해요. | 3. 미팅에 참석하려고 해요. / 미팅에 참석하고자 해요. | 4. 내일부터 회사에 출근하려고 해요. / 내일부터 회사에 출근하고자 해요.

❹ 1. 일본어를 할 수 있어요? (F) | 2. 혼자 집에 갈 수 있어요? (M) | 3. 이사를 도와 줄 수 있어요? (M) | 4. 기타를 칠 수 있어요? (F) | 5. 이 문제를 풀 수 있어요? (F) | 6. 오늘 저녁에 만날 수 있어요? (M)

❺ 1. 쉬고 싶어요 | 2. 만들어 보고 싶어해요 | 3. 만나려고 해요 | 4. 갈 수 있어요 | 5. 할 줄 몰라요 | 6. 이야기하고 싶어해요 | 7. 아르바이트를 하려고 해요.

7.5–7.7 *S. 65*

❶ 1. 오래 기다려야 해요? 오래 기다리지 않아도 돼요. | 2. 장을 봐야 해요? 장을 보지 않아도 돼요. | 3. 일찍 일어나야 해요? 일찍 일어나지 않아도 돼요. | 4. 창문을 닫아야 해요? 창문을 닫지 않아도 돼요. | 5. 집에 가야 해요? 집에 가지 않아도 돼요. | 6. 오늘 만나야 해요? 오늘 만나지 않아도 돼요.

❷ 1. 주차를 하지 마세요. | 2. 담배를 피우지 마십시오. | 3. 사진을 찍지 마세요. | 4. 쓰레기를 버리지 마세요. | 5. 술을 많이 마시지 마십시오. | 6. 여기에 들어오지 마세요.

❸ 1. 여기에 앉아도 좋아요. | 2. 오늘 저녁에 전화해도 괜찮겠어요? | 3. 집에 있어도 돼요. | 4. 여기에서/여기서 사진을 찍어도 괜찮아요. | 5. Ich hätte Daniel gestern treffen müssen. | 6. Ich hätte gestern früh ins Bett gehen müssen. | 7. Ich hätte das Buch kaufen müssen.

8 Unregelmäßige Verben

8.1 | 8.2 *S. 70–71*

❶ 1. 들으러 | 2. 닫아요 | 3. 실으세요 | 4.받았어요 | 5. 물어

❷ 1. 친구를 믿기 때문에 | 2. 창문을 닫으니까 | 3. 연락을 받으면 | 4. 음악을 들으면 | 5. 공원을 걸은 후에 | 6. 길을 물으러

❸ 1. 만드는 | 2. 압니까 | 3. 엽시다 | 4. 멉니다 | 5. 단 | 6. 아세요 | 7. 답니다 | 8. 만들려고 | 9. 깁니다

8.3 S. 71

❶ 1. 한국어 숙제가 어려워요? – 아니요, 쉬워요. | 2. 가방이 무거워요? – 아니요, 가벼워요. | 3. 길이 좁아요? – 아니요, 넓어요. | 4. 학교가 가까워요? – 아니요, 멀어요. | 5. 방이 어두워요? – 아니요, 밝아요. | 6. 김치 찌개가 매워요? – 아니요, 맵지 않아요.

❷ 1. 아름다워요 | 2. 어려웠어요 | 3. 반가워요 | 4. 맵지만 | 5. 입으세요 | 6. 가볍고 | 7. 도와

8.4 | 8.5 S. 72

❶ 1. 불러요 | 2. 골라서 | 3. 불러서 | 4. 잘라 | 5. 모르는

❷ 1. 바지를 골라요. | 2. 생각이 달라요. | 3. 고양이를 길러요. | 4. 말이 빨라요. | 5. 정답을 몰라요. | 6. 수미를 불러요.

❸ 1. 아파서 | 2. 나빠요 | 3. 고파요 | 4. 예뻐요 | 5. 슬펐어요 | 6. 바빠서 | 7. 써 주세요 | 8. 커요 | 9. 꺼 주세요

8.6 | 8.7 S. 73

❶ 1. 부어요 | 2. 긋습니다 | 3. 저어 | 4. 지어졌어요 | 5. 부으세요 | 6. 잇습니다 | 7.벗으세요. 8. 웃어 | 9. 씻어야

❷ 1. 어때요 | 2. 어떨까요 | 3. 어떤 | 4. 어땠어요 | 5. 어떠세요

❸ 1. 노란 모자 | 2. 파란 하늘 | 3. 빨간 코 | 4. 하얀 눈 | 5. 까만 머리카락 | 6. 파란 입술

❹ 1. 파래요 | 2. 동그래요 | 3. 그래요 | 4. 빨개요 | 5. 까맣게 | 6. 좋은 | 7. 넣어 | 8. 넣으세요 | 9. 놓았어요 | 10. 좋았어요

9 Pragmatische Satzschlussendungen

9.1 | 9.2 S. 76

❶ 1. 예쁘군요 | 2. 오는군요 | 3. 맛있군요 | 4. 좋아하는군요 | 5. 점심시간이군요 | 6. 선생님이시군요

❷ 1. 독일은 맥주가 정말 맛있네요. *In Deutschland schmeckt das Bier wirklich gut!* | 2. 한국말을 정말 잘하네요. *Sie sprechen wirklich gut Koreanisch!* | 3. 기차표가 아주 비싸네요. *Die Zugfahrkarten sind sehr teuer!* | 4. 책이 정말 재미있네요. *Das Buch ist wirklich spannend/interessant!* | 5. 김치도 잘 드시겠네요. *Sie essen bestimmt gerne Kimchi!* | 6. 부모님이 많이 보고 싶겠네요. *Sie vermissen Ihre Eltern bestimmt sehr!*

❸ 1. 좋지요 | 2. 맛있지요 | 3. 금요일이지요 | 4. 어려웠지요 | 5. 올 거지요 | 6. 몇 시이지요? / 몇 시지요?

9.3 | 9.4 S. 78

❶ 1. 대학생인가요? | 2. 한국 친구가 많은가요? | 3. 기분이 좋지 않은가요? | 4. 서울은 지금 많이 추운가요? | 5. 약속 시간이 10 시가 아닌가요? | 6. 지금 집에 계신가요? | 7. 김치가 많이 매운가요? | 8. 오늘 컨디션이 안 좋은가요?

❷ 1. 올 건가요 | 2. 마실 건가요 | 3. 가실 건가요 | 4. 만날 건가요 | 5. 먹을 건가요

❸ 1. 없는데요 | 2. 바쁜데요 | 3. 잘하시는데요 | 4. 했는데요 | 5. 맛있는데요

9.5–9.7 *S. 80*

❶ 1. 만들까요 | 2. 갈까요, 볼까요 | 3. 탈까요, 탈까요 | 4. 입을까요 | 5. 도와 드릴까요 | 6. 닫을까요

❷ 1. 드실래요, 마실래요 | 2. 안 할래요, 있을래요 | 3. 드실래요, 먹을래요 | 4. 하실래요 | 5. 보실래요, 볼래요

10 Adverbien *S. 84*

❶ 1. 오늘은 구월 이십삼일이에요. | 2. 내일은 수미의 생일이에요. | 3. 모레는 수요일이에요. | 4. 지금은 열두 시 사십오 분이에요.

❷ 1. 아직 | 2. 벌써 | 3. 아직 | 4. 벌써 | 5. 아직 | 6. 아직

❸ 1. → 3. → 6. → 4. → 2. → 5.

❹ 1. 잘 *Sumi kocht sehr gut Bulgogi.* | 2. 훨씬 더 *Ich trinke Bier viel lieber als Soju.* | 3. 좀 *Können Sie bitte ein Foto von uns machen?* | 4. 이미 *Der Zug ist bereits abgefahren.* | 5. 덜 *Heute kamen weniger Gäste als gestern.* | 6. 바로 *Das Café befindet sich direkt neben dem Buchladen.* | 7. 가장/제일 *Von allen Jahreszeiten mag ich den Herbst am liebsten.* | 8. 똑바로 *Stehen Sie bitte gerade!*

11 Formalnomen

11.1–11.3 *S. 88*

❶ 1. 유럽 배낭 여행을 해 본 적이 있어요. | 2. 태권도를 배워 본 적이 있어요. | 3. 불고기를 먹어 본 적이 있어요. | 4. 독일 맥주를 마셔 본 적이 있어요. | 5. 베를린에 가 본 적이 있어요.

❷ 1. 한글로 이름을 쓸 수 있어요. *Ich kann meinen Namen auf Koreanisch schreiben.* | 2. 테니스를 칠 수 있어요. *Ich kann Tennis spielen.* | 3. 비빔밥을 만들 수 있어요. *Ich kann Bibimbap kochen.* | 4. 한국어와 중국어를 할 수 있어요. *Ich kann Koreanisch und Chinesich sprechen.*

❸ 1.한자를 읽을 줄 알아요? *Können Sie Hancha (chinesische Schriftzeichen) lesen?* | 2. 운전을 할 줄 알아요? *Können Sie Auto fahren?* | 3. 매운 음식을 먹을 줄 알아요? *Können Sie scharfe Speisen essen? (Vertragen Sie schafes Essen?)* | 4. 한국 노래를 부를 줄 알아요? *Können Sie koreanische Lieder singen?*

❹ 1. 아니요, 한자를 읽을 줄 몰라요. | 2. 아니요, 운전을 할 줄 몰라요. | 3. 아니요, 매운 음식을 먹을 줄 몰라요. | 4. 아니요, 한국 노래를 부를 줄 몰라요.

❺ 1. 네, 한국 지하철이 이렇게 편할 줄 몰랐어요. *Ja, ich habe/hätte nicht gedacht, dass die koreanische Metro so praktisch/bequem ist.* | 2. 네, 한국말이 이렇게 어려울 줄 몰랐어요. *Ja, ich habe/hätte nicht gedacht, dass Koreanisch so schwer (zu lernen) ist.* | 3. 네, 태권도가 이렇게 재미있을 줄 몰랐어요. *Ja, ich habe/hätte nicht gedacht, dass (mir) Taekwondo so viel Spaß macht.* | 4. 네, 한국 여름 날씨가 이렇게 더울 줄 몰랐어요. *Ja, ich habe/hätte nicht gedacht, dass es im Sommer in Korea so heiß ist.*

❻ 1. 연아 씨가 한국어 선생님인 줄 알았어요. | 2. 저 건물이 대학 도서관인 줄 몰랐어요. | 3. 막스 씨 전공이 한국학인 줄 알았어요. | 4. 여기가 수정 씨 집인 줄 몰랐어요. | 5. 오늘이 동생 생일인 줄 몰랐어요.

11.4–11.7 *S. 91*

❶ 1. 만날 겁니다 | 2. 만들 겁니다 | 3. 갈 겁니다 | 4. 좋을 겁니다 | 5. 알 겁니다

❷ 1. b. | 2. b. | 3. a. | 4. b. | 5. a.

❸ 1. 바쁜 것 같아요 | 2. 추울 것 같아요 | 3. 재미있을 것 같아요 | 4. 마신 것 같아요 | 5. 아픈 것 같아요

❹ 1. 버스를 기다리는 중이에요. | 2. 대학교에 다니는 중이에요. | 3. 점심을 먹는 중이에요. | 4. 부엌에서 요리하는 중이에요.

❺ 1. 때 | 2. 것 | 3. 중 | 4. 동안 | 5. 수 | 6. 줄

12 Verbalnomen *S. 96*

❶ 1. 제 취미는 요리하기예요. | 2. 제 취미는 여행하기예요. | 3. 제 취미는 등산하기예요. | 4. 제 취미는 기타치기예요. | 5. 제 취미는 영화보기예요. | 6. 제 취미는 사진찍기예요.

❷ 1. 오늘 저녁 메뉴는 스파게티임. | 2. 저녁을 먹었음. | 3. 어제 수업이 없었음. | 4. 내일 12 시에 약속이 있음. | 5. 일자리를 구했음.

❸ 1. 이 노래는 부르기가 쉬워요. | 2. 요리하기가 재미있어요. | 3. 한국 생활에 적응하기가 힘들어요. | 4. 공부하기가 싫어요. | 5. 회사에 취직하기가 어려워요.

❹ 1. 매일 운동하기로 했어요. | 2. 올해부터 담배를 끊기로 했어요. | 3. 한국에서 살기로 했어요. | 4. 내년에 영호 씨와 결혼하기로 했어요. | 5. 다음 달부터 수영을 배우기로 했어요.

❺ 1. Ich wünsche Ihnen viel Glück und Gesundheit! [Ich wünsche Ihnen, dass Sie gesund und glücklich sind!] | 2. Sumi und ich mögen Reisen. | 3. Aushilfe (in Teilzeit) gesucht! | 4. Sara mag keine Spaziergänge. | 5. 내일 저녁에 같이 저녁을 먹기로 해요. | 6. 수미는 어제 한국어를 배우기 시작했어요.

13 Kasuspartikeln *S. 100*

❶ 1. 눈이 나쁩니다. | 2. 비빔밥이 맛있습니다. | 3. 비가 옵니다. | 4. 집이 큽니다. | 5. 자동차가 비쌉니다. | 6. 날씨가 따뜻합니다.

❷ 1. 이분은 제 선생님이에요. | 2. 이것은 피카소의 그림이에요. | 3. 오늘이 다니엘 씨의 생일이에요. | 4. 이것이 성공의 비결이에요. | 5. 수미는 내 친구예요.

❸ 1. Tag der Deutschen Einheit | 2. die Nachrichten von heute | 3. die Reise nach Busan | 4. die Hauptstadt Koreas/von Korea | 5. die Verabredung zum Mittagessen mit einem Freund

❹ 1. 커피를 마셔요. | 2. 저녁에 영화를 봐요. | 3. 아버지께서 신문을 읽으세요. | 4. 비행기가 하늘을 날아요. | 5. 김밥을 만들어요. | 6. 한국에서 대학교를 다녀요. | 7. 매일 아침을 먹어요. | 8. 바지를 사요. | 9. 이메일을 써요. | 10. 설악산을 등산해요.

14 Semantische Partikeln

14.1 | 14.2 — S. 104–105

❶ 이름은 | 저는 | 고향은 | 가족은 | 가족은 | 우리 아버지는 | 어머니는 | 취미는 | 이름은 | 동생은 | 동생은

❷ 1. 는: *Lena spricht gut Koreanisch, aber ich nicht (so gut).* | 2. 은: *Simon mag Bier, aber Wein mag er nicht.* | 3. 는: *Das Bibimbap ist scharf, aber das Bulgogi ist nicht scharf.* | 4. 은: *Ich mag Filme, aber Theater mag ich nicht.* | 5. 은: *Ich kann nicht Gitarre spielen, aber mein älterer Bruder spielt gut Gitarre.*

❸ 1. 수요일에 수영장에 가요. *Am Mittwoch gehe ich ins Schwimmbad.* | 2. 오전에 병원에 가요. *Am Vormittag gehe ich zum Arzt [ins Krankenhaus].* | 3. 토요일에 백화점에 가요. *Am Samstag gehe ich ins Kaufhaus.* | 4. 저녁에 영화관에 가요. *Am Abend gehe ich ins Kino.* | 5. 오늘 오후에 서점에 가요. *Heute Nachmittag gehe ich in die Buchhandlung.* | 6. 주말에 친구집에 가요. *Am Wochenende gehe ich zu meinem Freund.*

❹ 1. 집에서 청소해요. | 2. 식당에서 밥을 먹어요. | 3. 학교에서 강의를 들어요. | 4. 백화점에서 선물을 사요. | 5. 도서관에서 책을 빌려요. | 6. 커피숍에서 친구를 기다려요.

❺ 1. 에게/한테 | 2. 께 | 3. 에게/한테 | 4. 에게/한테 | 5. 에 | 6. 께 | 7. 에 | 8. 에게서/한테서

❻ 1. 에 | 2. 에 | 3. 에 | 4. 에게서/한테서 | 5. 에서 | 6. 에 | 7. 에서 | 8. 에게서/한테서 | 9. 에서 | 10. 에

❼ 1. Die Kleidung ist vom Regen nass geworden. | 2. Ich lebe/wohne jetzt in Berlin. | 3. Schreiben Sie bitte Ihren Namen hier hin! | 4. Minsu hat eine ältere Schwester. | 5. Ich habe von meinem Freund ein Paket bekommen.

14.3–14.5 — S. 111

❶ 1. 한국에서 독일까지 비행기로 가요. | 2. 집에서 학교까지 지하철로 가요. | 3. 서울에서 대전까지 고속 버스로 가요. | 4. 부산에서 제주도까지 배로 가요. | 5. 학교에서 집까지 자전거로 가요.

❷ 1. 오늘부터 모레까지 *von heute bis übermorgen* | 2. 화요일부터 목요일까지 *von Dienstag bis Donnerstag* | 3. 오월 이일부터 유월 십일까지 *vom 2. Mai bis zum 10. Juni* | 4. 아침부터 저녁까지 *von morgens bis abends* | 5. 이천팔년부터 이천십삼년까지 *vom Jahr 2008 bis zum Jahr 2013* | 6. 내일부터 주말까지 *von morgen bis zum Wochenende*

❸ 1. Koreanisches Essen isst man mit Löffel und Stäbchen. | 2. Fahren Sie bitte von hier nach links! | 3. Wie nennt man ‚빵' auf Deutsch? | 4. Bulgogi kocht man mit Rinderfleisch und Gemüse. | 5. Ich bin als Austauschstundent nach Korea geflogen.

❹ 1. 만 | 2. 밖에 | 3. 도 | 4. 도 | 5. 밖에

❺ 1. Sumi konnte wegen Erkältung nicht zur Schule kommen. | 2. Morgen fahre ich nach Korea. | 3. Bitte warten Sie (nur) noch 10 Minuten! | 4. Ich habe nur am Montag Zeit. / Ich habe nur montags Zeit. | 5. Gestern habe ich nur vier Stunden [nicht länger als vier Stunden] geschlafen.

❶ 1. 저는 바나나보다 사과를 더 좋아해요. | 2. 저는 커피보다 녹차를 더 좋아해요. | 3. 저는 바다보다 산을 더 좋아해요. | 4. 저는 밥보다 빵을 더 좋아해요. | 5. 저는 물보다 콜라를 더 좋아해요. | 6. 저는 여름보다 겨울을 더 좋아해요.

❷ 1. Daniel spricht so gut Koreanisch wie ein Koreaner. | 2. Julia kocht so gut wie ein (professioneller) Koch. | 3. Ich habe heute genau so viel wie gestern gelernt. | 4. Ich habe heute (tatsächlich) 10 Stunden gearbeitet. | 5. Sumi ist immer freundlich.

❸ 1. 과 | 2. 와 | 3. 와 | 4. 과 | 5. 와 | 6. 과

❹ 1. 나 | 2. 나 | 3. 이나 | 4. 이나 | 5. 이나 | 6. 이나

❺ 1. 친구랑 전화를 합니다. | 2. 동생하고 쇼핑을 합니다. | 3. 은아 씨와 함께 시험 공부를 합니다. | 4. 선생님과 이야기합니다. | 5. 가족하고 여행을 갑니다.

❻ 1. 오후 세 시 정도에 도착해요. | 2. 열한 시쯤에 가요. | 3. 열 명 정도 초대했어요. | 4. 일곱 시간 정도 자요. | 5. 오후 두 시쯤 끝나요.

15 Personalpronomen S. 116

❶ 1. 나 | 2. 저 | 3. 우리, 우리들 | 4. 저희, 저희들 | 5. 분 | 6. 분들 | 7. 사람 | 8. 사람들

❷ 1. 제가 | 2. 내가 | 3. 네가 | 4. 제 | 5. 내 | 6. 네 | 7. 내게 | 8. 제게 | 9. 네게

❸ 1. 저 | 2. 너 | 3. 너 | 4. 자네 | 5. 당신 | 6. 당신 | 7. 당신, 당신 | 8. 너희/너희들

16 Demonstrativpronomen S. 119

❶ 1. 이것은 한국어 사전입니다. | 2. 이것은 침대입니다. | 3. 이것은 책상입니다. | 4. 이것은 신문입니다. | 5. 이분은 수미의 선생님이십니다. | 6. 이분은 수미의 할아버지이십니다. | 7. 이곳은 대학교입니다. | 8. 이곳은 도서관입니다. | 9. 이곳은 커피숍입니다. | 10. 이곳은 슈퍼마켓입니다/슈퍼입니다.

❷ 1. 그것은/그건 제 안경이에요. | 2. 저것은/저건 제 한국어 책이에요. | 3. 저것은/저건 제 한국어 사전이에요. | 4. 이것은/이건 제 가족 사진이에요. | 5. 그것은/그건 제 노트북이에요. | 6. 저것은.저건 제 연필이에요.

❸ 1. 거기에 백화점이 있어요. | 2. 여기에 병원이 있어요. | 3. 거기에 시청이 있어요. | 4. 저기에 은행이 있어요. | 5. 거기에 영화관이 있어요. | 6. 저기에 우체국이 있어요.

❹ 1. 저기에서 수진 씨를 만나요. | 2. 여기에서 점심을 먹었어요. | 3. 거기에서 옷을 샀어요. | 4. 저기에서 아르바이트를 해요. | 5. 여기에서 한국어 수업을 해요. | 6. 거기에서 공부했어요.

17 Interrogativpronomen S. 123

❶ 1. 얼마 | 2. 언제 | 3. 무엇 | 4. 왜 | 5. 어디 | 6. 어떻게 | 7. 누구

❷ 1. 어떤 | 2. 어느 | 3. 몇 | 4. 몇 | 5. 무슨

❸ 1. 어디에서 | 2. 언제 | 3. 어디에서 | 4. 어디에서 | 5. 어디로 | 6. 어디예요

❹ 1. 누가 | 2. 누구에게 | 3. 무엇을 | 4. 누구의 | 5. 누구를/누굴 | 6. 누구예요/누구세요 | 7. 무엇이에요/뭐예요?

18 Indefinitpronomen *S. 126*

❶ 1. 무엇이든지 | 2. 언제든지 | 3. 어디든지 | 4. 누구든지 | 5.얼마든지

❷ 1. 언제나 | 2. 아무 것이나 | 3. 어디나 | 4. 누구나 | 5. 얼마든지 | 6. 아무 데나 | 7. 아무 것도 | 8. 아무 데도

❸ 1. c. | 2. e. | 3. a. | 4. b. | 5. d.

❹ 1. Jeder kann zur Geburtstagsparty kommen. | 2. Melden Sie sich jederzeit bei mir, wenn Sie nach Deutschland kommen! | 3. Kaufen Sie bitte irgendetwas zum Essen! | 4. Irgendein Kind weint draußen. | 5. Irgendein Mann spricht mich an. | 6. Dieses Restaurant ist immer voll. [Hier sind immer viele Menschen.] | 7. Nächste Woche ist mir jederzeit recht.

19 Grundzahlen und Ordnungszahlen *S. 130*

❶ 둘 | 다섯 | 여덟 | 열넷 | 열여섯 | 스물 | 스물셋 | 스물다섯 | 서른여섯 | 열아홉 | 서른여덟 | 마흔하나 | 마흔일곱 | 예순셋 | 쉰둘 | 쉰다섯 | 예순 | 일흔여섯 | 여든하나 | 여든아홉 | 아흔둘 | 아흔넷

❷ 공/영 | 삼 | 십사 | 오십이 | 육십사 | 팔십칠 | 구십구 | 백이십 | 삼백칠십육 | 사백십이 | 구백이십오 | 천이백십육 | 칠천삼백이십삼 | 팔천사백육십구 | 사만 삼천육백이십오 | 오십팔만 칠천육백삽심삼

❸ 17 | 3 | 85 | 57 | 62 | 94 | 739 | 5.248 | 7.800 | 14.230 | 111.160 | 1.200.000 | 25 | 46 | 6.200.000 | 235.000 | 0

❹ 1. 백육십오 센티미터, 오십육 킬로그램 | 2. 백오십사 센티미터, 사십팔 킬로그램 | 3. 백팔십이 센티미터, 구십 킬로그램 | 4. 백칠십구 센티미터 육십삼 킬로그램

❺ 1. 제 휴대폰 전화번호는 <u>공일일[에] 칠일사공[에] 육삼이오</u>예요. | 2. <u>육백삼십 번</u> 버스를 타세요. | 3. 지하철 <u>삼호선</u>을 타세요. | 4. 쌀 <u>이십 킬로그램</u>을 샀어요. | 5. 저희집 주소는 <u>천백오동 삼백이호</u>입니다. | 6. 구곱하기 <u>영은 영</u>, <u>이십일 더하기 오</u>는 <u>이십육</u>입니다.

❻ 1. 시계는 오만 삼천이백 원이에요. | 2. 운동화는 오십구 유로 구십 센트예요. | 3. 치마는 사만 천 원이에요. | 4. 안경은 팔십구 달러예요. / 안경은 팔십구 불이에요. | 5. 컴퓨터는 구십오만 원이에요. | 6. 커피는 이 유로 오십 센트예요.

❼ 1. 첫번째 | 2. (제) 육과 / (제) 6 과 | 3. 셋째 | 4. 네 번째 | 5. 오 번

20 Numeralklassifikatoren *S. 133*

❶ 1. 층 | 2. 개 | 3. 잔 | 4. 장 | 5. 그릇 | 6. 마리 | 7. 대 | 8. 병

❷ 1. 고양이가 네 마리 있어요. 고양이 네 마리가 있어요. | 2. 자전거가 세 대 있어요. 자전거 세 대가 있어요. | 3. 기차표가 여덟 장 있어요. 기차표 여덟 장이 있어요. | 4. 사전이 두 권 있어요. 사전 두 권이 있어요. | 5. 손님 스무 명이/스무 분이 있어요. 손님이 스무 명/스무 분 있어요. | 6. 연필이 다섯 자루 있어요. 연필 다섯 자루가 있어요.

❸ 1. R | 2. F | 3. F | 4. R | 5. R | 6. F | 7. R | 8. R

❹ 1. 비빔밥 두 그릇 주세요. / 비빔밤 둘 주세요. | 2. 불고기 삼 인분 주세요. / 불고기 셋 주세요. | 3. 라면 세 그릇 주세요. / 라면 셋 주세요. | 4. 콜라 네 병 주세요. / 콜라 넷 주세요.

❺ 1. 세 장, 세 권 | 2. 한 마리, 한 개 | 3. 네 자루, 다섯 병 | 4. 두 명, 세 개 | 5. 한 개, 한 개

21 Zeit-, Datums- und Altersangabe *S. 135*

❶ 1. 팔월 | 2. 칠월 십칠일 | 3. 천구백팔십칠년 유월 삼십일 | 4. 시월 삼일 | 5. 구월 이십사일 | 6. 이천십사년 일월 팔일

❷ 1. 지금은 두 시 십삼 분 삼십이 초예요. | 2. 영화는 저녁 일곱 시 사십 분에 시작해요. | 3. 오후 세 시 십사 분에 서울에 도착해요. | 4. 오전 열한 시 십오 분에 병원에 가요. | 5. 아침 여섯 시 삼십 분에 / 아침 여섯시 반에 일어나요. | 6. 오전 아홉 시에 수업이 있어요.

❸ 1. 시월 구일 | 2. 네 시간 | 3. 열두 시 삼십 분 | 4. 오월 | 5. 삼 개월/세 달/석달

❹ 1. 마흔다섯 살, 사십오 세 | 2. 서른두 살, 삼십이 세 | 3. 열네 살, 십사 세 | 4. 스물일곱 살, 이십칠 세

22 Passivsätze *S. 138*

❶ 1. 스트레스가 쌓여요. | 2. 경찰에게 도둑이 잡혀요. | 3. 문이 닫혀요. | 4. 한국 요리에 간장이 잘 쓰여요. | 5.엄마에게 아이가 업혀요. | 6. 매운 음식이 잘 먹혀요.

❷ 1. 잡혔어요 | 2. 끊겼어요 | 3. 물렸어요 | 4. 닫혔어요 | 5. 쌓였어요

❸ 1. 사과가 손님들에게/손님들한테 잘 팔려요. | 2. 수미가 모기에게/모기한테 물렸어요. | 3. 문이 열렸어요. | 4. 도둑이 경찰에게/경찰한테 쫓겨요. | 5. 아이가 아빠에게/아빠한테 안겨요. | 6. 전화가 끊겼어요.

❹ 1. Mein älterer Bruder wurde heute von meinem Vater getadelt. | 2. Ich wurde im Krankhaus untersucht. | 3. Ich wurde heute von meinem Lehrer gelobt. | 4. Ich wurde von der Firma entlassen. | 5. Ich wurde zum Abendessen eingeladen.

23 Kausativsätze *S. 142–143*

❶ 1. 책을 읽히다, 책을 읽혀요. | 2. 방을 넓히다, 방을 넓혀요. | 3. 아이를 눕히다, 아이를 눕혀요. | 4. 밥을 먹이다, 밥을 먹여요. | 5. 친구를 속이다, 친구를 속여요. | 6. 앉히다, 아이를 앉혀요.

❷ 1. 음식을 남기다, 음식을 남깁니다. | 2. 양말을 벗기다, 양말을 벗깁니다. | 3. 소식을 알리다, 소식을 알립니다. | 4. 형을 깨우다, 형을 깨웁니다. | 5. 아이를 재우다, 아이를 재웁니다. | 6. 자동차를 세우다, 자동차를 세웁니다.

❸ 1. 먹입니다 | 2. 입힙니다 | 3. 신깁니다 | 4. 웃깁니다 | 5. 눕힙니다

❹ 1. 동생을 울렸어요 | 2. 수미를 차에 태웠어요 | 3. 민수를 의자에 앉혔어요 | 4. 막스를 일찍 깨웠어요. | 5. 음식을 남겼어요.

❺ 1. 친구들에게 소식을 알렸어요 | 2.딸에게 치마를 입혔어요 | 3. 동생에게 신발을 신겼어요 | 4. 선생님께서 책을 읽혔어요 | 5. 아이에게 빵과 우유를 먹였어요

❻ 1. Die Mutter hat Minsu viel Obst essen lassen. | 2. Mein Vater hat meinen älteren Bruder das Paket verschicken lassen. | 3. Mein Musiklehrer hat mich Klavier üben lassen. | 4. 엄마가 아이에게 숙제를 하게 했어요. | 5. 수미가 나를 행복하게 해요.

24 Direkte Rede *S. 145*

❶ 1. 수미가 "배가 고파요."라고 말했어요. *Sumi sagte: „Ich habe Hunger."* | 2. 수미가 "독일에 가고 싶어요."라고 말했어요. *Sumi sagte: „Ich möchte nach Deutschland fliegen."* | 3. 수미가 "민수 씨를 만나야 해요."라고 말했어요. *Sumi sagte: „Ich muss Minsu treffen."* | 4. 수미가 "주말에 시간이 있어요."라고 말했어요. *Sumi sagte: „Ich habe am Wochenende Zeit."* | 5. 수미가 "시험이 어려웠어요."라고 말했어요. *Sumi sagte: „Die Prüfung war schwer."*

❷ 1. 민수 씨가 "저녁에 전화할게요."라고 했어요. | 2. 민수 씨가 "독일어를 할 줄 알아요?"라고 물어봤어요. | 3. 민수 씨가 "네, 독일어를 할 줄 알아요."라고 대답했어요. | 4. 민수 씨가 편지에 "친구들이 보고 싶어요."라고 썼어요. | 5. 민수 씨가 "만나서 반가워요."라고 인사했어요.

25 Indirekte Rede *S. 149*

❶ 1. 지금 한국에서 일한다고 했어요 | 2. 대학생이라고 했어요 | 3. 비빔밥이 맛있다고 했어요 | 4. 지금 학교에 있다고 했어요 | 5. 저녁에 친구를 만난다고 했어요

❷ 1. 무슨 음식을 좋아하냐고 물어봤어요 | 2. 몇 살이냐고 물어봤어요 | 3. 몇 시에 친구를 만나냐고 물어봤어요 | 4. 언제 집에 가냐고 물어봤어요 | 5. 주말에 무엇을 하냐고 물어봤어요

❸ 1. 수미가 운동을 열심히 하라고 했어요. | 2. 수미가 한국에 가 보라고 했어요. | 3. 민수 씨가 오늘은 불고기를 먹자고 했어요/제안했어요. | 4. 민수 씨가 결혼하자고 했어요. | 5. 의사 선생님께서 술을 많이 마시지 말라고 하셨어요/말씀하셨어요.

❹ 1. 수미가 오늘 집에 일찍 오라고 했어요. | 2. 민수가 이번 주에 시간이 있냐고 물어봤어요. | 3. 의사 선생님께서 담배를 피우지 말라고 하셨어요/말씀하셨어요. | 4. 민수가 배낭 여행을 가자고 했어요/제안했어요.

26 Konjunktionale Adverbien und Konjunktionalformen *S. 151*

❶ 1. 그리고 | 2. 그래서 | 3. 그러면/그럼 | 4. 그렇지만 | 5. 그래도 | 6. 그런데 | 7. 그러니까

❷ 1. Ich bin klein, aber meine ältere Schwester ist groß. | 2. Draußen regnet es stark. Deshalb nehmen Sie bitte den Regenschirm mit! | 3. Sind Sie oft müde? Dann trinken Sie Ginsengtee. | 4. Ich habe heute viel zu tun, aber morgen habe ich Zeit. | 5. Morgen habe ich vormittags um 9 Uhr Unterricht, deshalb muss ich früh aufstehen.

❸ 1. 어제(는) 아팠어요. 그래서 학교에 못 갔어요/가지 못했어요. | 2. 나는/저는 독일 사람이에요. 그리고 수미는 한국 사람이에요. | 3. 비빔밥은 맛있어요. 그렇지만 매워요. | 4. 아파요/아프세요? 그럼 병원에 가세요/가 보세요.

27 Koordinative Konjunktionalformen *S. 156–157*

❶ 1. 어렵고, 쉬워요 | 2. 달고, 시어요/셔요 | 3. 두껍고, 얇아요 | 4. 싸고, 비싸요 | 5. 무겁고, 가벼워요

❷ 1. 영어는 어렵지만 독일어는 쉬워요. *Englisch ist schwer, aber Deutsch ist einfach (zu lernen).* | 2. 딸기는 달지만 오렌지는 시어요/셔요. *Erdbeeren sind süß, aber Orangen sind sauer.* | 3. 사전은 두껍지만 한국어 책은 얇아요. *Das Wörterbuch ist dick, aber das Koreanisch-(Lehr-)Buch ist dünn.* | 4. 운동화는 싸지만 티셔츠는 비싸요. *Die Sportschuhe sind günstig, aber das T-Shirt ist teuer.* | 5. 가방은 무겁지만 지갑은 가벼워요. *Die Tasche ist schwer, aber das Portemonnaie ist leicht.*

❸ 1. 아침을 먹고 학교에 갔어요. | 2. 1 시까지 수업을 듣고 점심을 먹었어요. | 3. 점심을 먹고 친구들과 커피를 마셨어요. | 4. 도서관에서 공부를 하고 5 시부터 아르바이트를 했어요. | 5. 집에서 숙제를 하고 텔레비전을 봤어요.

❹ 1. 저는 맥주도 잘 마시고 소주도 잘 마셔요. | 2. 저는 한국어도 잘하고 독일어도 잘해요. | 3. 저는 한국 음악도 좋아하고 한국 영화도 좋아해요. | 4. 저는 밥도 잘 먹고 빵도 잘 먹어요. | 5. 저는 산도 안 좋아하고 바다도 안 좋아해요. | 6. 저는 축구도 잘 못하고 수영도 잘 못해요.

❺ 1. 저는 비빔밥을 잘 먹을 뿐만 아니라 불고기도 잘 먹어요. | 2. 저는 그림을 잘 그릴 뿐만 아니라 사진도 잘 찍어요. | 3. 저는 한국 음식을 잘 만들 뿐만 아니라 독일 음식도 잘 만들어요. | 4. 저는 커피를 잘 마실 뿐만 아니라 차도 잘 마셔요. | 5. 저는 운동을 좋아할 뿐만 아니라 공부도 좋아해요.

❻ 1. 산책을 가거나 운동을 해요. | 2. 친구를 만나거나 쇼핑을 해요. | 3. 숙제를 하거나 책을 읽어요. | 4. 청소를 하거나 빨래를 해요. | 5. 음악을 듣거나 책을 읽어요.| 6. 영화를 보거나 텔레비전을 봐요.

❼ 1. e. 언니는 노래를 잘 부르는데 나는 잘 못 불러요. | 2. c. 축구는 재미있는데 골프는 재미없어요. | 3. b. 어제는 날씨가 좋았는데 오늘은 비가 와요. | 4. d. 한국에 가는데 필요한 것 있어요? | 5. a. 친구가 있는데 아주 똑똑해요.

28 Temporale Konjunktionalformen *S. 161–162*

❶ 1. 아침을 먹은 후에 뉴스를 봐요. | 2. 뉴스를 본 후에 학교에 가요. | 3. 수업을 들은 후에 친구들과 점심을 먹어요. | 4. 점심을 먹은 후에 커피를 마셔요. | 5. 아르바이트를 한 후에 집에 와요.

❷ 1. 샤워를 하고 나서, 회사에 가기 전에 | 2. 점심을 먹기 전에, 집에 오기 전에, 우유를 사고 나서

❸ 1. 조깅을 할 때 *Wenn ich joggen gehe, höre ich Musik.* | 2. 출발할 때 *Rufen Sie mich bitte an, wenn Sie von zu Hause losfahren!* | 3. 운전할 때 *Seien Sie bitte immer vorsichtig beim Autofahren!* | 4. 마실 때 *Wenn ich Kaffee trinke, nehme ich Milch dazu.*

❹ 1. 들었을 때 | 2. 했을 때 | 3. 끝났을 때 | 4. 어렸을 때

❺ 1. 잠이 올 때마다 커피를 마셔요. | 2. 기분이 좋을 때마다 노래를 불러요. | 3. 스트레스가 많을 때마다 운동을 해요. | 4. 날씨가 좋을 때마다 산책을 해요.

❻ 1. 신문을 보면서 아침 식사를 해요. | 2. 커피를 마시면서 이야기를 해요. | 3. 요리를 하면서 노래를 불러요. | 4. 라디오를 들으면서 운전을 해요.

❼ 1. 친구를 기다리는 동안에 커피를 마십니다. | 2. 학교에 가는 동안에 버스에서 책을 읽습니다. | 3. 다이어트를 하는 동안에 술을 안 마십니다. | 4. 대학교를 다니는 동안에 아르바이트를 많이 했습니다.

❽ 1. 퇴근하자마자 집으로 가야 해요. | 2. 수업이 끝나자마자 아르바이트를 하러 가요. | 3. 한국에 도착하자마자 전화 드리겠습니다. | 4. 기차가 출발하자마자 저는 잤어요. | 5. 이메일을 보내자마자 답장이 왔어요.

❾ 1. 한국어 공부를 시작한 지 | 2. 한국에서 산 지 | 3. 서울로 이사온 지 | 4. 대학교를 졸업한 지

29 Kausale Konjunktionalformen *S. 166*

❶ 1. 어제는 피곤해서 집에 일찍 갔어요. | 2. 감기에 걸려서 학교에 못 갔어요. | 3. 머리가 아파서 두통약을 먹었어요. | 4. 커피를 많이 마셔서 잠을 못 잤어요. | 5. 늦잠을 자서 수업에 지각했어요.

❷ 1. b. 비가 오니까 우산을 가지고 가세요. | 2. c. 날씨가 좋으니까 같이 등산을 갑시다. | 3. e. 피곤하니까 집에 가서 쉬세요. | 4. d. 이번 주는 바쁘니까 다음 주에 만납시다. | 5. a. 공기가 안 좋으니까 창문을 열어 주세요.

❸ 1. 극장에 가서 | 2. 선물을 사서 | 3. 아침에 일어나서 | 4. 여기에 앉아서 | 5. 요리를 해서

❹ 1. 지금 휴가이기 때문에 안 가요. | 2. 손님이 오기 때문에 많이 준비했어요. | 3. 한국에서 오래 살았기 때문에 잘해요. | 4. 커피를 너무 많이 마셨기 때문이에요. | 5. 회사 미팅이 있었기 때문에 갔어요.

❺ 1. 방학이기 때문이에요. | 2. 다른 약속이 있기 때문이에요. | 3. 많이 피곤했기 때문이에요. | 4. 늦잠을 잤기 때문이에요.

30 Konditionale Konjunktionalformen *S. 169*

❶ 1. 노래를 부르면 기분이 좋아져요. | 2. 기분이 나쁘면 노래를 들어요. | 3. 바쁘지 않으면 친구들을 만나요. | 4. 날씨가 좋으면 등산을 가요. | 5. 비가 오면 집에서 쉬어요. | 6. 커피를 많이 마시면 잠이 안 와요.

❷ 1. a. 한국말을 잘하고 싶으면 한국 영화나 드라마를 보세요. | 2. c. 머리가 많이 아프면 두통약을 드세요. | 3. e. 단어를 모르면 사전에서 찾아 보세요. | 4. d. 김 선생님과 이야기하고 싶으면 잠깐 기다리세요. | 5. b. 피곤하면 집에서 쉬세요.

❸ 1. 서울 호텔에서 저녁을 드시려면 미리 예약하십시오. | 2. 이 회사에 취직하려면 영어를 잘해야 해요. | 3. 책을 빌리려면 학생증이 필요해요. | 4. 한국에 가고 싶으면 한국어 공부를 열심히 해야 해요. | 5. 한국말을 잘하고 싶으면 한국 친구들을 많이 사귀세요.

❹ 1. 한국으로 유학을 가면 좋겠어요. | 2. 남자 친구가 술을 안 마시면 좋겠어요. | 3. 돈을 많이 벌면 좋겠어요. | 4. 방학이 빨리 오면 좋겠어요. | 5. 한국 사람처럼 한국말을 잘하면 좋겠어요.

❺ 1. 시간이 있으면 한국책을 읽으세요. | 2. 남자 친구가 술을 안 마시면 좋겠어요. | 3. 돈을 많이 벌면 좋겠어요. | 4. 방학이 빨리 오면 좋갰어요. | 5. 한국 사람처럼 한국말을 잘하면 좋겠어요.

❻ 1. 시간이 있으면/있으시면 한국책을 (한번) 읽어 보세요.| 2. 이 책이 재미있으면 사세요. | 3. 내일 비가 오면 집에 있어요/계세요. | 4. Wenn ich du wäre, würde ich eine Weltreise machen. | 5. Wenn ich viel Geld hätte, würde ich ein Haus kaufen.

31 Finale Konjunktionalformen *S. 172*

❶ 1. 일을 하러 회사에 가요. | 2. 기차표를 사러 서울역에 가요. | 3. 책을 빌리러 도서관에 가요. | 4. 돈을 찾으러 은행에 가요. | 5. 머리를 자르러 미용실에 가요. | 6. 책을 사러 서점에 가요.

❷ 1. 영화를 보러 극장에 갈까요? | 2. 노래를 부르러 노래방에 갈까요? | 3. 옷을 사러 백화점에 갈까요? | 4. 스키를 타러 스키장에 갈까요? | 5. 바다를 보러 부산에 갈까요? | 6. 여행하러 제주도에 갈까요?

❸ 1. 한국으로 유학을 가려고 한국어를 열심히 공부했어요. | 2. 유럽 여행을 하려고 열심히 아르바이트를 했어요. | 3. 조깅을 하려고 아침에 일찍 일어났어요. | 4. 가족을 보려고 한국에 갔어요.

❹ 1. F | 2. R | 3. R | 4. F | 5. R

❺ 1. Ich bin nach Korea gekommen, um die koreanische Kultur kennenzulernen. | 2. Ich habe Geld gespart, um mir eine Kamera zu kaufen. | 3. Ich gehe zur Kochschule, um besser zu kochen. | 4. Ich mache fleißig Sport, um gesünder zu werden. | 5. Ich bin nach Deutschland gekommen, um Musik zu studieren.

32 Konzessive Konjunktionalformen *S. 173*

❶ 1. d. Auch wenn es stark regnet, werden wir den Ausflug machen. | 2 a. Obwohl ich Medizin nehme, werde ich meine Erkältung (immer noch) nicht los. | 3. e. Obwohl ich mehr essen möchte, kann ich nicht mehr, weil ich satt bin. | 4. c. Auch wenn ich wirklich viel zu tun habe, mache ich (mindestens) einmal die Woche Sport. | 5 b. So oft ich Minsu anrufe, er geht nicht ans Telefon.

❷ 1. 먹어도 | 2. 피곤해도 | 3. 택시를 타도 | 4. 늦어도 | 5. 안 해도

Koreanisch-deutsches Vokabelverzeichnis

Die unregelmäßigen Verben werden hier nach ihrem veränderlichen Stammauslaut wie folgt gekennzeichnet: ⓒ für Verben auf 'ㄷ', ⓔ für Verben auf 'ㄹ', ⓗ für Verben auf 'ㅂ', ⓐ für Verben auf 'ㅅ', ⓞ für Verben auf '으', ⓔ für Verben auf '르', ⓗ für Verben auf 'ㅎ'.

ㄱ

가다 *gehen*
가깝다 ⓗ *nah sein*
가르치다 *unterrichten*
가방 *Tasche*
가볍다 ⓗ *leicht sein*
가수 *Sänger*
가을 *Herbst*
가장 *höchst / äußerst*
가져가다 *mitnehmen*
가져오다 *mitbringen*
가족 *Familie*
가족 사진 *Familienfoto*
간장 *Sojasauce*
간호사 *Krankenschwester*
감기 *Erkältung*
감기에 걸리다 *erkälten*
감사하다 *danken*
강의 *Vorlesung*
강아지 *kleiner Hund*
같다 *gleich sein*
같이 *zusammen*
같이 *so wie*
깜짝 (놀라다) *wirklich sehr (überrascht sein)*
개 *Stück (NKK)*
개월 *Monate (Zeitdauer)*
거기 *dort*
거실 *Wohnzimmer*
거울 *Spiegel*
거의 *kaum / fast nie*
걱정 *Sorge*
걱정하다 *Sorgen machen*
건강 *Gesundheit*
건강하다 *gesund sein*
건물 *Gebäude*
걷다 ⓒ *zu Fuß gehen*
걸다 *hängen*
걸리다 *dauern*
걸어서 *zu Fuß*
검사 *Untersuchung*
검사받다 *untersucht werden*
검사하다 *untersuchen*
겨울 *Winter*
결혼 *Heirat*
결혼식 *Hochzeitsfeier*
결혼하다 *heiraten*
경복궁 *Gyeongbok-Palast*
경제 *Wirtschaft*
경제학 *Wirtschaftslehre*
경주 *Gyeongju (Stadt in Korea)*
경찰 *Polizei*
경찰관 *Polizist*
경찰관님 *Herr Polizist*
경치 *Landschaft*
계시다 *sich befinden (HON)*
계속 *weiter / weiterhin*
계절 *Jahreszeit*
고객 *Kunde*
고기 *Fleisch*
고르다 ⓔ *auswählen*
고맙다 ⓗ *dankbar sein*
고속 버스 *Express-Bus*
고양이 *Katze*
고치다 *reparieren*
고프다 ⓞ *hungrig sein*
고향 *Heimat*
골프 *Golf*
골프를 치다 *Golf spielen*
곱하기 *Multiplikation*
공기 *Luft*
공부 *Studium / Lernen*
공부시키다 *lernen lassen*
공부하다 *lernen / studieren*
공원 *Park*
공통점 *Gemeinsamkeit*
공포 영화 *Horrorfilm*
공항 *Flughafen*
과 *Lektion (NKK)*
과일 *Obst*
과장 *Abteilungsleiter*
관심 *Interesse*
관심없다 *uninteressiert sein*
관심있다 *interessiert sein*
괜찮다 *in Ordnung sein*
꽤 *ziemlich*
교수 *Professor/in*
교수님 *Herr/Frau Professor/in*
교실 *Klassenzimmer*
교통 사고 *Autounfall*
교환 학생 *Austauschstudent*
교회 *Kirche*
구 *neun*
구두 *Absatzschuhe*
구월 *September*
구하다 *suchen*
국 *Suppe*
권 *Bände (NKK)*
귀 *Ohr*
귀엽다 ⓗ *niedlich sein*
그 *das (demonstrativ)*
그것 *das Ding da*
그곳 *der Ort da*
그래도 *trotzdem / dennoch*
그래서 *deshalb / daher*
그분 *die Person da (HON)*
그러나 *aber*
그러면 *dann*
그런데 *zwar ..., aber*
그런데도 *trotzdem / dennoch*
그럼 *dann*
그렇다 ⓗ *so sein*
그렇지만 *aber*
그릇 *Schüssel (NKK)*
그리고 *und*
그리다 *malen*
그림 *Bild*
극장 *Kino / Theater*

금요일 *Freitag*
긋다 ㅅ *Linien ziehen*
기다리다 *warten*
기르다 르 *pflegen*
기르다 르 *groß ziehen*
기분 *Laune / Stimmung*
기쁘다 으 *sich freuen*
기사 *Fahrer / Chauffeur*
기사님 *Herr Fahrer*
기숙사 *Wohnheim*
기차 *Bahn / Zug*
기차를 놓치다 *Zug verpassen*
기차표 *Zugfahrkarte*
기타 *Gitarre*
기타치다 / 기타를 치다 *Gitarre spielen*
길 *Straße*
길다 ㄹ *lang sein*
길어지다 ㄹ *lang werden*
김밥 *Kimbap (kor. Essen)*
김치 *Kimchi*
김치 찌개 *Kimchi-Suppe*
까맣다 ㅎ *schwarz sein*
깨끗하다 *sauber sein*
깨끗이 *sauber / gründlich*
깨다 *aufwachen*
깨우다 *wecken*
껌 *Kaugummi*
꼭 *unbedingt*
꽃 *Blume*
꽃병 *Blumenvase*
꽤 *ziemlich*
꾸중 *Tadel*
꾸중듣다 *getadelt werden*
꿈 *Traum*
꿈을 꾸다 *träumen*
끄다 *ausschalten*
끊기다 *abgebrochen werden*
끊다 *abbrechen*
끝나다 *enden*
끝내다 *beenden*
끼다 *(Ring) tragen*

ㄴ

나 *ich (neutral)*
나누다 *teilen / dividieren*
나누기 *Division*
나쁘다 *schlecht sein*
나오다 *herauskommen*
나이 *Alter*
나중에 *später*
날다 *fliegen*
날씨 *Wetter*
날씬하다 *schlank sein*
남기다 *übrig lassen*
남다 *übrig bleiben*
남자 *Mann*
남자 친구 *mein Freund*
낫다 ㅅ *geheilt werden*
낮 *Tag / Tageszeit*
내년 *nächstes Jahr*
내일 *morgen*
냉장고 *Kühlschrank*
냉면 *Naengmyeon / kalte Nudeln*
너 *du*
너무 *zu / extrem*
너희/너희들 *ihr (2. Pers. Sg.)*
넓다 *breit sein*
넣다 *hineintun*
넥타이 *Krawatte*
넷 *vier*
년 *Kalenderjahr*
노랗다 ㅎ *gelb sein*
노래 *Lied*
노래를 부르다 *Lied singen*
노래방 *Noraebang (kor. Karaokebar)*
노래시키다 *singen lassen*
노래하다 *singen*
노트북 *Notebook*
녹차 *Grüner Tee*
놀다 ㄹ *spielen*
놀라다 *erstaunen / überrascht sein*
높다 *hoch sein*
놓다 *legen / stellen*
놓치다 *verpassen*
누구 *wer*
누나 *ältere Schwester aus der Sicht des jüngeren Bruders*
눈 *Augen*
눈 *Schnee*
눕다 *sich hinlegen*
눕히다 *jemanden hinlegen*
뉴스 *Nachrichten*
늘 *stets / immer*
늦게 *spät*
늦다 *spät sein / verspätet sein*
늦잠을 자다 *verschlafen*

ㄷ

다 *alles / gänzlich*
다니다 *(Schule / Firma) regelmäßig besuchen*
다르다 르 *anders sein*
다른 *unterschiedlich*
다섯 *fünf*
다이어트 *Diät*
닦다 *(Zähne / Fenster) putzen*
단어 *Vokabel / Wort*
닫다 *schließen*
닫히다 *geschlossen werden*
달 *Monate (NKK)*
달다 ㄹ *süß sein*
달러/불 *Dollar (NKK)*
닭 *Huhn*
닮다 *ähneln*
담배 *Zigarette*
담배를 끊다 *mit dem Rauchen aufhören*
담배를 피우다 *Zigarette rauchen*
답 *Antwort*
답장 *Antwort / Rückmeldung*
당신 *Sie*
대 *Fahrzeug / Maschine (NKK)*
대답하다 *antworten*
대전 *Daejeon (Stadt in Korea)*
대통령 *Präsident/in*
대학교 *Universität*
대학 도서관 *Universitätsbibliothek*
대학생 *Student*
댁 *Haus (NKK)*
더 *mehr (Komparativ)*
더하기 *Addition*
던지다 *werfen*

덜 *weniger (Komparativ)*
덥다 ⓑ *heiß sein*
도 *auch / ebenfalls*
도둑 *Dieb*
도서관 *Bibliothek*
도와주다 *helfen*
도착하다 *ankommen*
독일 *Deutschland*
독일 맥주 *deutsches Bier*
독일 사람 *Deutsche/r*
독일 친구 *deutsche Freunde*
독일어 *Deutsch*
돈 *Geld*
돈을 찾다 *Geld abheben*
돌다 *sich drehen*
돌아가시다 *sterben (HON)*
돕다 ⓑ *helfen*
동 *Gebäude (NKK)*
동그랗다 ⓗ *rund sein*
동생 *jüngeres Geschwister*
돼지고기 *Schweinefleisch*
되다 *werden*
두껍다 ⓑ *dick sein*
두다 *liegen lassen*
두통약 *Medizin gegen Kopfschmerzen*
두부 *Tofu*
둘 / 두 *zwei*
드라마 *Drama / TV-Serie*
드리다 *geben (HON)*
드시다 *speisen (HON)*
듣다 ⓒ *hören*
들다 *tragen / heben*
들리다 *gehört werden*
들어가다 *hineingehen*
들어오다 *hereinkommen*
등 *Rangfolge (NKK)*
등 *Rücken*
등록 *Registrierung*
등록되다 *registriert werden*
등록하다 *anmelden / registrieren*
등산 *Bergwandern*
등산하다 *Bergwandern gehen*
따라오다 *folgen*
따뜻하다 *warm sein*
때때로 *ab und zu / manchmal*
떠나다 *verlassen*
떠들다 *plaudern*
떨어지다 *fallen / (Prüfung) durchfallen*
똑똑하다 *klug sein*
똑바로 *gerade*
뚱뚱하다 *dick sein*
뛰다 *laufen*

ㄹ

라디오 *Radio*
라면 *Ramen (Instantnudeln)*
런던 *London*
레스토랑 *Restaurant*

ㅁ

마리 *Tiere (NKK)*
마시다 *trinken*
만 *nur*
만 *Zehntausend*
만나다 *treffen / begegnen*
만두 *Mandu (kor. Maultasche)*
만들다 ⓔ *basteln / herstellen*
만들다 ⓔ *(Gericht) kochen*
만큼 *so wie / so viel wie*
많다 *viel sein*
많이 *viel /sehr*
말 *Worte / Sprache*
말다 *aufhören (Negation)*
말씀 *Worte / Rede (HON)*
말씀하시다 *sprechen / reden (HON)*
말하다 *sprechen*
말을 걸다 *ansprechen*
맑다 *(Wetter) klar sein*
맛 *Geschmack*
맛없다 *nicht lecker sein*
맛있다 *lecker sein*
맞다 *richtig sein*
매다 *(Krawatte) binden*
매우 *sehr*
매일 *täglich / jeden Tag*
맥주 *Bier*
맵다 ⓑ *scharf sein*
머리 *Kopf*
머리(카락) *Haare*
먹다 *essen*
먹이다 *füttern*
먼저 *zuerst / zunächst*
멀다 ⓔ *weit sein*
멋 *(der) Schick*
멋없다 *nicht schick sein*
멋있다 *schick sein*
메뉴 *Menü / Speisekarte*
명 *Mensch / Person (NKK)*
명함 *Visitenkarte*
몇 *wie viele*
모기 *Mücke*
모두 *alle / sämtlich*
모레 *übermorgen*
모르다 ⓡ *nicht wissen / nicht kennen*
모으다 *sammeln*
모자 *Hut / Mütze*
모자를 쓰다 *Mütze aufsetzen*
목요일 *Donnerstag*
목욕시키다 *baden lassen*
목욕하다 *baden*
몸 *Körper*
몸이 아프다 *krank sein*
못 *nicht (Negationsadverb)*
못하다 *nicht gut können*
무겁다 ⓑ *schwer sein*
무덥다 ⓑ *schwül sein*
무슨 *was für eine / welche*
무엇 *was*
문 *Tür*
문제 *Aufgabe / Problem*
문제를 풀다 *Aufgabe / Problem lösen*
문화 *Kultur*
묻다 ⓒ *fragen*
물 *Wasser*
물건 *Gegenstände / Dinge*
물다 *beißen*
물리다 *gebissen werden*
물어보다 *erfragen / fragen*
미국 *die USA*
미래 *Zukunft*
미리 *im Voraus / vorzeitig*
미술관 *Kunstgalerie*

미용실 *Friseursalon*
미터 *Meter*
미팅 *Besprechung*
믿다 *glauben*
믿음 *Glaube*
밀다 *schieben*
밀리다 *geschoben werden*

ㅂ

바꾸다 *umtauschen/ wechseln*
바나나 *Banane*
바다 *Meer*
바라다 *wünschen / hoffen*
바람 *Wind*
바로 *direkt / sofort*
바쁘다 ⓔ *beschäftigt sein / viel zu tun haben*
바지 *Hose*
박사 *Doktor*
박사님 *Herr/Frau Doktor*
밖에 *nur / nichts außer*
밖에(서) *draußen*
반갑다 ⓑ *erfreut sein*
반듯하다 *gerade sein*
반지 *Ring*
받다 *bekommen*
밝다 *hell sein*
밤 *Nacht*
밥 *(gekochter) Reis*
밥 *Essen / Mahlzeit*
방 *Zimmer*
방금 *gerade*
방문 *Besuch*
방문 *Zimmertür*
방문하다 *besuchen*
방학 *Schulferien*
배 *Bauch*
배 *Schiff*
배낭 여행 *Rucksackreise*
배우다 *lernen*
배추 *Chinakohl*
백 *Hundert*
백만 *eine Million*
백만장자 *Millionär*
백화점 *Kaufhaus*
버리다 *wegwerfen*
버스 *Bus*
번 *Nummer (NKK)*
벌다 *(Geld) verdienen*
벌써 *schon / bereits*
범인 *Verbrecher*
법 *Gesetz*
벗기다 *ausziehen*
벗다 *sich ausziehen*
벽 *Wände*
베를린 *Berlin*
베를린 국회 의사당 *das Reichstagsgebäude in Berlin*
변하다 *sich verändern*
별로 *selten*
병 *Flasche (NKK)*
병 *Krankheit / Erkrankung*
병원 *Krankenhaus*
병환 *Krankheit (HON)*
보고 싶다 *vermissen*
보내다 *verschicken*
보다 *als (Komparativ)*
보다 *sehen*
보여 주다 *zeigen*
보이다 *gesehen werden*
보통 *normalerweise*
보호 *Schutz*
보호되다 *geschützt werden*
보호하다 *schützen*
볼펜 *Kugelschreiber*
봄 *Frühling*
뵙다 *sehen (HON)*
부르다 ⓡ *rufen*
부르다 ⓡ *(Lied) singen*
부르다 ⓡ *satt sein*
부모 *Eltern*
부모님 *Eltern (HON)*
부산 *Busan (Stadt in Korea)*
부엌 *Küche*
부터 … 까지 *von … bis*
분 *Mensch / Person (HON)*
분 *Minute (NKK)*
분명히 *eindeutig / klar*
불고기 *Bulgogi (kor. Essen)*
불다 *(Wind) wehen*
붓다 ⓢ *gießen*
붓다 ⓢ *schwellen*
붙다 *(Prüfung) bestehen*
비 *Regen*
비결 *Schlüssel / Geheimnis*
비비다 *zusammenmischen*
비빔밥 *Bibimbap (kor. Essen)*
비료 *Dünger*
비싸다 *teuer sein*
비행기 *Flugzeug*
빌려 주다 *jemandem leihen*
빌리다 *ausleihen*
빠르다 ⓡ *schnell sein*
빨리 *schnell / rasch*
빨갛다 ⓡ *rot sein*
빨래 *Wäsche waschen*
빨래시키다 *Wäsche waschen lassen*
빨래하다 *Wäsche waschen*
빵 *Brot*
빼기 *Subtraktion*
빼다 *abziehen / subtrahieren*

ㅅ

사 *vier*
사월 *April*
사고 *Unfall*
사고당하다 *Unfall erleiden*
사과 *Apfel*
사과하다 *sich entschuldigen*
사귀다 *befreundet sein*
사다 *kaufen*
사람 *Mensch / Person*
사랑 *Liebe*
사랑받다 *geliebt werden*
사랑하다 *lieben*
사무실 *Büro*
사장 *Chef / Geschäftsführer*
사장님 *Herr Chef / Direktor*
사전 *Wörterbuch*
사진 *Foto*
사진을 찍다 *Foto machen*
산 *Berg*
산책 *Spaziergang*
산책하다 *Spaziergang machen*
산책가다 *spazieren gehen*
삼 *drei*
삼월 *März*

삼성 *Samsung*
살 *Alter (NKK)*
살다 ㄹ *leben / wohnen*
쌀 *(ungekochter) Reis*
상당히 *ziemlich*
삶 *Leben*
새 *Vogel*
생각 *Gedanken*
생각하다 *denken*
생강차 *Ingwertee*
생선 *Fisch*
생일 *Geburtstag*
생일 파티 *Geburtstagsfeier*
샤워 *Dusche*
샤워하다 *sich duschen*
서다 *(Auto) halten*
서다 *sich stellen*
서울 *Seoul*
서울역 *Seoul-Station*
서점 *Buchhandlung*
선물 *Geschenk*
선물하다 *schenken*
선생님 *Lehrer/in (HON)*
설득 *Überredung*
설득당하다 *überredet werden / überreden lassen*
설득하다 *überreden*
설명하다 *erklären*
설악산 *Seorak-Berg*
설탕 *Zucker*
성공 *Erfolg*
성적 *(Schul-)Leistung / Note*
성공하다 *erfolgreich werden*
성함 *Namen (HON)*
세 *Alter (NKK)*
세계 여행 *Weltreise*
세우다 *hinstellen*
세우다 *(Auto) anhalten*
세종대왕 *König Sejong der Große*
센트 *Cent (NKK)*
센티미터 *Zentimeter*
셋 / 세 *drei*
소금 *Salz*
소설책 *Roman*
소식 *Nachricht / Neuigkeit*
소주 *Soju (kor. Schnaps)*
소파 *Sofa*
소포 *Paket / Päckchen*
속다 *sich täuschen*
속이다 *täuschen*
손 *Hände*
손을 씻다 *Hände waschen*
손님 *Gast / Kunde*
손님들 *Gäste / Kunden*
쇠고기 *Rindfleisch*
쇼핑 *Einkauf / Shopping*
쇼핑하다 *einkaufen / shoppen*
수도 *Hauptstadt*
수박 *Wassermelone*
수업 *Unterricht*
수업을 듣다 *Unterricht / Vorlesung besuchen*
수영 *Schwimmen*
수영장 *Schwimmbad*
수영하다 *schwimmen*
수요일 *Mittwoch*
수저 *Besteck (Löffel und Stäbchen)*
숙제 *Hausaufgabe*
숙제하다 *Hausaufgaben machen*
숟가락 *Löffel*
술 *Alkohol*
숨기다 *verstecken*
숨다 *sich verstecken*
쉬다 *sich ausruhen*
쉽다 ㅂ *einfach sein*
슈퍼마켓 *Supermarkt*
슈퍼 *Supermarkt*
스물 / 스무 *zwanzig*
스승 *Lehrer*
스키 *Skifahren*
스키장 *Skiplatz*
스키를 타다 *Ski fahren*
스트레스 *Stress*
스파게티 *Spaghetti*
슬프다 ㅡ *traurig sein*
승진하다 *befördert werden*
시 *Uhrzeit (NKK)*
시간 *Stunden (Zeitdauer)*
시간 *Zeit*
시내 *Stadtzentrum / City*
시다 *sauer sein*
시원하다 *kühl sein*
시월 *Oktober*
시작 *Beginn / Start*
시작되다 *begonnen werden*
시작하다 *beginnen*
시장 *Markt*
시청 *Rathaus / Stadthaus*
시키다 *veranlassen / beauftragen*
시험 *Prüfung*
시험에 붙다 *Prüfung bestehen*
시험을 보다 *Klausur schreiben*
시험에 떨어지다 *bei einer Prüfung durchfallen*
식다 *(Suppe) kalt werden*
식당 *Restaurant*
식사 *Mahlzeit*
식사하다 *essen*
식탁 *Esstisch*
신기다 *jemandem Schuhe anziehen*
신다 *(Schuhe) anziehen*
신문 *Zeitung*
싣다 ㄷ *laden*
실용적이다 *praktisch sein*
싫어하다 *nicht mögen*
십 *zehn*
십만 *Hunderttausend*
십일월 *November*
십이월 *Dezember*
싱겁다 ㅂ *fade sein*
싸다 *billig/preiswert sein*
싸우다 *streiten*
쌓다 *anhäufen*
쌓이다 *angehäuft werden*
쏘다 *schießen*
쓰다 ㄷ *(Hut/Brille) aufsetzen*
쓰다 ㅡ *benutzen*
쓰다 ㅡ *schreiben*
쓰레기 *Müll*
쓰이다 *benutzt werden*
실례하다 *sich entschuldigen*
씹다 *kauen*
씻다 *waschen / spülen*

ㅇ

아기 *Baby*

아니다 *nicht sein*
아르바이트 *Aushilfe / Teilzeitjob*
아마 *vielleicht*
아무리 *wie sehr/oft auch*
아버님 *Vater (HON)*
아버지 *Vater*
아빠 *Papa*
아이 *Kind*
아이고! *mein Gott!*
아주 *sehr*
아직 *noch (nicht)*
아침 *Morgen*
아침을 먹다 *frühstücken*
아프다 ⓔ *krank sein*
아홉 *neun*
안경 *Brille*
안경을 쓰다 *Brille aufsetzen / Brille tragen*
안기다 *umarmt werden*
안다 *umarmen*
앉히다 *jemanden hinsetzen*
앉다 *sich hinsetzen / Platz nehmen*
않다 (← 아니하다) *nicht (Negation)*
알다 ⓡ *wissen / kennen*
알리다 *informieren*
액션 영화 *Actionfilm*
야구 *Baseball*
야채 *Gemüse*
약 *Medizin / Medikament*
약속 *Verabredung / Versprechen*
약속하다 *sich verabreden / versprechen*
얇다 *dünn sein*
암 *Krebs (Krankheit)*
양말 *Socken*
양말 *Socken anziehen*
어느 *welche*
어디 *wo*
어떻게 *wie*
어떻다 ⓗ *wie sein*
어리다 *jung sein / klein sein*
어렵다 ⓑ *schwer sein*
어머 *Oh! / Mein Gott!*
어머니 *Mutter*
어머님 *Mutter (HON)*
어둡다 ⓑ *dunkel sein*
어제 *gestern*
어학 연수 *Sprachreise*
억 *Hundert Millionen*
언니 *ältere Schwester aus der Sicht d. jüngeren Schwester*
언론 *Presse*
언제 *wann*
얼다 *frieren*
얼리다 *einfrieren*
얼마 *wie viel*
얼마나 *ungefähr wie viel / ungefähr wie lange*
엄마 *Mama*
업다 *auf dem Rücken tragen*
업히다 *auf dem Rücken getragen werden*
에어컨 *Klimaanlage*
여권 *Reisepass*
여기 *hier*
여덟 *acht*
여름 *Sommer*
여름 방학 *Sommerferien*
여섯 *sechs*
여자 *Frau*
여자 친구 *meine Freundin*
여행사 *Reisebüro*
여행하다 *reisen*
연락하다 *sich melden*
연설 *Ansprache*
연세 *Alter (HON)*
연습 *Übung*
연습하다 *üben*
연필 *Bleistift*
연하다 *zart / weich sein*
열 *zehn*
열다 ⓡ *öffnen*
열리다 *geöffnet werden*
열쇠 *Schlüssel*
열하나 / 열한 *elf*
영국 *England*
영국 사람 *Engländer*
영어 *Englisch*
영화 *Film*
영화보다 / 영화를 보다 *Filme ansehen*
영화 배우 *Schauspieler*
영화관 *Kino*
영화 축제 *Filmfestival*
예매하다 *früh buchen / im Voraus kaufen*
예쁘다 *hübsch sein*
예약 *Reservierung*
예약하다 *reservieren*
옛날 *frühere Zeiten*
옛날에 *früher / einst*
오 *fünf*
오월 *Mai*
오늘 *heute*
오다 *kommen*
오래 *lange*
오렌지 *Orange*
오른쪽 *rechte Seite*
오빠 *älterer Bruder aus der Sicht d. jüngeren Schwester*
올 *diesjährig*
올라가다 *hinaufgehen*
올해 *dieses Jahr*
옷 *Kleidung*
옷장 *Kleiderschrank*
와인 *Wein*
왕 *König*
왜 *warum*
외국 *Ausland*
외국어 *Fremdsprache*
외국인 *Ausländer*
외우다 *auswendig lernen*
외출하다 *ausgehen*
왼쪽 *linke Seite*
요가 *Yoga*
요가하다 *Yoga machen*
요리 *Gericht / Speise*
요리사 *Koch*
요리시키다 *kochen lassen*
요리하다 *kochen*
요리 학원 *Kochschule*
요즘 *zur Zeit*
욕듣다 *geschimpft werden*
용돈 *Taschengeld*
우리/우리들 *wir (neutral)*
우산 *Regenschirm*
우유 *Milch*
우체국 *Post*
우표 *Briefmarke*
운동 *Sport*

운동하다 *Sport treiben*
운동화 *Sportschuhe*
운전 *Autofahren*
운전하다 *Auto fahren*
울다 ㉣ *weinen*
울리다 *zum Weinen bringen*
웃기다 *zum Lachen bringen*
웃다 *lachen*
원 *Won (NKK)*
원하다 *wollen / wünschen*
월 *Kalendermonat*
월요일 *Montag*
유럽 *Europa*
유럽 배낭 여행 *Rucksackreise durch Europa*
유로 *Euro (NKK)*
유머 *Humor*
유머있다 *humorvoll sein*
유명하다 *berühmt sein*
유월 *Juni*
유학 *Auslandsstudium*
육 *sechs*
은행 *Bank*
음식점 *Restaurant*
음료수 *Getränke*
의사 *Arzt*
의자 *Stuhl*
음악 *Musik*
음악회 *Musikkonzert*
이 *dies (demonstrativ)*
이 *zwei*
이 *Zähne*
이를 닦다 *Zähne putzen*
이것 *dieses Ding*
이곳 *dieser Ort*
이다 *sein*
이름 *Name*
이메일 *E-Mail*
이미 *schon / bereits*
이분 *diese Person (HON)*
이사 *Umzug*
이사가다 *ausziehen*
이사하다 *Umzug machen*
이야기 *Gespräch / Rede*
이야기하다 *sich unterhalten / erzählen*
이제 *von nun an*
이렇다 ㉭ *so sein*
이렇게 *so / auf diese Art und Weise*
이월 *Februar*
인분 *Portion (NKK)*
인사하다 *begrüßen*
인삼 *Ginseng*
인삼차 *Ginseng-Tee*
인턴 *Praktikant*
인터넷 *Internet*
일 *Arbeit*
일 *eins*
일 *Kalendertag*
일곱 *sieben*
일본 *Japan*
일본 사람 *Japaner*
일본어 *Japanisch*
일시키다 *arbeiten lassen*
일어나다 *aufstehen*
일요일 *Sonntag*
일월 *Januar*
일자리 *Stelle / Job*
일주일 *eine Woche (Zeitdauer)*
일찍 *früh / frühzeitig*
일하다 *arbeiten*
읽다 *lesen*
읽히다 *lesen lassen*
잃다 *verlieren*
입다 *anziehen / tragen*
입술 *Lippe*
입히다 *jemanden anziehen*
잇다 ㉦ *verbinden*
있다 *sich befinden*
있다 *haben / vorhanden sein*
있으시다 *haben / vorhanden sein (HON)*
잊다 *vergessen*

ㅈ

자네 *du*
자다 *schlafen*
자루 *Stock (NKK)*
자유 *Freiheit*
자르다 ㉢ *schneiden*
자전거 *Fahrrad*
자주 *oft / häufig*
작년 *letztes Jahr*
작다 *klein sein*
잔 *Tasse (NKK)*
잔디 *Rasen*
잘 *gut*
잘하다 *gut machen*
짧게 *kurz*
짧다 *kurz sein*
짧아지다 *kurz werden*
잠 *Schlaf*
잠을 자다 *schlafen*
잠깐 *Augenblick*
잡다 *fangen*
잡수시다 *speisen (HON)*
잡지 *Zeitschrift*
잡히다 *gefangen werden*
장 *Blatt (NKK)*
장갑 *Handschuhe*
장갑을 끼다 *Handschuhe anziehen*
장을 보다 *einkaufen*
장학금 *Stipendium*
재미 *Spaß*
재미없다 *nicht unterhaltsam sein*
재미있다 *unterhaltsam sein*
재우다 *in den Schlaf wiegen*
저 *ich (bescheiden)*
저 *jenes (demonstrativ)*
저것 *jenes Ding*
저곳 *jener Ort*
저기 *da*
저녁 *Abend*
저녁을 먹다 *zu Abend essen*
저분 *jene Person (HON)*
저희 *wir (bescheiden)*
적게 *wenig*
적다 *wenig sein*
적응하다 *sich einleben / sich anpassen*
전공 *Hauptstudienfach*
전등 *Lampe*
전에 *vorzeitig*
전주 *Jeonju (Stadt in Korea)*
전하다 *mitteilen*
전혀 *nie*
전화 *Telefon / Telefonat*
전화를 걸다 *anrufen*

전화벨 소리 *Telefonklingeln*
전화하다 *anrufen / telefonieren*
점심 *Mittag / Mittagessen*
점심 시간 *Mittagszeit / Mittagspause*
점심을 먹다 *zu Mittag essen*
접시 *Teller*
젓가락 *Stäbchen*
젓다 ㅅ *rühren*
정답 *richtige Antwort*
정도 *ungefähr / etwa*
정말 *wirklich*
정원 *Garten*
정장 *Anzug*
정직 *Ehrlichkeit*
정직하다 *ehrlich sein*
젖다 *nass werden*
제발 *bitte*
제안하다 *vorschlagen*
제일 *höchst / äußerst*
제주도 *Insel Jeju*
조 *Billionen*
조금 *ein bisschen*
조깅 *Joggen*
조깅하다 *joggen*
조심히 *vorsichtig*
조용 *Ruhe*
조용하다 *ruhig sein*
조카 *Nichte / Neffe*
쪽 *Seite (NKK)*
존댓말 *höfliche Sprache*
졸업 *Abschluss*
졸업하다 *absolvieren*
좀 *ein bisschen*
좀 *bitte / ein wenig*
좁다 *schmal / eng sein*
종이 *Papier*
종종 *manchmal*
쫓기다 *gejagt werden*
쫓다 *jagen / verfolgen*
좋다 *gut sein*
좋아하다 *mögen*
좋아지다 *besser werden / sich verbessern*
죄송하다 *sich entschuldigen / sich schuldig fühlen*
주다 *geben*
주말 *Wochenende*
주무시다 *schlafen (HON)*
주문 *Bestellung*
주문하다 *bestellen*
주소 *Adresse*
주시다 *geben (HON)*
주차 *Parken*
주차 금지 *Parkverbot*
주차하다 *parken*
죽다 *sterben*
죽음 *Tod*
죽이다 *töten*
준비 *Vorbereitung*
준비하다 *vorbereiten*
중국 *China*
중국 사람 *Chinese*
중국어 *Chinesisch*
쥐 *Maus*
즐겨 *gerne / genießend*
쯤 *ungefähr / etwa*
지각 *Verspätung (Schule)*
지각하다 *sich verspäten*
지갑 *Portemonnaie*
지구 *Erde (Planet)*
지금 *jetzt*
지내다 *verbringen*
지키다 *einhalten / befolgen*
지하철 *U-Bahn*
찍다 *(Foto) machen*
직원 *Mitarbeiter / Angestellte*
직장 *Arbeitsplatz / Stelle*
질문하다 *Frage stellen*
질서 *Ordnung*
집 *Haus*
집세 *Wohnungsmiete*
짓다 ㅅ *bauen*

ㅊ

차 *Tee*
차 *Auto*
참석하다 *teilnehmen*
창문 *Fenster*
창문을 닦다 *Fenster putzen*
찾다 *suchen / finden*
책 *Buch*
책상 *Schreibtisch*
책장 *Bücherregal*
처럼 *so wie*
천 *Tausend*
천둥 *Donner*
천둥 소리 *Donnergrollen*
천사 *Engel*
청바지 *Jeanshose*
청소 *putzen*
청소시키다 *putzen lassen*
청소하다 *aufräumen / putzen*
초 *Sekunde*
초대 *Einladung*
초대받다 *eingeladen werden*
초대하다 *einladen*
초인종 *Türklingel*
축구 *Fußball*
축구하다 *Fußball spielen*
축제 *Festival*
출근하다 *zur Arbeit gehen*
출발하다 *abfahren*
출장 *Geschäftsreise*
춤 *Tanz*
춤(을)추다 *tanzen*
춥다 ㅂ *kalt sein*
충분하다 *genug sein*
취직하다 *Stelle finden*
취미 *Hobby*
층 *Stockwerke (NKK)*
치료하다 *(Erkrankung) behandeln*
치마 *Rock*
친하다 *befreundet sein*
칠 *sieben*
칠월 *Juli*
친구 *Freund*
친절하다 *freundlich sein*
침대 *Bett*
칭찬 *Lob / Kompliment*
칭찬듣다 *Lob erhalten*
칭찬받다 *gelobt werden*

ㅋ

카드 *(Bank-/Kredit-)Karte*
커피 *Kaffee*

커피숍 *Café*
컨디션이 좋다 *in guter Verfassung sein*
컴퓨터 *Computer*
컵 *Glas*
케이크 *Kuchen*
켜다 *einschalten*
코 *Nase*
콘서트 *Konzert*
콩 *Bohnen*
코미디언 *Comedian*
콜라 *Cola*
쾰른 *Köln*
크게 *groß*
크다 ⓔ *groß sein*
크리스마스 *Weihnachten*
키 *Körpergröße*
킬로그램 *Kilogramm*

ㅌ

타다 *(Fahrzeug) fahren*
타다 *(ins Auto) einsteigen*
타다 *brennen*
타다 *(Haut) braun werden*
태권도 *Taekwondo*
태우다 *(ins Auto) steigen lassen*
태우다 *brennen lassen*
택시 *Taxi*
테니스 *Tennis*
텔레비전 / TV *Fernseher*
텔레비전을/TV 를 보다 *Fernsehen gucken / fernsehen*
토마토 *Tomate*
토요일 *Samstag*
통일 *Einheit / Wiedervereinigung*
통화 *Telefonat*
통화하다 *telefonieren*
퇴근하다 *Feierabend machen*
틀림없이 *mit Sicherheit*
팀 *Team / Mannschaft*

ㅍ

파다 *graben*
파랗다 ⓗ *blau sein*
파이다 *gegraben werden*
팔 *acht*
팔월 *August*
팔다 ⓗ *verkaufen*
팔리다 *verkauft werden*
펴다 *(Seite) aufschlagen*
페이지 *Seite (NKK)*
편리하다 *praktisch sein*
편지 *Brief*
편하다 *praktisch sein*
포도 *Traube*
포도주 *Wein*
포크 *Gabel*
폭풍우 *Sturm*
풀다 *lösen*
피곤 *Ermüdung*
피곤하다 *müde sein*
피로 *Müdigkeit*
피아노 *Klavier*
피우다 *(Zigarette) rauchen*
피자 *Pizza*
피카소 *Pablo Picasso*
필요하다 *nötig sein*

ㅎ

하나 / 한 *eins*
하늘 *Himmel*
하다 *machen / tun*
하다 *(Sprache) sprechen*
하루 *ein Tag*
하루 종일 *den ganzen Tag*
하얗다 ⓗ *weiß sein*
하와이 *Hawaii*
학교 *Schule*
학교 식당 *Mensa*
학기 *Semester*
학생증 *Studentenausweis*
한국 *Korea*
한국말 *Koreanisch*
한국 사람 *Koreaner*
한국 생활 *Leben in Korea*
한국어 *Koreanisch*
한국어 사전 *koreanisches Wörterbuch*
한국어 선생님 *Koreanisch-Lehrer/in*
한국학 *Koreanistik*
한글 *Hanguel-Schrift*
한라산 *Halla-Berg*
한 번 *einmal*
한자 *Hancha (Schriftzeichen)*
할아버지 *Großvater*
할머니 *Großmutter*
함께 *zusammen*
항상 *immer*
해고 *Entlassung*
해고하다 *entlassen*
해고당하다 *entlassen werden*
핸드폰 *Mobiltelefon*
햄버거 *Hamburger*
햇볕 *Sonnenschein*
행복 *Glück*
행복하다 *glücklich sein*
현금 *Bargeld*
형 *älterer Bruder aus der Sicht des jüngeren Bruders*
호 *Wohnungsnummer (NKK)*
호실 *Zimmernummer (NKK)*
호주 *Australien*
호주 사람 *Australier*
호텔 *Hotel*
혹시 *vielleicht*
혼자 *alleine*
홍차 *Schwarztee*
화가 *Maler*
화분 *Blumentopf*
화요일 *Dienstag*
환자 *Patient*
회사 *Firma*
회사원 *Firmenangestellte*
후에 *nachzeitig*
훨씬 *erheblich*
휴가 *Urlaub*
휴대폰 *Mobiltelefon*
휴대 전화 *Mobiltelefon*
흐리다 *bewölkt sein*
힘들다 *anstrengend sein*

Stichwortregister